桐江学术丛书

中原经济区发展问题研究

杨玉华◎著

A STUDY ON THE DEVELOPMENT OF ZHONGYUAN ECONOMIC ZONE IN CHINA

★本书为福建民营经济发展研究院、河南省高等学校哲学社会科学创新团队支持计划（2019-CXTD-05）、新机遇下河南省内陆外向型经济发展路径研究（2018-YYZD-05）、泉州师范学院侨乡区域经济研究中心、泉州师范学院中国经济研究中心阶段性成果

经济管理出版社
ECONOMY & MANAGEMENT PUBLISHING HOUSE

图书在版编目（CIP）数据

中原经济区发展问题研究/杨玉华著．—北京：经济管理出版社，2017.10
ISBN 978-7-5096-5420-0

Ⅰ.①中… Ⅱ.①杨… Ⅲ.①区域经济发展—研究—河南 Ⅳ.①F127.61

中国版本图书馆 CIP 数据核字(2017)第 249167 号

组稿编辑：王光艳
责任编辑：任爱清
责任印制：黄章平
责任校对：张晓燕

出版发行：经济管理出版社
（北京市海淀区北蜂窝 8 号中雅大厦 A 座 11 层 100038）
网 址：www.E-mp.com.cn
电 话：（010）51915602
印 刷：北京玺诚印务有限公司
经 销：新华书店
开 本：720mm×1000mm/16
印 张：16.75
字 数：291 千字
版 次：2018 年 11 月第 1 版 2018 年 11 月第 1 次印刷
书 号：ISBN 978-7-5096-5420-0
定 价：58.00 元

前　言

中原经济区（CPER）是以郑汴洛都市区为核心、中原城市群为支撑，涵盖河南全省18个地级市及10个省直辖县市，包括周边山东、河北、安徽、山西12个地级市及3个区、县，总面积达28.9万平方公里，总人口约1.5亿人，经济总量仅次于长三角、珠三角及京津冀，位居全国第四的经济区域。该经济区地处全国腹地中心地带，是中华民族主要发祥地，人口密度较大，交通发达，地理位置优越，市场潜力巨大，文化底蕴深厚，属于全国主体功能区重点开发区域，在全国改革发展大局中具有重要战略地位。建设中原经济区在2011年国庆节前夕被正式纳入国家战略，2012年11月，国务院正式批复《中原经济区规划》作为中原经济区建设的纲领性指导文件。该经济区定位为五大战略目标：国家重要的粮食生产和现代农业基地，全国工业化、城镇化、信息化和农业现代化协调发展示范区，全国重要的经济增长板块，全国区域协调发展的战略支点和重要的现代综合交通枢纽，华夏历史文明传承创新区。

中原经济区是我国经济社会发展相对滞后的地区，该经济区地处我国中心腹地，空间巨大，极具发展潜力，其发展成败关系到传统农业地区的现代化转型，关系到解决“三农”问题的实践探索，关系到落后地区的适度超前发展、区域协调发展的全局，影响巨大。建设中原经济区作为实施中部地区崛起战略的重要载体和战略举措，对于促进区域均衡、协调发展，推动信息化、城镇化、工业化、农业现代化协同发展，对于解决传统农业地区现代化转型、解决“三农”问题具有重要示范和带动作用，对于全面建成小康社会和推进中华民族全面复兴具有十分重要的示范和引领作用。

改革开放特别是实施促进中原崛起战略以来，中原经济区发展取得辉煌成就，为高水平建设中原经济区提供了良好的经济基础和发展条件。中原经济区的优势主要表现在以下六个方面：

第一，区位优越，交通便利。中原经济区地处祖国腹地，经济区主体位于黄河中下游地区华北平原，属于暖温带季风气候地区，气候适宜，地势开阔、平坦，四季分明，降雨适中，区位优越，交通便利，四通八达。该地区承东启西、连南贯北，是全国“两横三纵”城市化战略格局中陆桥通道和京广通道的交汇区域。2011 年末区内铁路营运里程、高速公路通车里程分别达到 6965 公里、8323 公里，占全国的 7% 和 9.8%，运营民用机场达到七个，在全国综合交通运输网络中具有重要的枢纽地位。

第二，传统粮食主产区，农业生产条件优越，粮食优势突出。华北平原分为黄淮平原和海河平原，主要由于黄河、淮河、海河和滦河泥沙长期冲积而成，土质层沉积深厚，商丘以东地区沉积厚度达到 5000 米，该地区地形以平原为主，地势低平，面积广阔，适宜耕种土地利用率高且集中连片，地处暖温带，气候较温暖，属于半湿润气候，降水适中，四季分明，农业生产条件优越，是我国重要的农产品主产区。2011 年粮食产量超过 1 亿吨，占全国的 18% 以上，其中小麦产量 5400 万吨，接近全国的 50%；棉花、油料、畜禽产量分别占全国的 18.4%、20.5%、14.8%，特色农林产品在全国占有重要地位。

第三，矿产资源丰富，工业门类齐全，产业基础较好。矿产资源丰富，煤、铝、钼、金、天然碱等储量较大，是全国重要的能源原材料基地。工业门类齐全，装备、有色、食品产业优势突出，电子信息、汽车、轻工等产业规模迅速壮大，形成了比较完备的产业体系。

第四，人力资源丰富，劳动力优势显著。该地区人口超过 1.5 亿，占到全国人口的 11%，人口总量大，劳动力素质不断提升，是全国劳动力资源最为丰富的区域之一。该地区城镇化率相比其他地区还比较低，只有 40.6%，农村人口占比接近 60%，可以为工业化和城镇化提供比较充足的劳动力。

第五，市场空间广，发展潜力巨大。该地区人口规模巨大，城市密布，市场空间广阔，已经处于工业化、城镇化、信息化、全球化加速推进的新阶段，投资和消费需求空间广阔，市场优势日益显现。由于深居内陆，未得改革开放政策和区位的先机，加上传统思想观念影响严重，城镇化、工业化和对外开放水平还远低于全国平均水平。在全球产业转移和新兴产业浪潮推动下，在中部崛起战略、中原经济区战略、郑州航空港经济综合实验区、郑—洛—新国家自主创新示范区、河南自贸实验区等政策东风吹促中，中原经济区以中原城市群建设为核心迎来了工业化、城市化、农业现代化和开放型经济快速发展新时期，全方位开放格

局逐步形成。

第六，历史悠久，文化底蕴深厚。中原地区是中华民族和华夏文明的重要发源地，自中华文明迈入文明阶段以来，作为中原王朝统治的核心地区长达千年之久，中国八大古都，有一半在这里奠基，这里三教汇聚，圣贤荟萃。谋圣吕尚、道圣李耳和庄周、墨圣墨翟、商圣范蠡、医圣张仲景、科圣张衡、法圣韩非子、字圣许慎、诗圣杜甫、画圣吴道子和律圣朱载堉，宋代理学创始人程颢和程颐，据统计，载入二十四史人物传记的5700余人，其中河南籍的历史名人912人，占15.8%。中原文化汇聚百家之长，形成了兼容并蓄、刚柔相济、革故鼎新、生生不息的中原文化，文化软实力不断增强。

中原经济区作为华夏文明的发祥之地，作为传承和发扬华夏文明优秀传统的重要地区，承载着近现代中华民族伟大复兴的殷切希望。作为中国崛起和复兴的腹地，最具有中国特色和典型性。人多而资源相对贫乏，教育科技相对落后是其经济社会资源的突出特征，地处祖国腹地又兼具区位优势和劣势于一身。深居中原腹地的地理位势使中原经济区占尽交通物流之便利，为生产要素全方位流通提供了条件；深居内陆，观念保守，传统势力强大，难得对外开放之先机，在改革和对外开放、学习和借鉴人类先进文明成果的竞争中处于劣势地位。与全国整体发展进程相比，中原经济区已经从传统农业地区发展为重要工业、农业兼具的经济重地，经济总量迈入了国家前列。但从对外开放水平和工业化进程来看，中原经济区依然较为滞后。中原经济区对外开放规模偏小，产品结构不合理，出口严重倚重资源类初级产品，出口产品竞争力较弱，贸易逆差突出。劳动力的资源优势由于缺乏对外开放的牵引、改革创新制度的保障，无法形成经济优势，长期农业大省的地位和身居内地的区位使其无法在国家发展战略布局中谋得先机。与沿海发达地区相比，中原经济区工业化进程较为滞后，沿海发达地区已经开始步入资金、技术创新驱动的后工业化时期，而中原经济区正处于投资、要素驱动的工业化阶段。面对着向中级、高级生产要素优势转型、追求质量效益型发展的新常态阶段，虽然中原经济区已经获得中原经济区、自贸区、航空港试验区等国家战略支持，但中原经济区发展劣势仍然十分突出，人才、教育、科技创新以及制度方面的劣势，无疑都是制约中原经济区发展的重要短板，因此，中原经济区要根据自身要素资源条件、经济发展阶段和实际情况，大力培育中级、高级生产要素优势，在国家战略布局上争取主动，在制度创新方面走在全国前面，通过全面深化改革，不断释放市场化红利和制度创新的红利，不断扩大开放，努力营造改革—开放互动的新局面，通过内、外开放，打造创新、人才、教育、制度新高地，培育中级、高级生产率优势，推动经济结构、发展动能的战略转型，打造高水平现代开放型经济体系。

中原经济区规划出台已经六年了，围绕经济区规划的发展目标，以新发展理念为引领，主动调结构、促转型、提质增效，积极适应经济发展新常态，着力用好用足国字号发展战略：粮食生产核心区，中原经济区，郑州航空港经济综合实验区，郑、洛、新国家自主创新示范区和河南自贸区“五张牌”，努力发挥战略引领、政策叠加的乘数效应，全面深化改革，在创新适应新形势下改革开放体制和机制，进一步释放市场化活力、深化改革红利，推动供给侧结构性改革，实施创新驱动发展战略，努力推进信息化、工业化、城镇化和农业现代化协同发展，努力扩大对内、对外开放，实现经济社会可持续发展，不断提高经济发展质量和效益，推动河南由经济大省向经济强省转变。六年来，中原经济区经济实力大幅增加，经济结构持续优化，人民生活稳步改善，中原经济区的建设取得了不俗的成效：

以中原城市群为依托，以国家发展战略为引领，中原经济区建设稳健推进，经济大省地位不断巩固，逐步迈进经济强省之列。2011 年以来，中原经济区经济实现较快增长，经济发展质量和效益稳步提升。作为中原经济区主体的河南省，经济增速连续保持高于全国平均水平 1 个百分点的发展态势，不断缩小与发达地区发展差距，成为与珠三角、长三角和京津冀城市群比肩的重要增长极。2011 年 GDP 为 26931 亿元，增速 11.9%；2012 年为 29599 亿元，增速 10.1%；2013 年为 32191 亿元，增速 9.0%；2014 年为 34938 亿元，增速 8.9%；2015 年为 37002 亿元，增速 8.3%；2016 年为 40472 亿元，增速 8.1%；2017 年为 44988 亿元，增速 7.4%。四年内连续跨越 3 万亿元和 4 万亿元两个大台阶。2017 年实现地区生产总值达 44988 亿元，占全国 GDP 比重达到 5.44%，稳居全国第五位，人均 GDP 为 47130 元，较上年增长 7.4%，在全国排第 20 名。其中，中原经济区中心城市郑州、洛阳区位度不断提升，2017 年郑州市 GDP 突破 9000 亿元，居全国第 17 位，洛阳达到了 4343 亿元，居第 47 位。加上南阳（第 78 位）、许昌（第 87 位）、周口（第 94 位）、新乡（第 99 位）和焦作（第 100 位）共七个城市排进了前 100 名城市，河南在全国发展大局中的地位稳步提升。

以铁路交通全国枢纽、郑州航空港国际枢纽为平台，以国家中心城市建设为依托，以郑州航空港经济综合实验区，郑、洛、新国家自主创新示范区和河南自贸区建设为契机，深化改革开放，打造内陆开放新高地，提升全方位对外开放水平，以高水平开放引领高水平经济发展，建设高水平现代开放型经济体系。经过五年努力，以郑州为中心的中原经济区铁路枢纽已经建成：以郑州为中心的“米”字形快速铁路交通网络已经基本建成通车。郑州至徐州、商丘至合肥至杭州、郑州至万州、郑州至济南、郑州至太原、郑州至合肥等一批快速铁路通道项目相继投入运行。以交通网络为依托，构筑沿陇海发展轴、沿京广发展轴、沿济（南）（郑州）渝（重庆）发展轴、沿太（原）郑（州）合（肥）发展轴四条重点开发地带，形成以郑州为中心的“米”字形发展轴，中原经济区在全国区域发展中的核心纽带作用日益显现。

作为传统内陆腹地，中原经济区以郑州航空港国际枢纽、全国铁路交通枢纽建设为依托，充分发挥“五项”国家战略的引领和叠加效应，为供给侧提供新的生产要素，促进进出口总额年均增长32.9%，创造出航空引领开放的新的发展模式。六年来，郑州航空港经济综合实验区建设成就斐然，该区经济社会持续保持快速发展，2017年地区生产总值达到700亿元，在临空产业单项排名中位居全国第一，综合竞争力排名第六，航空港枢纽建设也取得突出成就，郑州机场客货运量2017年跃居中部地区“双第一”，累计完成旅客吞吐量为2430万人次，增长17.03%，在全国前15位机场中增速排名第一，吞吐量首次超过长沙、武汉，全国排名提升至第13位；货邮吞吐量成功跨越50万吨大关，增长10.1%，居全国机场第七位，首次跻身全球机场前50强，郑州机场已经成为一个辐射全球的立体综合交通枢纽。中原经济区交通枢纽建设，正成为推动该区对外开放的新动能。在深度融入国家“一带一路”倡议过程中，在自贸区建设推动下，中原经济区正在从内陆腹地迈向开放发展的前沿，已经成长为内陆开放的新高地，2016年全省进出口总额达到4714.7亿元，升至全国中西部地区第一位。改革促开放，开放引领新的改革和发展。中原经济区通过五大战略不断推进，正在构建双向开放、新型高水平现代经济体系，不断创造中原经济区发展的新格局、新优势和新动能。

本书以中原经济区的建设主体河南城市群和河南省整体作为代表研究中原经济区的经济发展问题，以实践问题为导向，精心选取中原经济区发展遇到的若干重大问题进行理论与实际相结合探讨，突出研究的问题导向和实践特色，以期为中原经济区的经济发展提供对策和建议，为家乡的发展、繁荣和富足略尽绵薄之力。

（1）中原经济区经济转型问题与对策。本书运用河南改革开放以来的历史经验基本要素投入、经济环境、基础设施、对外开放和质量、效率分析中原经济区的经济发展情况，通过对中部地区需求结构的比较，分析中原经济区经济发展动力情况，运用改进型生产函数模型计量分析中原经济区要素投入与全要素投入的经济增长贡献率变化，判断其经济增长动力和增长方式的变化，运用DEA—马氏指数法对河南与其他省份、河南18个地级市全要素生产率变动情况与变动因素进行分析，总结中原经济区经济转型的阶段、对转型的动力与问题进行评价和分析，以期找出问题所在并提出解决问题的建议。

（2）中原经济区现代农业发展问题与对策。本书运用马克思有关发展现代农业思想有关理论，针对中原经济区农业发展现状、问题进行分析，并结合实际问题提出发展现代农业的思路和对策建议。

（3）中原经济区现代服务业发展问题与对策。本书从理论和经验上总结现代服务业发展的动力机制，针对中原经济区现代服务业发展现状、问题与原因，提出加快发展现代服务业思路与对策。

（4）中原经济区文化产业（事业）发展的问题与对策。立足实际，总结发展成就与趋势、存在的问题与原因，提出了振兴文化产业对策与措施。

（5）中原经济区经济发展与就业关系、人力资源的变迁及其配置问题。根据历史经验总结三大产业演变、经济结构调整、科技进步以及对外开放对就业的影响，总结中原经济区人力资源变迁及其配置的现状与趋势，分析其人力资源配置问题，提出了提高配置效率、促进就业的对策建议。

（6）中原经济区高校毕业生就业问题与对策。总结高校毕业生就业现状与趋势，分析了造成就业问题的社会经济原因及其影响，提出解决高校毕业生就业问题的近期、中期和远期的对策建议。

（7）中原经济区收入倍增问题与对策。概括了收入倍增的意义、倍增的可行性、难点和制约因素，分析了中原经济区收入分配失衡的现状与原因，提出了实现倍增的对策与措施。

本书立足中原经济区的实践和发展实际，突出研以致用，以发展问题为导向和切入点，理论联系实际，以规范分析和经验分析相结合，紧紧扣住中原经济区发展中若干突出矛盾和问题，以点带面，研究中原经济区崛起中遇到的理论问题，针对制约中原经济区发展的实际问题，提出推动中原经济区发展和崛起的对策和措施，期望在教书育人的同时，利用自己所学知识为地方经济社会发展建言献策，为家乡人民的福祉提供一些自己的见解和政策建议。

目 录

第一章 中原经济区经济转型问题与对策

改革开放以来，以河南省为代表的中原经济区经济规模从1978年的162.92亿元增长到2015年的37002亿元，按当年价计算，增长了226倍，年均增速达到了15.79%，高出全国平均水平0.61个百分点，稳居全国第五位。目前，中原经济区人均GRP超过6500美元，达到全国平均水平的85%。改革开放以来，河南省实现了从农业大省向经济大省转变，河南省作为经济大省的地位得到了进一步巩固和提升，河南省经济占全国的比重有进一步提升的趋势。

一、中原经济区改革开放以来的经济发展概况

改革开放以来，以河南省为代表的中原经济区经济发展取得了巨大的成就：经济快速增长，经济结构不断优化，经济增长质量与效率不断提高，经济实力不断提升，人民生活水平不断提高，经济环境不断改善，对外开放水平不断提升，实现了从农业大省到工业大省、从计划经济到市场经济、从封闭经济到开放经济的三大转变。河南省GRP从1978年的603.1亿元（2000年不变价，下面凡是涉及有关年度数据均为2000年不变价）增长至2011年的21192.6亿元，年均增速为11.39%，高于全国平均增速约1.40个百分点。由此可见，河南省经济实力不仅进一步增强，而且在全国的地位和作用也进一步提升，从1978年占全国经济总量的4.47%提高到2011年的6.30%。2012~2015年虽然增速有所放缓，年均增速提高只有7.72%，但由于全国经济步入新常态，由原来高速增长进入中高速

增长时期，占全国 GDP 的比重仍然保持了稳定。主要体现在以下六个方面：

（一）基本要素投入增速较为稳定

资本存量从 1978 年的 1231 亿元提高到 2011 年的 44376 亿元，年均增速为 13.38%，高于 GRP 约 2 个百分点。2012～2015 年投资增速有所增长，达到了年均 19.65%，高于 2005～2011 年约 1.5 个百分点。劳动投入从改革开放初期的 2807 万人提高到 2011 年的 6198 万人，年均增长 2.43%，只及 GRP 的 1/5。自 2000 年以来，就业增速显著放缓，但进入 2005 年以来，就业增速有所提升，2012～2015 年年均增速达到 1.80%。相应地，劳动参与率也得到很大提升，从改革开放初期的 39.72% 提升至 2015 年的 61.90%，年均增速为 1.21%，共提升了近 22 个百分点。自 2000 年以来，劳动参与率增长缓慢，2012～2015 年，提升较显著，年均增速达到了较高水平，为 1.24%，如表 1－1 所示。

表 1－1　河南要素投入变动情况（1978～2015 年）　单位:%

类别 年份	GRP	资本存量	就业	劳动参与率
1978～1980	14.61	23.98	2.68	0.88
1980～1985	10.14	13.03	3.43	1.89
1985～1990	7.46	9.33	3.19	1.26
1990～1995	12.16	9.22	2.11	1.05
1995～2000	6.23	15.22	3.69	2.85
2000～2005	13.37	10.48	0.81	0.21
2005～2011	14.44	18.12	1.54	0.34
2012～2015	7.72	19.65	1.80	1.24
1978～2011	11.39	13.35	2.43	1.21

资料来源：根据历年《河南统计年鉴》整理计算。

（二）经济增长效益不断提升

人们生活水平不断提高，人们分享发展成果的内容不断丰富。人均消费水平

从1978年的561元提高到2011年的8742元，年均增速8.68%，低于GRP约3个百分点。2000～2011年增长显著，年均增速达到了10%以上，但仍低于GRP增速，2012～2015年发生较大变化，消费增速年均11.97%，处于历史较高水平，高于GRP约4个百分点。民生投入不断提高，教育医疗条件不断改善。人均教育年限从1978年的人均4.2年提高到2015年的9.12年，年均增速2.24%，约是GRP增速的20%；卫生医疗条件不断改善，从1978年的6.2个医生/万人提升至2015年的21.0个医生/万人，年均增速3.23%。特别是2005年以来，医疗条件改善较快，医护人员覆盖率增长迅速，保持年均5.55%以上增速。随着科技强省战略不断推进，科技财政投入从1978年的0.43亿元提高至2015年的83.25亿元，年均增速15.73%，高于GRP增速约4个百分点。R&D内部支出从2000年的24.8亿元增长到2012年的299亿元，增长了11倍，年均增长23.05%。2012～2015年，由于基数较高，增速放缓，如表1－2所示。

表1－2 河南经济增长质量的变动情况（1978～2015年） 单位:%

类别 年份	人均消费	医生/万人	人均教育年限	财政科技投入
1978～1980	13.75	11.33	5.87	12.75
1980～1985	6.65	6.75	3.68	15.48
1985～1990	3.49	1.44	2.32	5.86
1990～1995	12.82	0.06	1.77	15.12
1995～2000	5.64	0.06	1.85	16.13
2000～2005	11.32	－0.23	1.53	15.64
2005～2011	10.08	6.31	1.29	26.41
2012～2015	11.97	5.67	1.73	6.13
1978～2011	8.68	3.03	1.26	15.93

资料来源：根据历年《河南统计年鉴》整理计算。

（三）经济环境不断改善

总体表现为制度变迁不断推进，经济结构不断优化，城市化水平稳步推进。城市人口比重从1978年的13.6%提高到2015年的41.42%，年均提升3.36%，仍低于全国平均水平10个百分点，近三年有加速趋势，年均增速提升至9.42%；非农就业人口比重从改革开放初期的19.4%提高到2015年的61.02%，年均增速为3.31%，近三年有所降低，但超过平均水平；经济市场化水平不断提高，非公就业人口比重从改革开放初期的0.10%提高至2015年的15.00%，年均提升15.75%；工业化稳步推进，农业产值比重从改革开放初期的39.8%，下降至2015年的11.38%，年均降幅为-3.36%；金融支持水平不断提升，从改革开放初期的人均贷款余额6.7元提高至2015年的人均贷款余额293.16元，年均增速为9.20%，如表1-3所示。

表1-3 河南制度创新与经济结构调整情况（1978~2015年） 单位：%

类别 年份	人均贷款总额	农业产值比重	城市化水平	非公就业比重	非农就业比重
1978~1980	6.68	1.89	3.37	47.75	-0.29
1980~1985	8.93	-1.30	1.16	29.92	7.27
1985~1990	7.17	-2.74	0.99	3.09	3.35
1990~1995	12.17	-5.52	2.31	26.95	3.98
1995~2000	9.87	-1.58	5.84	8.31	-0.51
2000~2005	8.07	-5.58	5.74	8.08	3.99
2005~2011	9.85	-5.01	4.77	10.57	4.24
2012~2015	15.56	-3.02	9.42	4.76	3.43
1978~2015	9.20	-3.36	3.36	15.75	3.31

资料来源：根据历年《河南统计年鉴》整理计算。

（四）基础设施投入不断提高，基础设施日益完善

人均旅客周转量从1978年的1.7人次提高至2011年的19.39人次，年均增速为7.57%，但2012~2015年出现了显著下降；货物周转量从改革开放初期的人均7.2吨次提高至2011年的80.76吨次，年均增速为7.36%，2012~2015年也出现较为明显下滑；邮电业务总量从改革开放初期的人均3.3元提高至2015年的1324.2元，年均增速为19.23%，如表1-4所示。

表 1-4　河南基础设施完善与效率提高情况（1978~2015 年）　　单位:%

类别 年份	旅客周转量	货物周转量	邮电业务总量	单位能耗	劳动生产率
1978~1980	11.00	3.52	9.06	-11.47	11.65
1980~1985	12.49	6.49	0.69	-3.64	6.49
1985~1990	5.99	5.80	16.98	-5.22	4.17
1990~1995	3.58	4.24	37.20	-6.00	12.38
1995~2000	4.24	-1.22	30.58	-5.80	2.48
2000~2005	6.20	8.06	25.93	2.23	12.45
2005~2011	10.76	24.63	16.69	-6.35	12.73
2012~2015	-3.25	-7.05	15.82	-0.69	5.80
1978~2011	7.57	7.36	19.93	-4.70	8.75

资料来源：根据历年《河南统计年鉴》整理计算。

（五）河南对外开放水平不断提高

这里用对外开放度表示对外开放水平。对外开放度即进出口贸易额占地区生产总值比重，该数据从 1978 年的 1.22%，提高至 2011 年的 12.00%，增长了 9 倍，年均增速为 7.17%，2000 年以来，对外开放速度加快，增速均超过 10%。其中，出口从 1978 年的人均 2.43 美元提高到 2011 年的 1164 美元，年均增速为 17.90%，2012~2015 年，增速有所放缓，只有 12.28%；进口从改革开放初期的人均 0.38 美元提高到 2011 年的 811 美元，年均增速为 23.58%，2012~2015 年增速放缓，只有年均 11.28%；引进外资，从 1978 年的人均 100 美元提升至 2011 年的 961200 美元，年均增速为 26.31%，2012~2015 年也有所放缓，年均只有 9.90%（如表 1-5 所示）。

（六）河南经济发展的质量不断提升，经济效率不断提高

地区生产总值单位能耗从 1978 年的 6.2849 吨标准煤/元，降低至 2011 年的 1.2832 吨标准煤/元，年均降速为 4.70%，近三年降幅不大；劳动生产率从改革开放初期的人均 2148.7 元提升至 2011 年的 34193.5 元，年均增速为 8.75%，

2012~2015 年有所下滑，年均只有 5.8%。

表 1-5 河南对外开放变动情况（1978~2015 年） 单位：%

年份＼类别	对外开放度	出口	进口	外商投资
1978~1980	10.27	29.50	18.23	21.58
1980~1985	17.22	28.57	33.32	25.43
1985~1990	9.12	17.21	15.35	31.69
1990~1995	2.23	9.23	45.54	57.83
1995~2000	-8.18	-1.51	-2.82	-4.60
2000~2005	10.89	26.39	23.99	19.92
2005~2011	11.59	24.83	32.54	36.21
2012~2015	12.16	12.28	11.28	9.90
1978~2011	7.17	17.90	23.58	26.31

资料来源：根据历年《河南统计年鉴》整理计算。

二、中原经济区经济发展动力比较分析

一般经济学界都把经济需求视为经济增长的原动力。经济需求按其来源可以分为国内需求和国外需求，前者包括消费和投资，后者则是指对外贸易所形成的外部需求。基于出口与进口性质对立的认识，一般把对外贸易中的出口视为经济增长的动力，而把进口视为对经济增长的冲击因素。我国经济学界一般把消费、投资和出口视为“拉动经济增长的三驾马车”。其实，在互补性很强的对外贸易中，进口也可以成为经济增长的推动力。本书的计量分析就属于后者，包括对进口在内的“四驾马车”进行分析。自改革开放以来，我国的经济增长已经形成了过分依赖于投资和对外贸易增长的动力机制，这一现象在东部沿海地区尤为突出，但深居内陆的中部六省区由于区位劣势、经济传统和政策的影响，则形成了独特的经济增长结构，本书在把中部六省与全国、国际水平作比较的同时，又以河南为例与全国的有关数据进行计量验证、比较分析。

(一) 中部地区经济增长的动力结构

经济增长的动力结构包括静态的需求结构以及各需求增量对经济增长贡献度的结构变化。本书按照国家统计局“支出法”统计 GDP 的分类方法，把经济增长的需求结构分为：消费、投资和净出口；并在此基础上对各个数据变动对经济增长变动的影响即贡献度进行比较分析。

1. 经济需求结构的比较及其变动趋势

自改革开放以来，中部六省的经济与全国其他省份一样进入了快速增长的新时期。特别是 1995 年以来，六省保持了年均 10% 左右的高增长。其中，高于全国平均水平（10.1%）的省份有：河南为 12.38%、山西为 12.50%、江西为 11.19% 和湖南为 10.23%，低于全国平均水平的有：湖北为 9.23%、安徽为 9.52%（由于统计的差距，国家统计局统计的数据均低于各省统计的数据，所以本书采用的省级数据可能存在一定的高估）。

（1）从静态来看，在 GDP（GRP）构成中，中部各省消费率年均略低于全国平均水平（57.79%）0.18 个百分点，其中安徽、江西和湖南高于全国平均水平，山西、河南和湖北低于全国平均水平；六省投资率年均为 41.67%，高于全国平均水平 2.61 个百分点，其中除湖南低于全国平均水平之外，其余均高于全国平均水平，安徽略低于 40%，其余各省均高于 40%，最高的山西省竟高达 45.86%；净出口率六省年均为 0.72%，只有全国同期水平的 22.96%。与世界同期水平相比，六省消费率偏低，低于世界水平约 20 个百分点，只有世界水平的 74.24%；投资率太高，高于世界水平约 20 个百分点，相当于世界水平的 1.89 倍；净出口率略高于世界水平，但远低于全国平均水平。

（2）从动态来看，世界的消费水平在逐步攀升，目前已经高达 78.8%，而中部省份的消费率与全国平均水平一样呈现明显的下降趋势，但下降趋势略低于全国平均水平。2006 年，除山西低于全国平均水平，河南、江西接近全国平均水平之外，其余三省均高于全国平均水平 5 个百分点以上。2015 年，中部省份消费率低于世界水平约 29 个百分点，只有世界水平的 67.7%。

（3）从世界范围来看，投资率均处于下降之中，到 2006 年，世界平均投资率只有 21%。而中部省区投资率增长强劲，2015 年不仅高出世界平均水平近 40

个百分点，相当于世界平均水平的近3倍，而且高出全国平均水平约15个百分点，山西、河南甚至高达70%以上，高出世界平均水平近2倍。出口率，世界总体变化不大，但中部省份则出现明显的变化，1994年，六省净进口和净出口省份各占一半，而且河南、湖北净出口率达到了5%左右，而到2006年，六省皆为净进口，湖北、湖南净进口分别达到了4.06%和3.45%，与全国高速增长的出口率形成鲜明的反差：全国则从1.26%上升至7.53%，增长了5倍。2015年全国由顺差转为逆差，中部六省中江西和湖北基本平衡，安徽为小幅度顺差，山西和河南均出现较大幅度逆差，山西占28.5%，河南达到27.0%。

总的来说，在中部省区经济增长的需求结构中，投资需求太高，而且投资增长势头有增无减，净出口过低，而且有进一步恶化的趋势；虽然消费率较低，但近年来有进一步改善的趋势（如表1-6所示）。

表1-6 需求结构的比较与变化趋势（1994～2015年） 单位:%

需求结构	消费率				投资率				净出口率			
地区	年均值	1994年	2006年	2015年	年均值	1994年	2006年	2015年	年均值	1994年	2006年	2015年
山西	54.7	57.7	47.1	55.9	45.86	44.97	54.21	72.6	-0.59	-2.68	-1.26	-28.50
安徽	60.6	59.3	55.1	44.9	39.51	40.23	45.32	51.4	-0.06	0.47	-0.37	3.70
江西	59.3	63.2	50.8	50.3	41.57	39.02	50.38	49.8	-0.84	-2.22	-1.13	-0.10
河南	53.1	53.9	49.7	50.6	42.94	39.72	50.77	76.4	3.98	6.39	-0.46	-27.00
湖北	54.5	55.8	56.7	44.2	43.55	39.40	47.37	55.8	1.98	4.78	-4.06	0.00
湖南	63.6	65.7	61.0	51.1	36.59	34.32	42.50	53.8	-0.17	-0.04	-3.45	-4.90
省均	57.6	59.3	53.4	49.5	41.67	39.61	48.42	60.0	0.72	1.12	-1.79	-9.50
全国	57.8	58.2	49.9	51.8	39.06	40.51	42.55	44.7	3.15	1.26	7.53	-2.50
世界*	77.6	75.6	78.8	—	22.1	24.2	21	—	0.3	0.2	0.2	—

注：*表示世界起止年份为1978年和2005年，均值为1978～2005年均值。

资料来源：①韩永文.经济增长要向依靠消费、投资、出口协调拉动转变［J］.宏观经济研究，2007（11）：3-8.②根据各省和全国统计年鉴整理计算。

2. 经济增长的动力结构比较及其变动趋势

在中部省份的需求结构中，消费略高于投资，但随着消费率的回落和投资率的攀升，经济增长越来越呈现出投资驱动的典型特征。随着经济结构的调整，中部地区的动力结构出现较好调整势头，消费率有所提高，对经济增长贡献率显著

提高，虽然投资仍然很高，但对经济增长贡献率却在下降，对外贸易的经济增长贡献率均是负的。近两年，山西受供给侧改革影响，经济出现了负增长。从经济增长的动力结构来看，在整个考察期内，中部六省与全国的差距，主要体现在投资贡献度过高和净出口贡献度偏低；与世界水平相比，主要差距是消费贡献度过低和投资贡献度过高。与全国平均水平相比，年均投资贡献度高于全国平均水平约 10 个百分点，高出约 26.2%；与世界平均水平相比，高于世界平均水平 24.83 个百分点，高出 1.06 倍，而且该项指标呈显著的上升态势，到 2006 年已经达到了 62.53%，超过了当年消费贡献度 14 个百分点。消费贡献度略低于全国平均水平，但与世界平均水平相比，却低得多，低了近 24 个百分点，只相当于世界平均水平的 69%；从动态来看，消费贡献度在逐步降低（湖北和湖南是逆势走高的），到 2006 年，只有 48.36%，只及世界平均水平的 62.5%，但该指标高于同期全国平均水平约 10 个百分点；净出口贡献度偏低，年均只有 -1.76%，低于世界平均水平近 1 个百分点，与全国平均水平相比，低得更多，低了近 10 个百分点。也就是说，中部对外贸易大多数省份都是负值，而全国平均则是高达 8.21% 的贡献度，这一差距较大而且呈现明显的扩大态势。动态数据显示：2015 年，中部省份该指标均值达到了 -6.87%，比 2006 年有所下降，同期全国数据则又正转负，由 2006 年的 20.98% 下降至 -1.30%，两者差距大幅缩小。总之，中部省份的经济增长过度依赖于投资增长的趋势有所改变，目前投资贡献率低于全国平均水平；消费贡献度提升显著，已经高于全国平均水平，但对外贸易逆差虽有所降低，但较高贸易逆差也成为制约经济增长的瓶颈因素，如表 1-7 所示。

表 1-7　消费、投资和净出口对经济增长的贡献度（1995～2015 年） 单位：%

需求结构	消费贡献度				投资贡献度				净出口贡献度			
地区	年均值	1995 年	2006 年	2015 年	年均值	1995 年	2006 年	2015 年	年均值	1995 年	2006 年	2015 年
山西	42.40	55.58	43.11	—	57.37	-40.52	61.63	—	0.22	84.94	-4.73	—
安徽	55.65	54.31	46.18	72.06	44.69	47.09	55.53	35.14	-0.33	-1.41	-1.71	-7.21
江西	55.18	81.35	40.71	57.73	44.65	13.29	61.98	45.82	0.18	5.35	-2.68	-3.55
河南	51.91	48.28	44.42	90.72	48.15	52.30	71.09	48.87	-0.06	-0.58	-15.51	-3.96
湖北	58.13	44.63	61.92	49.51	50.92	51.59	62.43	52.62	-9.05	3.78	-24.35	-1.90
湖南	57.27	44.89	53.83	122.94	44.23	55.49	62.51	-5.21	-1.50	-0.38	-16.35	-17.73
省均	53.42	54.84	48.36	78.59	48.33	29.88	62.53	35.45	-1.76	15.28	-10.89	-6.87

续表

需求结构	消费贡献度				投资贡献度				净出口贡献度			
地区	年均值	1995 年	2006 年	2015 年	年均值	1995 年	2006 年	2015 年	年均值	1995 年	2006 年	2015 年
全国	53.49	56.88	37.70	59.70	38.31	37.61	41.33	41.6	8.21	5.51	20.98	-1.30
世界*	77.40	—	—	—	23.50	—	—	—	-0.90	—	—	—

注：*表示世界起止年份为 1978 年和 2005 年，年均值为 1978 ~2005 年的代数均值。

资料来源：①韩永文. 经济增长要向依靠消费、投资、出口协调拉动转变［J］. 宏观经济研究，2007（11）：3 -8. ②根据各省（因 1999 年数据异常，各省按缺如处理，2015 年山西省数据异常按缺如处理）和全国统计年鉴整理，并按 2000 年不变价计算。

（二）中部省份经济增长动力结构的长期趋势分析

为了进一步验证上述分析，本书以经济增长（GDP 和 grp）为外生变量，以相应的消费额（C/c）、投资额（I/i）、商品出口额（X/x）和商品进口额（M/m）为内生变量对中部省份（以河南为例）和全国 1978 ~2010 年有关数据进行计量验证和比较分析。消费、投资、出口和进口数据均取自历年《中国统计年鉴》和《河南统计年鉴》，有关贸易数据按当年汇率折算成人民币，全部数据均按 2000 年不变价格，进行价格平减。因为所用数据均是时间序列数据，容易产生自相关和异方差现象，所有数据均采用自然对数——原数据的自然对数并不会改变原有的数量关系（LNGDP/LNgrp、LNC/LNc、LNI/LNi、LNX/LNx、LNM/LNm）。为消除时间序列可能产生的伪回归现象，先对数据进行单位根检验，以确定数据之间是否存在长期稳定的协整关系。如果数量关系之间存在着长期稳定的协整关系，再运用最小二乘法对数据关系进行回归方程估计，建立回归方程。

1. 数据平稳性检验

本书运用 ADF（Augmented Dickey - Fuller）方法对涉及的有关变量进行单位根检验，以确定数据序列的平稳性。如果 ADF 绝对值大于临界值，则拒绝零假设，说明该数据序列在该临界值的显著水平下不存在单位根，是平稳序列，否则，则说明该序列数据存在单位根，是不平稳序列。时间序列 LNGDP/LNgrp、LNC/LNc、LNI/LNi、LNX/LNx、LNM/LNm 的平稳性检验结果如表 1 -8 所示。

表1-8　变量（自然对数）单位根检验结果　　单位:%

变量	检验类型（C，T，P）	ADF值	临界值（1%）	临界值（5%）	D. W. 值	平稳否
LNGDP	C，0，0	-1.531806	-3.689194	-2.971853	1.804769	否
LNC	C，0，0	-1.772596	-3.689194	-2.971853	1.882013	否
LNI	C，0，0	-1.306731	-3.689194	-2.971853	1.696792	否
LNX	C，0，0	-1.909244	-3.689194	-2.971853	1.703687	否
LNM	C，0，0	-2.058630	-3.689194	-2.971853	1.538234	否
DLNGDP	C，0，0	-4.605343	-3.699871	-2.976263	2.021811	平稳**
DLNC	C，0，0	-4.766873	-3.699871	-2.976263	2.018785	平稳**
DLNI	C，0，0	-4.390546	-3.699871	-2.976263	2.024840	平稳**
DLNX	C，0，0	-4.239782	-3.699871	-2.976263	2.005940	平稳**
DLNM	C，0，0	-3.940514	-3.699871	-2.976263	1.890354	平稳**
LNgrp	C，0，0	-1.680311	-3.689194	-2.971853	1.873213	否
LNc	C，0，0	-1.695720	-3.689194	-2.971853	1.803679	否
LNi	C，0，0	-1.669806	-3.689194	-2.971853	2.167743	否
LNx	C，0，0	-2.847469	-3.711457	-2.981038	1.926368	否
LNm	C，0，0	-1.495192	-3.689194	-2.971853	1.686151	否
DLNgrp	C，0，0	-4.768755	-3.699871	-2.976263	2.013455	平稳**
DLNc	C，0，0	-4.692733	-3.699871	-2.976263	2.020249	平稳**
DLNi	C，0，0	-5.521959	-3.699871	-2.976263	1.999399	平稳**
DLNx	C，0，0	-4.623144	-3.711457	-2.981038	1.786340	平稳**
DLNm	C，0，0	-4.357454	-3.699871	-2.976263	1.993503	平稳**

注：在检验类型中，C表示截距项，T表示含趋势项，P表示滞后阶数，D表示一阶差分值，*表示在5%显著性水平上显著，**表示在1%显著性水平上显著。检验结果由Eviews 6.0给出。

检验结果显示，河南与全国有关数据序列本身均为非平稳序列，但经过一阶差分后，所有数列均在1%的显著水平上变为平稳的了，也就是这些数列均为I(1)单整数列。有关数据之间可能存在某种长期稳定的数量关系，可以对相关数据进行协整关系检验。

2. 协整关系检验

本书采用 Eviews 软件推荐的约翰逊—无约束协整关系雷克（最大特征值）检验方法，对有关数据进行协整关系检验。检验结果显示，在 1% 的显著性水平下，变量 LNGDP/LNC/LNI/LNX/LNM 与 LNgrp/LNc/LNi/LNx/LNm 两组数据各自至少存在着一组协整关系。

表 1-9 约翰逊—无约束协整关系雷克（最大特征值）检验结果

（Unrestricted Cointegration Rank Test（Maximum Eigenvalue））

协整向量	采用模型	滞后期	原假设		特征值	最大特征值统计量	临界值（1%）	P 值	协整关系
			H_0	H_1					
LNGDP	模型 3	（1，1）	R = 0	R = 1	0.914942	66.53947	39.37013	0.0000	1 个 **
/LNC	模型 3	（1，1）	R≤1	R = 2	0.683031	31.02166	32.71527	0.0174	2 个 *
/LNI	模型 3	（1，1）	R≤2	R = 3	0.530035	20.38765	25.86121	0.0633	3 个
/LNX	模型 3	（1，1）	R≤3	R = 4	0.324539	10.59373	18.52001	0.1758	4 个
/LNM	模型 3	（1，1）	R≤4	R = 5	0.276000	8.720022	6.634897	0.0031	5 个 **
LNgrp	模型 3	（1，1）	R = 0	R = 1	0.976483	101.2503	39.37013	0.0000	1 个 **
/LNc	模型 3	（1，1）	R≤1	R = 2	0.589382	24.03251	32.71527	0.1336	2 个 *
/LNi	模型 3	（1，1）	R≤2	R = 3	0.518737	19.74624	25.86121	0.0772	3 个
/LNx	模型 3	（1，1）	R≤3	R = 4	0.467043	16.99147	18.52001	0.0181	4 个
/LNm	模型 3	（1，1）	R≤4	R = 5	0.296606	9.499634	6.634897	0.0021	5 个 **

注：结果由 Eviews 6.0 给出。* 和 ** 分别表示拒绝原假设的显著性在 5% 和 1% 水平上。

3. 回归结果分析

然后用 Eviews 软件对有关数量关系进行最小二乘法估计，估计方程为：

LNGDP = 0.88710 + 0.63508 × LNC + 0.30009 × LNI + 0.06654 × LNX − 0.02049 ×

（0.261232）（0.067947）（0.038207）（0.017914）（0.015101）

LNM +［MA（1）=0.623603，BACKCAST = 1978］　　(1 - 1)

R^2 = 0.9996（0.9995）T = 3.3958　7.8543　9.34668　3.7144 - 1.3567　F = 12376.4　D. W. = 1.8666

LNgrp = 0.51997 + 0.65409 × LNC + 0.37448 × LNi　　(1 - 2)

（0.077216）　（0.030065）　（0.021207）

R^2 = 0.9993（0.9993）T = 6.73395，17.6586，21.7557　F = 19128.4　D. W. = 1.5847

分别令 EC_1 = LNGDP - 0.88710 - 0.63508 × LNC - 0.30009 × LNI - 0.06654 × LNX - 0.02049 × LNM，EC_2 = LNgrp - 0.37448 - 0.51997 × LNC - 0.65409 × LNi，并分别对 EC_1 和 EC_2 序列进行单位根检验。结果表明，两时间序列数据在 0.001 的置信水平上都是平稳的。说明（1 - 1）式和（1 - 2）式反映的数量关系是长期的均衡关系。估计结果显示（1 - 1）式和（1 - 2）式的拟合优度都很高，均超过了 99.9%，调整拟合优度也超过了 99.9%，说明方程解释力很好。从各系数的显著性来看，河南的进口、出口数据显著性均过低，所以，将该组数据舍去，全国的进口数据显著性也较低，只有 81.2%，但还具有一定的解释力，故保留。其余各项指标的显著性均在 99.9% 以上。从影响的性质来看，消费、投资和出口均促进经济的增长，而进口则对经济增长具有一定的冲击效应。从影响的程度来看，消费无疑是经济增长第一推动力，即消费额每增长 1%，对全国的 GDP 和中部省份 GRP 的增长分别推动了 0.6351% 和 0.6641%，投资是经济增长的第二推动力，即投资额每增长 1%，就可分别推动全国和中部省份经济增长的 0.3001% 和 0.3745%；进出口贸易对中部省份经济增长影响不显著，而对全国具有一定影响，即出口每增长 1%，则会拉动经济增长 0.0665%，而进口对经济增长具有一定冲击影响，即进口每增长 1%，则会降低经济增长 0.0205%。与全国平均水平比较，中部省份的消费和投资对经济增长的拉动作用都明显高于全国平均水平，这就从长期均衡的关系中解释了中部省份投资率偏高，而消费率年均并不低于、现在反而明显高于全国平均水平的原因。当然，由于中部省份对外开放水平不高，进出口对经济增长的影响还没有显现出来，而就全国来说，由于对外依存度已经超过 60%，对外贸易的影响已经越来越突出。计量分析进一步说明了全国经济增长“三马”拉动论断的科学性，但计量分析也显示，三者并不是同步的，出口的拉动作用是十分有限的；而对于中部省份，其实只有两马拉动而已，这也进一步证实了前面的分析是正确的。

4. 格兰杰因果关系检验

在经济增长的各动力因素的关系中，为了更进一步确定各个因素对经济增长的先导驱动作用，本书选取格兰杰因果关系检验，对它们之间的因果关系进行验证。根据滞后期最大和因果关系置信度最高的原则，确定两个数据组各个变量的最佳滞后阶数，结果显示均为5，然后对有关数据组进行因果关系双向检验（如表1-10所示）。

表1-10 Granger因果关系检验

零假设	观察数	F统计量	相伴概率	因果关系成立的概率（%）
LNC不是LNGDP的因	24	2.96132	0.05325	94.7
LNGDP不是LNC的因	24	3.40145	0.03490	96.1
LNI不是LNGDP的因	24	4.30922	0.01564	98.4
LNGDP不是LNI的因	24	3.78296	0.02464	97.5
LNX不是LNGDP的因	24	8.38820	0.00098	99.9
LNGDP不是LNX的因	24	5.90806	0.00460	99.5
LNM不是LNGDP的因	24	2.05127	0.13766	86.2
LNGDP不是LNM的因	24	1.43324	0.27669	72.3
LNc不是LNgrp的因	24	4.42217	0.01424	98.6
LNgrp不是LNc的因	24	2.99275	0.05163	94.8
LNi不是LNgrp的因	24	1.34201	0.30740	59.3
LNgrp不是LNi的因	24	2.02881	0.14110	85.9
LNx不是LNgrp的因	24	5.57901	0.00582	99.4
LNgrp不是LNx的因	24	1.53707	0.24555	85.4
LNm不是LNgrp的因	24	2.03434	0.14024	86.0
LNgrp不是LNm的因	24	1.28547	0.32815	67.2

注：结果由Eviews 6.0给出。

格兰杰因果关系检验显示，就全国平均水平而言，消费、投资和出口仍是经济增长的主要驱动力，当然，经济增长也对消费、投资和出口具有十分显著的影响。进口对经济增长有一定的影响，但并不显著。就河南的数据而言，消费和出口对经济增长的影响十分显著，但由于出口的规模太小，所以在回归分析中并不显著。经济增长对消费的影响十分显著，但对出口的影响并不十分显著。投资对经济增长的影响并不显著，但经济增长对投资则有一定的影响，说明了中部省份投资的被动性。另外，进口也对经济增长具有一定的影响，但由于规模较小在回归分析中不够显著。因此，就全国和中部省份的比较而言，主要表现在两个方面：

（1）消费仍是经济增长的第一推动力，但对中部的影响超过了全国平均水平。随着经济水平的提升，消费对经济增长的驱动作用将得到进一步强化。

（2）投资仍是经济增长的主要驱动力，但对中部地区影响的显著性低于全国平均水平。说明中部省份投资驱动作用是较弱的，投资的增长更多地依靠自身积累的增长，即经济增长的结果，而近年来经济高速增长主要是靠低效益投资的高速扩张带动的。

与全国平均水平相比，中部工业化水平较低，工业化进程才刚刚迈入中期，“生产要素驱动”还发挥着主导作用，“资本驱动”正在逐步强化。虽然出口对经济增长的拉动作用十分明显，但由于中部地区对外开放程度不高，其影响也是十分有限的。前者显示出了典型的出口导向型的经济增长方式的特点，而后者则显示出了鲜明的进口替代型经济增长的特色。前者的贸易具有鲜明的经济增长导向，而后者则显示出了利用经济互补、促进内部经济增长的导向性。就全国平均水平而言，经济增长已经进入到由生产要素驱动向资本驱动过渡的转型时期，资本驱动居于主导，消费驱动已经开始启动。但中部省份的经济增长则显示出了封闭经济体生产要素驱动的典型特征——即节制性消费、强制性投资。而全国数据则显示出开放经济体生产要素驱动向资本转型的特点——投资驱动、消费推动。

（三）结论与原因

中部省份经济增长的动力结构呈现出“二马拉车，投资驱动”的典型特征，与党中央、国务院提出的推动投资、消费和出口协调发展的要求相去甚远。突出体现在“投资增长过快，投资效率不高；消费增长疲弱，消费率偏低；出口增长偏弱，对外开放有待提高”三大问题。

1. 投资率偏高、投资效率低下

从全国来看，过高的储蓄率必然形成高投资的压力和诱因。社会主义市场经济体制的确立，特别是住房、医疗、教育市场化改革以后，居民收入差距扩大，而未来收入的不确定性和未来预期支出的增大，都推高了本来就较高的储蓄率。有关统计显示，我国的总储蓄率已从 1978 年的 37.9% 上升到 2005 年的 47.9%，这一比例一直保持到今天，几乎占了当年 GDP 的 50%，而高企的储蓄率必然为高投资型的经济增长提供了条件。

2. 投资的收益率偏高，必然引导投资高速增长

（1）低成本诱导高投资。由于政府可以最有效地降低和控制投资成本，所以，在市场化收益诱导下，政府有着巨大的投资冲动。改革开放初期，政府可以利用其资源配置权，廉价甚至无偿地获取在其他市场化国家难以获取的大量经济资源，甚至利用掌握的资源直接投资。在资源市场化过程中，由于我国资源产品定价一直偏低，加之政府在资源配置方面的绝对控制权，仍然可以最大限度地降低投资成本。为追求政绩，政府还可以运用“有形之手”直接转嫁或降低投资成本，帮助企业，特别是国有企业、外企获取高额利润，进而诱导企业增加投资。所以，在我国传统及现行的投融资体制下，政府（包括地方政府）的投资冲动能够在很短时期内迅速转变为现实的投资，并成为历史上几次经济过热的重要诱因。政府主导的投资冲动，不只在改革开放初期，在资源丰富和市场较不发达的中部省份至今仍然很突出。

（2）高回报，是高投资的直接诱因。在产业结构中，工业比较利益最高；在工业内部，重工业收益最高，国有垄断企业和外资企业收益最高；在劳资关系中，资本强，利润高，劳动弱，工资低；在金融市场关系中，企业融资多，回报股民甚少。过高的投资回报不仅强化了政府投资冲动，而且诱导企业形成“高投资—高回报—高投资”的不断累积和循环的现象。我国不断扩张的投资资金有 74% 来自企业自筹资金和其他资金，说明了高投资的主要动力来源于企业本身。当前投资率的提高主要是由固定资产投资的扩张拉动的，集中表现为生产能力的扩张，而高投资积累的结果，形成了我国畸形的产业结构：高达 50% 的二产比重（这一点在中部省份尤为突出）和高达占全部工业 64% 的重工业比重；扭曲了投资和消费的关系。企业、政府和居民之间的消费需求结

构，拉大了个人收入的差距；扭曲了居民个人的收入关系，抑制了整体社会福利快速提高，进而抑制了消费水平的提升。

3. 低下的投资效益进一步强化了高投资率

中部省份面临着沿海地区高速增长的压力和不断拉大的经济增长差距，想要缩小与沿海地区发展差距，与全国一道同步全面建设小康社会，就必须加快中部地区的发展。在传统的经济发展方式中，较高的投资率就是弥补投资效率较低、加快经济增长的最有效方式。

4. 消费增长疲弱，消费率偏低

我国总消费率从改革初期的62.1%，降到目前的不足50%，居民消费率从1994年的58.2%降到2015年的51.8%，下降了6.4个百分点。从直接原因来看，投资率的不断攀升是以挤占消费特别是居民的消费为代价换来的。从更深层的原因来看，则是经济增长的效益不高和不合理的收入关系造成的居民收入增长缓慢和收入结构严重失衡的必然结果。

（1）经济增长的效益不高主要是由于传统的粗放型经济增长方式造成的。传统的经济增长方式主要依赖于生产要素投入的外延式扩张和压低的生产要素价格所形成的畸形高投资回报率驱动。长期以来，我国形成了包括能源在内的主要资源的计划管理体制，资源丰富的广大内陆地区以较低的资源价格支援了沿海地区的对外开放和经济的高速增长。直到今天，高企的国际资源价格和不断攀升的人民币汇率并没有撼动我国出口的高速增长，一个重要原因就在于我国主要资源（能源）的定价太低，不断扩大的出口，就等于我国以低廉资源价格补贴全球市场。

（2）过低的劳动力价格也是造成粗放型经济增长的重要原因。据统计，从1994年至今，我国的GDP年均增长近10%，而同期生产商品的劳动成本却只增长了同期经济增长的56%。[①] 我国出口企业由于普遍缺乏核心竞争力，在国际市场的竞争主要靠价格优势，而廉价的资源、劳动以及鼓励出口的政策所形成的价格优势是造就我国长达30多年的高速出口增长的主要动力。高速的经

① 杨玉华．国际贸易对就业的影响——中国1978～2005年对外贸易与就业关系研究［M］．北京：经济管理出版社，2007：222.

济增长并没有给广大居民带来相应的收入增长，高企的预期开支、不确定的经济前景都强化了人们的储蓄倾向。扭曲的宏观需求结构、不完善的社会保障、过高的支出预期以及低速增长的收入都压制了消费的同步增长，所以，消费率就表现为逐年下降。

5. 出口增长偏弱，对外开放水平不高

中部省份出口增长缓慢的主要原因是企业的竞争力不高、出口渠道不畅。比如河南省，近几年进出口贸易虽然增长很快，但占全国的比重只有1%左右。从贸易商品、方式和企业的性质结构来看，中部省份与沿海地区最大的差距在于：资源性产品比重较高而劳动、技术密集型产品较低，一般贸易比重较高而加工贸易比重较低，内资企业比重偏高而外资企业比重偏低。中部省份的竞争优势主要体现在资源等初级产品的生产而非加工制造业，作为中部省份的最大优势——劳动力资源却没有得到充分的体现，原因就在于沿海地区以地理、市场环境和政策的优势所形成的企业竞争优势以及对外开放的先导优势所形成的高收益对内地劳动力资源所形成的“虹吸”现象——劳动力资源源源不断向沿海转移。而深居内地的地理、政策以及市场环境劣势都限制了内地生产要素优势的发挥。缺乏竞争优势的企业和规模不大的外资企业都难以充分形成出口导向的资源配置效应，劳动力资源的比较优势就无法充分发挥出来。由于市场环境和政策的限制，内地也难以形成外资企业主导的加工贸易出口格局，对外贸易的发展就会因“渠道”不畅而受到限制。

（四）建议

中部省份要充分发挥地方的比较优势，在国际化的市场环境中又好又快地发展起来，就必须解决经济发展的动力问题，不断优化经济增长结构，协调经济发展的动力因素，提升经济发展的水平和效益。

1. 转变经济增长方式，提高投资的效益

中部省份的工业化刚迈入中期阶段，投资依然是经济增长的主要推动力。但在目前国际市场资源品价格居高不下，国内资源、环境瓶颈制约日益突出条件下，单纯依赖高投入的经济增长方式已经难以为继。因此，必须打破传统的经济

增长依赖路径，依靠科技创新和人力资源素质的提高创造新的发展模式，提高投资的综合效益，在逐步降低投资率的基础上，又好又快地发展经济。

2. 提高居民收入水平、调节收入结构，积极扩大内需

内需不足，特别是居民消费率下降成为制约中部经济增长的主要因素，因此，努力提高居民收入整体水平，调节劳资、政府与居民之间不合理分配关系，逐步缩小不同阶层收入的差距，优化收入结构，逐步扩大劳动者——中低收入者的分配比重，才是扩大内需的重中之重。可以通过财政的、金融的、立法的甚至行政的手段，扩大社会的保障范围、提高保障的水平，加强对劳动者权益的保护的力度，扩大公共财政对落后地区、弱势群体的扶持力度，从源头上、制度上调节过高收入，扩大中等收入者比重，大幅度地提高低收入群体的收入水平。

3. 努力培植企业竞争优势、优化企业成长环境，提高对外开放水平

目前企业竞争能力不强是制约中部地区对外开放水平的重要原因。除了政策、管理、技术和人才的原因之外，是否拥有公平、有序、宽松的市场环境才是制约企业成长和扩大外资的首要因素。因此，彻底转变政府的职能和作风，打造高效、廉洁的服务型政府，培养公正、廉洁、勤勉的绩效型公务员队伍就成为优化企业环境的中心任务。

4. 立足比较优势，塑造新的产业、企业竞争优势

劳动力富裕、资源丰富是中部省份的地方优势，如何变资源优势为产业优势和企业永续发展的竞争优势，则是摆在中部地区发展道路上的最大难题。过去，中部地区成为被动输出资源、人力的储蓄库；今天，面临着国际产业布局调整、沿海产业升级的历史机遇，中部地区要借助国际化、信息化的推动力，按照新型工业化道路的要求，立足自身比较优势，大力调整产业布局，优化产业结构，高起点、高标准地对接国际、沿海产业转移；以人力资源优势为支撑、以自主创新为抓手，塑造本地区的新的产业优势和企业竞争优势。

5. 实施人才战略，大力开发人力资源，提升劳动者的素质和水平

中部地区富余劳动力资源并没有支撑起中部地区的产业、企业的竞争优势，

原因就在于适应国际化、市场化和信息化的人才太少，整体素质较低。因此，首先，要改变“孔雀东南飞”的人才流失趋势，就要转变观念、彻底打破权力本位代之以人才本位，营造尊重人才的社会氛围，搭建人才施展才华的舞台，创造人才干事业的良好工作、生活环境；其次，要扭转劳动力的外流现象，就要创造劳动力乐于本地就业、创业的社会条件，就要引进、创办和发展起一大批高标准、高起点的产业和企业。而高起点、高标准的产业和企业就需要一大批有知识、懂技术的现代劳动大军和一大批有技术、懂经营、会管理的人力资源队伍，所以，实施人才战略和开发人力资源并重，才是摆脱传统发展模式，创造新的跨越式经济发展的两翼。

三、中原经济区经济增长的动力机制与转型绩效

中原经济区经济增长的质量与效益究竟怎么样，中原经济区的经济增长方式转型的态势如何？经济增长的动力是否具备协调、全面、可持续的特征？本书以河南改革开放 38 年的历史数据为根据，以全要素贡献率（TFP）作为评价的基本标尺，对河南省经济增长方式转型的态势进行量化分析和客观评判；并运用最小二乘法、数据包络马氏指数法（DEA - Malmquist）等当代计量分析方法对推动河南省经济转型的动力因素进行量化分解、比较分析，发现河南省经济发展存在的差距，寻找阻碍河南省经济转型的深层原因和问题，并针对其原因提出相应的对策建议，为河南省贯彻“十三五”规划、推动经济发展方式转型提供高质量的政策咨询和决策参考建议。

（一）中原经济区经济增长的基本动力与经济增长方式转型的总体分析

1. 模型的选择与推导

本节采用经济学界普遍使用的全要素贡献率标准对河南省经济增长方式转型态势进行评价。对于全要素贡献率的测算，本书采用索洛余值模型，而索洛余值

模型的基础是一般生产函数。自20世纪20年代诞生以来，生产函数是被广泛运用于分析经济增长的经济模型。在改进型生产函数 $Y = A_0e^{\lambda t}K^{\alpha}L^{\beta}$（Charles Cobb and Paul Douglas，1928；Solow，1957）的基础上，可以进一步推导出测算基本生产要素以外的全要素贡献率的索洛余值模型。具体推导过程如下：

$$Y = A_0e^{\lambda t}K^{\alpha}L^{\beta} \Rightarrow \ln Y = \ln A_0 + \lambda t + \alpha \ln K + \beta \ln L \quad (1-3)$$

在（1－3）式中，Y、K、L分别代表生产总值、资本要素投入量和劳动要素投入量，t表示时间，λ表示技术进步比率，α和β分别表示资本、劳动对经济增长的弹性，λ、α和β均为待估参数。对（1－3）式两边进行微分，并取时间增量 $\Delta t = 1$，得出方程式：

$$\Delta Y/Y = \lambda + \alpha(\Delta K/K) + \beta(\Delta L/L) \Rightarrow \lambda = \Delta Y/Y - \alpha(\Delta K/K) - \beta(\Delta L/L) \quad (1-4)$$

如果以y、k、l分别表示ΔY/Y、ΔK/K和ΔL/L，（1－4）式两边同时除以y，得方程式：

$$\lambda/y = 1 - \alpha(k/y) - \beta(l/y) \quad (1-5)$$

（1－5）式就是索洛余值方程。其中，λ/y表示索洛余值，也就是除资本、劳动之外的其他因素的贡献率，也称为全要素贡献率（E_A），α(k/y)表示资本的贡献率（E_K）、β(l/y)表示劳动的贡献率（E_L）。①

本书在利用索洛余值方程计算全要素、资本和劳动贡献率过程中，采用五年分期，该分期方法不仅与我国经济发展规划时期吻合，而且能够较好地反映我国经济增长方式变动的趋势。

对于增长率计算方法，本书采用几何计算方法，即：

$$r = \sqrt[n]{N/n} - 1 \quad (1-6)$$

在（1－6）式中，r表示年增长率，n、N分别表示计算时期相隔n年的起点、终点数值。

2. 数据采用与参数的估计过程

本书采用数据均来自历年《河南统计年鉴》（河南省统计厅主编），其中Y、K、L、t分别采用当年GDP（亿元，2000年不变价）、固定资本存量（亿元，2000年不变价）、就业人数（万人）和初始为1的时间长度（年）表示。其中，

① 杨玉华，罗斌．我国经济增长方式转型的动力源泉及其因素分解——基于中国1952～2009年的实证分析［J］．河北经贸大学学报，2011（4）：39－46.

固定资本存量采用永续盘存法进行估算，即当年资本存量 = 上年资本存量 × 资本折旧率 + 本年资本增量计算，初始年份 1978 年的河南固定资本存量参照黄宗远、宫汝凯的估计[①]，按照 2000 年不变价取为 710.5 亿元，资本折旧率采用王小鲁等的研究方法[②]，1978 ~ 1990 年的折旧率按 5% 计算，1991 ~ 2015 年资本折旧平滑加速，最终达到 10%。由于河南省经济增长波动性大，所以，本节计算该时期年均几何增长率时，起终点年份的数据均采用相邻三年平均值。本节的参数估计采用 OLS 方法，数据由 Eviews 6.0 给出，估计方程如下：

$$\ln Y = 4.190154 + 0.309900 \times \ln K + 0.071611 \times t + [MA(1) = 0.741608,$$
$$(0.574239) \quad (0.087378) \quad (0.009617)$$
$$BACKCAST = 1978, ESTSMPL = "1978 \quad 2010"] \tag{1-7}$$

$R^2 = 0.996656(0.996310)$ D. W. $= 1.641265$ $F = 2881.099$ $T = 7.296875$, 3.546651, 7.446573

按照生产规模报酬不变假设，即根据 $\alpha + \beta = 1$ 折算，$\alpha = 0.309900$，$\beta = 0.690100$。按照 $E_K = \alpha(\Delta K / \Delta Y)$、$E_L = \beta(\Delta L / \Delta Y)$ 计算资本和劳动增量对经济增长的贡献率。

从估计方程来看，方程拟合很好，调整后拟合优度达到了 99.63%，D. W. 值也显示方程很好地消除了数据自相关问题，T 绝对值均较大，各参数的显著水平均达到了 0.0001。根据规模报酬不变折算，资本弹性达到了 0.309900，即资本每增长 1%，可以推动经济增长 0.3099%，这个数值在世界范围内属于正常数值，说明河南省长期高投资有一定的合理性；河南省劳动弹性达到 0.690100，属于较高水平，即就业每增长 1%，就可以推动经济 0.6901% 的增长，说明在长期存在大量剩余劳动力的情况下，河南省就业的增长仍然能够推动经济的增长。时间的弹性系数为 0.0716，说明河南省科技进步（即全要素）速率为每年达到了 7.16%，说明河南省劳动生产率的提高已经对经济增长产生显著的推动作用。

3. 经济增长方式转型的分类与河南经济增长方式的评价

经济增长方式按照增长动力来源可以划分为外延式增长方式和内涵式增长方

① 黄宗远，宫汝凯．中国省区物质资本存量的重估：1978 ~ 2007 年［J］．广西师范大学学报（哲学社会版），2010（1）：74 – 80.

② 王小鲁，樊纲，刘鹏．中国经济增长方式转换和增长可持续性［J］．经济研究，2009（1）：4 – 16.

式，前者主要依靠生产要素投入和以生产规模的扩张为动力的经济增长模式，后者是以提高生产要素的利用效率为动力的经济增长模式，其增长动力主要依靠科技进步、劳动者素质提高和管理的创新。本书依据生产函数，把经济增长的基本投入要素简化为资本和劳动，借鉴迈克尔·波特的经济增长驱动阶段划分方法，把经济增长方式可以进一步划分为四种类型：要素驱动增长方式（基本要素贡献率75%～100%，全要素（TFP）贡献率0～25%）、要素—技术驱动增长方式（基本要素贡献率50%～74%，TFP贡献率26%～50%）、技术驱动增长方式（基本要素贡献率25%～49%，TFP贡献率51%～75%）、创新驱动增长方式（基本要素贡献率0～24%，TFP贡献率76%～100%）。

表1－11显示，1978～2015年，河南经济增长的基本动力主要来自全要素贡献的提升和资本投入。如果以全要素贡献率为判断标准，显然，河南自2000年以来已经进入了全要素贡献率驱动的新时期。

以全要素贡献率作为评价标准和上述增长方式四分法划分类别来判断，1978～2015年河南经济增长方式属于要素—技术驱动增长方式，整个时期TFP对经济增长的贡献率年均49.14%，位居第二；生产要素的贡献率达到了50.86%，为第一推动力，其中资本贡献率保持在年均35.81%，就业贡献率保持在年均15.05%。以2000年为界，明显分为前后两个阶段，2000年以前，全要素和就业贡献率波动上扬，均有所提升，资本贡献率波动下降趋势显著；2000年以来，全要素和就业贡献率均出现下降态势，资本贡献率提升显著。2000～2005年，全要素贡献率不断提升，已经稳居第一，说明河南已经迈入了技术驱动的新阶段，资本、就业贡献率持续下降，二者合计只有30%；2005年以来，全要素贡献率快速下降，到2010～2015年已经下降至15.17%，资本贡献率不断提高，到2010～2015年高达77.19%，就业贡献率也有所回升，2010～2015年回升至7.65%。从整个时期来看，年均经济增长高达10.78%，高于全国平均增速约1.20个百分点，经济增长深受世界经济波动和国内宏观经济形势的影响，具有显著的波段性。从经济增长的源泉来看，1978～2015年整个时期，结合TFP分解的结果来看，TFP中基础设施的改善主要也是投资的结果，其贡献率年均为6.49%，这样要素贡献率合计就达到了57.53%。其中，资本年均贡献率为36.32%，位居要素贡献率第一；就业贡献率为14.72%，位居要素贡献率第二；基础设施改善贡献率6.49%，位居要素贡献率第三，属于典型的要素—技术推动型经济增长。

表1-11　中原经济区不同时期的生产要素的贡献率与增长方式的判断（1978~2015年）

年份	GRP	TFP	K	L	增长方式
1978~1985	13.30	65.12	17.83	17.05	技术推动
1985~1990	5.27	21.28	57.26	21.46	要素推动
1990~1995	12.99	63.65	19.82	16.53	技术推动
1995~2000	9.55	36.37	38.40	25.23	要素—技术推动
2000~2005	13.71	69.40	28.86	1.74	技术推动
2005~2010	13.16	42.84	53.17	3.99	要素—技术推动
2010~2015	8.86	15.17	77.19	7.65	要素推动
1978~2015	10.78	49.14	35.81	15.05	要素—技术推动

（1）从经济增长的波动周期来看，即大约10年一个周期，波谷的形成明显与世界经济的波动和国内宏观经济环境的变化息息相关。第一个周期在20世纪90年代后期结束，期间经历了国际上“苏东”剧变和国内“八九”政治风波的剧烈影响，该时期，经济年均增长保持了10.1%~14.6%的高增长，但由于“八九”政治风波的影响（当然也与取值有关），1985~1990年，经济增长骤然降低至7.46%，为改革开放以来的谷底。第二、第三个周期呈现明显的“U”形态势，且波动幅度较大。第二个周期前期经济增长恢复至前期水平，后期受到东亚金融危机和世界互联网泡沫破裂的影响，增速急剧降低，降低到年均增长6.23%的新低水平；第三个周期也是整个时期最好的时期，经济增长创了新高，年均经济增速达到了13.3%~14.4%，但该时期也明显地受到2007年以来爆发的世界金融危机的冲击，经济增速有所放缓，要素驱动态势进一步强化。

（2）从TFP贡献率变化的态势来看，整个时期可以划分为三个时期：1978~1990年要素驱动扩张期，1990~2000年剧烈波动过渡期，2000~2011年技术驱动时期。从经济增长的源泉来看，TFP贡献率有不断提升趋势，资本、劳动贡献率均具有不断下降的趋势，但分析的结果明显受到经济波动的巨大影响。

第一个时期属于要素—技术驱动型经济增长方式，而且要素贡献率不断提升，全要素贡献率不断降低，显示出外延式粗放增长典型特征。其中，劳动就业贡献率显示出不断攀升的趋势。劳动就业贡献率从1978~1980年的年均贡献率11.98%上升至1985~1990年的年均贡献率21.46%，增长了近1倍。资本的贡献率从1978~1980年的48.19%提升至1985~1990年的67.26%，提升了近20

个百分点。该阶段经济增长呈现出要素驱动的典型特征（由于改革开放带来初始效应，计量显示为技术推动的一些特征）。

第二个时期不仅经济增长波动剧烈，而且经济增长动力结构的变动也很剧烈。与第一、第三个周期相连，呈现出典型的波动态势：两个波谷与两个波峰相间，波谷表现为要素—技术驱动，而波峰表现为技术推动，这说明该阶段的统计数据明显受到强有力的外界环境变动剧烈影响，为了应对经济的剧烈下滑，政府大规模投资刺激政策出台，严重抑制了全要素贡献率，提升了资本等要素贡献率，而在经济复苏和经济改革政策双重推动下，经济爆发式增长，全要素贡献率突兀抬高。20 世纪 90 年代初期，我国国民经济受到邓小平南方谈话影响及在党的十四大明确建立社会主义市场经济改革目标的鼓舞下，非公有制经济迅速崛起；进入 21 世纪，我国“入世”的重大利好也刺激了河南省对外开放的大力推进，经济增长均取得了骄人的成就，表现在分析结果中，那就是 TFP 贡献率大幅攀升，经济增长方式表现为技术驱动特征。处于周期两端的年份则明显地受到“八九”政治风波和东南亚金融危机、世界互联网泡沫破裂的影响，经济增长陷入低谷，TFP 贡献率降至低点，资本和就业贡献率随之大幅攀升，增长源泉上表现为要素驱动显著加强、技术驱动进一步衰退。

在第三个时期，在“入世”、中原经济区规划出台、推动经济发展方式转型政策等诸多利好因素影响下，TFP 贡献率进一步攀升。在 2000 ~ 2005 年，TFP 年均贡献率达到了 69.40% 的历史高点；2005 ~ 2015 年，由于深受源于美国的金融危机的巨大冲击和影响，TFP 贡献率下降很快，到 2015 年只有 15.17%，表明河南经济增长方式转型依然任重道远，要素驱动基础依然坚如磐石。除了波谷与波峰数据之外，其余时期的数据则更能接近实际，TFP 贡献率波动提升、资本贡献率波动下降、劳动的贡献率逐步降低是河南经济增长方式转变不断推进的必然结果，但受到世界经济放缓的影响，全要素贡献率迅速下降，资本贡献率再次成为第一推动力。

（二）中原经济区经济增长中 TFP 因素分解：动力因素

1. 模型的构建与方法

TFP 是指除资本和劳动以外所有生产要素，TFP 贡献率可以理解为包括教育和科技进步、结构调整、制度演进、效率提高等在内的非资本、劳动的贡献率。为了进一步了解全要素贡献率的具体组成内容，本书以地区生产总值为因变量，以非资本、劳动因素为变量建立数学模型，对 TFP 的各个因素的贡献率进行分解。本书采取两步方法：

（1）建立有关数学模型，对 TFP 组成因素进行分解，定量分析各因素对经济增长的弹性。本书将 TFP 进一步分解为单位产值能耗（E）代表能耗产出效率，人均消费额（X）代表人们生活水平，非农产值比重（X1）代表工业化水平，城市人口比重（X2）代表城市化水平，非公就业比重（X3）代表市场化进程，非农就业比重（X4）代表非农劳动力转移水平，人均旅客周转量（X5），人均货物周转量（X6）和人均邮电业务总量（X7）代表基础设施，人均贷款余额（X8）代表金融服务，人均地区生产总值（X9）代表劳动生产率，医生人数/千人（X10）代表保健水平，人均教育年限（X11）代表劳动力素质，科技投入（X12）代表科技进步，对外依赖度（X13）、人均出口额（X14）、人均进口额（X15）和人均外商直接投资额（X16）代表对外开放水平等因素，然后以地区生产总值（Y）代表经济增长为因变量，以上述 TFP 组成因素为自变量，建立数学模型，采取从一般到特殊的方法进行 OLS 估计和筛选，舍弃那些影响不显著的因素，最后确立数学模型（1－8）式，再进行估计，确定有关自变量的弹性系数。

（2）根据全要素贡献率和各组成因素的弹性计算有关因素贡献率，见（1－9）式，并按照 100% 份额对 TFP 组成各因素参数进行折算，计算各组成因素的实际贡献率和相对贡献率。

$$\ln Y = C + C_1\ln E + C_2\ln X + C_3\ln X_2 + C_4\ln X_3 + C_5\ln X_4 + C_6\ln X_6 + C_7\ln X_7 + C_8\ln X_8 + C_9\ln X_9 + C_{10}\ln X_{11} + C_{11}\ln X_{12} + C_{12}\ln X_{13} + C_{13}\ln X_{14} + C_{14}\ln X_{15} + \varepsilon \quad (1-8)$$

$$EA = f(\Delta\ln E,\ \Delta\ln X,\ \Delta\ln X2,\ \Delta\ln X3,\ \Delta\ln X4,\ \Delta\ln X6,\ \Delta\ln X7,\ \Delta\ln X8,\ \Delta\ln X9,\ \Delta\ln X11,\ \Delta\ln X12,\ \Delta\ln X13,\ \Delta\ln X14,\ \Delta\ln X15) \quad (1-9)$$

2. 数据采用与测算结果

除人均教育年限之外，本节采用的数据中，工业化、劳动力转移、对外开放和基础设施等原始数据均来自历年《河南统计年鉴》。人均教育年限数据由笔者根据不同教育阶段人数和学习时间进行估算。在计量分析中，为消除时间趋势，本书数据均采用原数据（进行价格平减）的自然对数。在测算过程中，由于非

农产值比重、人均旅客周转量、医生人数/千人和人均外商投资额影响不显著，所以，舍去。TFP 组成因素贡献率实际数据和相对数据的计算结果，按照其构成比重进行了相应调整和修正。

3. 中原经济区经济增长中 TFP 因素分解

（1）从估计方程来看，调整后拟合优度达到了 100.00%，方程拟合效果良好，D. W. =1.746348，说明数据很好地消除了数据自相关问题，T 值也较大，各估计参数的显著水平均在 0.05 以下。估计结果显示，除非农产值比重、城市人口比重、人均货物周转量和对外开放度的影响系数是负值外，其余因素的影响系数均是正值，说明这些因素对经济增长产生了积极推动作用。其中，劳动生产率、人均教育年限、人均出口额、人均消费额和非农就业的增长弹性系数分居前五位，其系数分别为 1.006754、0.393089、0.222289、0.173927 和 0.170192，其他影响系数较小。分析结果还显示，对外开放的综合影响为正，其中进口的影响为正，外商直接投资的影响为负，但影响系数均较小（如表 1 - 12 所示）。根据（1 - 8）式，运用 OLS 回归分析结果如下：

$$\begin{aligned}\ln Y = & -3.346568 + \underset{(0.028107)}{}0.035647 \times \ln E + \underset{(0.044305)}{}0.173927 \times \ln X1 - \underset{(0.081294)}{}0.205150 \times \ln X2 - \underset{(0.011285)}{}\\ & 0.025613 \times \ln X3 + 0.170192 \times \ln X4 + 0.051150 \times \ln X6 + 0.073222 \times \ln X7 - \\ & \quad (0.053679) \qquad (0.021227) \qquad (0.021932) \qquad (0.047176) \\ & 0.134980 \times \ln X8 + 0.393089 \times \ln X9 + 1.006754 \times \ln X11 + 0.068306 \times \ln X12 - \\ & \quad (0.096448) \qquad (0.136650) \qquad (0.027828) \qquad (0.105215) \\ & 0.335586 \times \ln X13 + 0.222289 \times \ln X14 + 0.0702919 \times \ln X15 + [MA(1) = \\ & \quad (0.077308) \qquad (0.023884) \\ & -0.997485, BACKCAST = 1978, ESTSMPL = "\ 1978 \quad 2010"]\end{aligned} \tag{1-10}$$

R^2 =0.999974（0.999950）D. W. =1.746348　F =43012.46　T =2.268281，3.925638，- 2.523553，- 2.269609，3.170548，2.409684，3.338625，- 2.861183，4.075649，7.367419，2.454565，-3.189533，2.875382，2.943105。

根据 TFP 组成各因素系数之和即∑(C1，C2，C3，…，C14) =1 折算，C1 =0.035647，C2 =0.173927，C3 = -0.205150，C4 = -0.025613，C5 =0.170192，C6 =0.051150，C7 =0.073222，C8 =0.134980，C9 =0.393089，C10 =1.0067543，C11 =0.068306，C12 = -0.335586，C13 =0.222289，C14 =0.07029。TFP 组成各因素贡献率计算结果如表 1 - 12 所示，在 TFP 贡献率分解中，人均对外贸易出

口额提高位居贡献率之首，占据 TFP 全部贡献率的 28.54%；劳动生产率的提高次之，占据了整个时期 TFP 全部贡献率的 24.67%；人均教育年限，占据 TFP 全部贡献率的 16.35%，位居第三；位列第四至第六位的依次是：人均进口额，占据 TFP 全部贡献率的 11.89%；人均消费额，占据 TFP 全部贡献率的 10.83%；人均邮电业务量，占据 TFP 全部贡献率的 10.47%；人均贷款余额和科技投入的贡献率分别为 8.91% 和 7.81%，分列第七位与第八位。非农就业比重和人均货物周转量能源效率分别 4.04% 和 2.79%。其余为负面影响，对外依存度、城市化、市场化和单位能耗对 TFP 贡献率均为负值。其中，对外依存度贡献率达到了 -17.26%，其余三项比重均不超过 -5%。

表 1-12　河南 TFP 组成因素的分解结果（1978~2012 年）　　单位：%

类别 年份	TFP	消费*	城市化	市场化	非农就业	货物周转*	邮电业务*	贷款余额*	劳动生产率	单位能耗	教育年限*	科技投入	对外依存度	出口*	进口*
1978~1980	100.00	13.65	-3.94	-6.98	-0.28	1.03	3.79	5.15	26.15	-2.33	33.72	4.97	-19.68	37.44	7.32
1980~1985	100.00	8.85	-1.82	-5.86	9.46	2.54	0.39	9.22	19.51	-0.99	28.33	8.09	-44.19	48.58	17.91
1985~1990	100.00	6.43	-2.16	-0.84	6.05	3.14	13.18	10.26	17.38	-1.97	24.72	4.25	-32.45	40.56	11.44
1990~1995	100.00	12.18	-2.59	-3.77	3.70	1.19	14.88	8.97	26.60	-1.17	9.75	5.64	-4.08	11.21	17.49
1995~2000	100.00	10.98	-13.41	-2.38	-0.97	-0.70	25.07	14.92	10.92	-2.32	20.80	12.33	30.73	-3.76	-2.22
2000~2005	100.00	12.19	-7.30	-1.28	4.20	2.55	11.76	6.75	30.31	0.49	9.56	6.62	-22.65	36.33	10.44
2005~2012	100.00	10.47	-5.84	-1.62	4.30	7.05	7.30	7.94	29.89	-1.35	7.70	10.77	-23.23	32.95	13.66
1978~2012	100.00	10.83	-4.95	-2.89	4.04	2.79	10.47	8.91	24.67	-1.20	16.35	7.81	-17.26	28.54	11.89

注：带*表示为人均数据。

（2）从动态的发展趋势来看，人均出口额贡献率呈典型“U”字形态势，20 世纪 90 年代是历史低点，进入 21 世纪，进一步恢复，但近 6 年受世界金融危机冲击有所放缓，但年均贡献率也保持了年均 32.95% 的较高水平，仍高于其他因素贡献率，位居榜首。劳动生产率的贡献率是波动上升的，1978~1990 年，呈现显著下降态势，在经历过 20 世纪 90 年代一高一低剧烈波动后，21 世纪前 10 年提升加速，2010~2015 年虽有所下滑，但年均贡献率仍处于历史高点，年均贡献率达 29.89%，高于其平均水平 5 个百分点，位居第二。人均教育年限的贡献率总体呈波浪下降态势，第一波下降出现在 1978~1995 年，其贡献率从历史最高位的年均贡献率 33.72%，逐期下降到 1990~1995 年的年均 9.75%，位次从改革初期的第二，下滑至第五。第二波下降出现在 1995～2012 年，1995～2000 年其贡献率恢复至年均 20.8%，到 2005～2012 年下降至年均 7.70%，位次降至第七。人均进口额贡献率总的变化趋势是波动起伏较大，在经历 1995～2000 年急剧下降之后，步入 21 世纪，开始稳步提高，从 2000～2005 年的年均贡献率 10.44% 提高到 2005～2012 年的年均 13.66%，超过平均水平近 2 个百分点，位居第三。人均消费额的贡献率除 20 世纪 80 年代较低外，其余年份较为稳定，2005～2015 年有一定程度下滑，2010～2015 年年均贡献率 10.47%，接近其平均水平，位居第五。人均邮电业务，整体呈倒"U"字形态势，两端贡献率较低，中间贡献率较高，在 1995～2000 年其贡献率创下历史高点，年均贡献达 25.07%，位居第二之后，急剧下滑，从 2000～2005 年的年均 11.76%，下降至 2005～2012 年的年均 7.30%，低于其平均水平 3 个多百分点，位列第八。科技投入贡献率总的趋势是上升的，2005～2015 年呈增长态势，2010～2015 年年均贡献率达到 10.77%，高于其平均水平近 3 个百分点，位列第四。人均贷款余额的贡献率总体呈倒"U"字形，两端贡献率较低，中间贡献率较高。2005～2015 年处于增长态势，2010～2015 年年均贡献率为 7.94%，略低于其平均水平，位居第六。人均货物周转量的贡献率呈波动上升态势，近 10 年处于历史较高水平，2010～2015 年年均贡献率增至 7.05%，达到其平均水平的两倍多，位列第八。非农就业比重的贡献率总体呈波动下降态势，在经历过 1995～2000 年的负增长之后，迎来了恢复增长时期，2005～2015 年趋于稳定且呈上升态势，目前年均 4.30%，略高于其平均水平，位列第九。其余因素的贡献率均为负值。其中，对外依存度对经济增长冲击最大。对外依存度的年均贡献率波动很大，总体为负值，2005～2015 年较为稳定，2010～2015 年年均贡献率为 -23.23%，低于其平均水平约 6 个百分点。单位能耗的贡献率除 2000～2005 年为正值之外，其余年份均为负，说明单位能耗的下降对经济增长还是有一定的冲击影响，但 2005～2015 年冲击影响略呈下降态势，目前降至年均 -1.20%。城市化和市场化进程对经济增长影响均为负值，超出了一般经济理论的解释范畴，说明河南省的城市化和市场化更多是外部经济环境推动的被迫行为，而非经济增长本身所形成的必然结果。

4. 中原经济区经济增长的动力机制分析

为了进一步分析影响河南经济增长的动力因素，本节在前面对 TFP 各组成因素分解的基础上，对各个影响因素进行归并，城市人口比重（X2）代表的城市化、非公就业比重（X3）代表的市场化、非农就业比重（X4）代表的劳动力转移和人均贷款总额（X8）代表的金融服务合并为制度变迁因素，人均旅客周转量（X5）和人均邮电业务总量（X6）合并为基础设施因素，对外依赖度（X13）、人均出口额（X14）和人均进口额（X15）合并为开放因素，劳动生产率（X9）和能源产出效率（E）合并为效率，其他数据不变。可以得出河南经济增长的推动因素：改革开放以来，在推动河南经济增长的因素中，居于首位的是资本，年均贡献率达到 36.32%；劳动就业的贡献率位居第二，达到年均 14.72%；效率改善位居第三，年均贡献率为 12.66%，对外开放的贡献率为年均 11.35%，位居第四；教育水平的提升、制度变迁、基础设施的改善、消费水平的提高、科技投入年均贡献率分别为 8.01%、6.60%、6.49%、5.30% 和 3.82%，分别位列第五、第六、第七、第八、第九（如表 1 – 13 所示）。

表 1 – 13　河南不同时期的经济发展的动力因素　　单位：%

年份	GRP	资本	就业	效率	开放	教育	基础设施	消费	科技	制度变迁
1978 ~ 1980	14.61	48.19	11.98	9.41	9.99	13.43	1.92	5.44	1.98	–1.33
1980 ~ 1985	10.14	39.84	23.34	7.55	8.21	10.43	1.08	3.26	2.98	6.84
1985 ~ 1990	7.46	38.78	29.56	6.13	6.19	7.83	5.17	2.04	1.34	7.14
1990 ~ 1995	12.16	23.49	12.00	17.91	15.88	6.29	10.37	7.86	3.64	10.24
1995 ~ 2000	6.23	62.88	33.94	0.42	0.79	0.66	0.78	0.35	0.39	7.72
2000 ~ 2005	13.37	24.27	4.20	21.33	17.26	6.84	10.24	8.72	4.73	6.43
2005 ~ 2012	14.44	38.87	7.34	16.80	12.58	4.14	7.72	5.63	5.79	7.21
1978 ~ 2012	11.39	36.32	14.72	12.66	11.35	8.01	6.49	5.30	3.82	6.60

从发展变动的趋势来看，资本、就业的贡献率波动很大，而且总体呈下降态势。在 1978 ~ 1990 年，资本投资递减效应十分显著，随着投资效益递减，地区生产总值增长在逐期下滑，但投资却带动了劳动力就业增长。大量农村剩余劳动力在投资增长带动下开始了大规模转移，从而提升了就业的贡献率。这一趋势在效率提升、制度变迁影响下，资本扩张的影响受到很大削弱，表现在 2000 ~ 2005 年的分析结果中，资本贡献率进一步降低，就业贡献率也随之降低，但地区生产总值的增速却提升了。为了对抗经济衰退，政策启动了大规模投资刺激政策，高

速投资增长，有效地抵消了外部经济环境恶化带来的影响，指标贡献率一路飙升，因此，也相应地带动就业贡献率的高涨。在1995～2000年的分析结果很好地说明了这一现象。2000年以来数据更好地说明资本和就业贡献率的变动趋势。2000～2005年，随着科教兴国战略实施和经济发展方式转型推进，在“入世”利好和经济环境进一步改善的影响下，TFP贡献率大幅度攀升，资本贡献率和就业贡献率双双降至历史低点，分别为年均24.27%和4.20%。2005年以来，为了应对金融危机影响，四万亿元投资计划出台，随着中原经济区规划上升至国家战略和国际、区域产业转移步伐加快，河南投资进入了新高潮时期。2005～2012年，河南地区生产总值增速远高于全国平均水平，达到了年均14.44%，资本贡献率得以迅速回升，提升至年均38.87%，相应地，就业贡献率也提升至年均7.34%，但与历史高位相比，下降仍是大势所趋。资本贡献率总体上呈波动下降态势，但2005～2015年，资本贡献率呈上升趋势，2010～2015年其贡献度为年均38.87%，高于其平均水平2个百分点，仍遥居第一位，说明今后河南经济增长投资推动仍然是不二选择；就业的贡献率2005～2015年处于历史低位，虽然2005～2012年有所回升，但目前仍只有年均7.34%的贡献率，只相当于其平均水平的一半左右，退居第五，说明河南就业增长仍能带来一定增长效应，但空间不大。效率提高的贡献率与GRP走势高度吻合，说明伴随着经济增长推进，效率在不断得以改善。近10年的走势是下降的，但贡献率均处于历史高位。目前的贡献率仍然较高，达到年均16.80%，高于其平均水平4个百分点，位列第二，成为仅次于资本的推动力。开放贡献率基本与GRP走势一致，说明随着对外开放深入，河南对外开放对经济增长影响在不断深化。2005～2015年虽呈下滑态势，但仍处于历史高位。2010～2015年年均贡献率达到12.58%，仍高于其平均水平1个百分点以上，成为第三大推动力。随着基础设施的不断完善，其贡献率不断攀升，但其波动深受经济环境影响，说明其贡献率的被动影响性质。2005～2015年虽处于历史高位，但下滑态势显著。2010～2015年年均贡献率7.72%，高于其平均水平1个多百分点，成为第四位的推动力。制度变迁的贡献率波动较大，但总的趋势处于不断改善之中。2005～2015年处于第二个波动上升期，2007～2012年达到年均7.21%，高于其平均水平，成为仅次于基础设施的第五推动力。科技投资的贡献率波动上升，2005～2015年处于历史最好时期且呈上升态势。2007～2012年年均贡献率达5.79%，创历史新高，高于其平均水平近2个百分点，成为第六推动力。消费水平提升的贡献率总体不高，且波动较大，

2005～2015 年，呈现下降态势，但仍处于较高历史水平，达到年均 5.63%，为第七推动力。教育水平的提升，其贡献率是波动下降的，近 10 年仍呈下滑态势，2007～2012 年均仅 4.14%，只相当于其平均水平的 50% 左右，位居第八推动力。

虽然中原经济区的经济增长方式转型已经迈入了全要素推动的新时期，但投资依然是推动经济增长的第一推动力。随着经济增长方式转型取得了实质进展，效率的提高、对外开放扩大、基础设施不断改善以及制度变迁正在成为新崛起的经济增长推动力。如果从 TFP 贡献率突破 50% 的关键点的三个时期（1990～1995 年、2000～2005 年和 2005～2012 年）数据来看，效率提高的贡献率最大，其贡献率分别达到了 17.91%、21.33% 和 16.80%；开放的贡献率次之（这里主要是进出口贸易的贡献率），其贡献率依次为 15.88%、17.26% 和 12.58%；第三位是基础设施的贡献率，依次为 10.37%、10.24% 和 7.72%；第四位是制度变迁，其贡献率依次为 10.24%、6.43% 和 7.21%。从动态来看，首先，科技投入贡献率上升态势十分强劲，是对抗金融危机的最好工具；其次，制度变迁的贡献度也是波动走强，其余贡献率均受金融危机影响较大。当然，我们也必须看到在每次应对经济波动政策推动下投资行为，必然形成巨大挤压作用，对全要素贡献率挤压作用十分显著，说明河南经济增长方式转型的推动因素还十分脆弱，对抗经济环境冲击能力还比较薄弱，自身经济内生推动力不够强大和稳定。

（三）中原经济区经济增长转型中的综合生产率、技术进步、规模效应与效率变化

前面，我们利用索洛余值方法对全要素贡献率进行测算，并运用最小二乘法对全要素贡献率进行分解，测算了河南经济增长方式转型的动力机制。但该方法建立在完全竞争、规模收益不变和希克斯中性技术基础上，与现实不符，难以客观、准确地确定资本弹性系数，难以消除外界扰动形成的误差，难以分辨余值的具体内容，容易夸大技术进步的作用。尤其是由于对索洛余值理解不同和取值差异就会导致测算结果差异很大，难以对分析结果进行有效对比和衡量。本节采用 DEA－Malmquist 指数法对河南经济增长效率进行分析，进一步测算河南在经济增长转型中的综合生产率、技术进步、规模效应与效率变化。由于该方法测算的内容客观、唯一，测算结果统一，可以进行比较分析。

1. DEA－Malmquist 指数法与数据采集

数据包络分析，由于限制条件较少，测算内容全面，应用较为广泛。1953年瑞典经济学家 Sten Malmquit 运用了缩放因子之间的比例建造了消费数量指数，而这一成果形成了最初的马氏指数。1982 年 Caves 等将马氏消费数量指数的思想运用于生产分析。“通过距离函数之比构造生产率指数”，并将此指数命名为 Malmquist 生产率指数。DEA 方法的出现为测算该指数提供了计量工具。1978年，Charnes 等基于通过运用线性规划来测定技术效率的方法创立了数据包络分析方法（DEA）。数据包络方法能通过数学规划模型对具有多个输入与输出特性的“决策单元”的有效性进行统计分析。Fare 等（1994）将马氏指数进一步划分为：效率改进、技术变化、纯技术效率以及规模效率四项指标。①

本节采用基于投入方向的 DEA－Malmquist 指数法进行测算。投入数据采用劳动就业以及资本存量两项指标，产出数据为 GDP 与地区生产总值。本节全国省际比较数据，均来自各省份历年统计年鉴，其中，资本和产出数据以 1978 年为基期的价格指数进行平减，资本存量采用永续盘存法（PIM）进行估算，即 $K_t = K_{t-1} \times \Phi + \Delta K_t$（其中，$\Phi$ 为资本年折旧率。参照前面提到有关方法，起始年为5%，渐次平滑至 2011～2015 年的 9%），1978 年初始资本存量采用黄宗远和宫汝凯（2010）的估算数字。如重庆市早期数据，因历史原因出现的数据缺失，根据四川早期有关数据进行估算。为了便于纵向比较，本书根据中国经济发展的实际，将改革开放时期划分为三个阶段：改革开放初期（1978～1991 年），市场经济建设时期（1992～2001 年）、WTO 时期（2002～2015 年）。有关测算的结果由 DEAP 2.1 软件给出。河南省内 1990～2015 年数据均取自历年《河南统计年鉴》，1990 年初始资本存量根据黄宗远和宫汝凯（2010）的估算数字进行折算，市级初始年份资本存量按其 GDP 分量进行估算。市级 GDP 和资本存量均按 2000 年不变价进行价格平减。由于省际数据与地市数据来自不同数据库，其生产前沿标准不同，因而本节测算结果中二者不具可比性。

2. 基于市级数据的中原经济区综合生产率、技术进步、规模效应与效率变化

1990～2015 年，河南全要素生产率的提高有力地支撑了河南经济增长方式

① 杨玉华，钱辉．河南省生产率进步及其因素分解［J］．河南科技大学学报，2012（2）：19－23.

的转型。如表 1 - 14 所示，河南 17 个地级市（为保持数据统一性，济源市数据并入焦作市）16 年年均全要素生产率保持了增长态势，年均增长 0.3%，增速缓慢，其中，技术进步是全要素生产率提升的唯一动力，年均进步 1.0%，而综合技术效率则是退步的，年均下降 0.7%。在综合技术效率中，纯技术效率和规模效率均是下降的，其中纯技术效率年均下降 0.5%，规模效率年均下降 0.2%。

（1）中原经济区市级综合生产率、技术进步、规模效应与效率变化的横向比较。从河南市级数据比较来看，河南 17 个地市中有 13 市 TFP 变化的值超过 1，占 76.47%，说明河南省绝大部分市全要素生产率是提高的，只有不到 1/4 的市是衰退的，但都降幅不大，均不超过 0.7%。在地级市中，TFP 增速超过或等于全省平均水平的有 8 个，占到全省近一半。其中郑州市以年均增长 6.5% 的增速位列第一，洛阳市位居第二，年均增长 2.2%，漯河、三门峡、许昌紧随其后，年均增长分别达到 1.3%、1.2% 和 1.1%，位列第三、第四和第五。超过平均水平的还有鹤壁和焦作市，年均增长分别为 0.8% 和 0.7%，濮阳市年均增速为 0.3% 与全省平均水平持平。从影响 TFP 因素来看，技术进步依然是推动 TFP 的主导因素，综合技术效率则是制约 TFP 增速的主要因素。在综合技术效率因素中，纯技术效率过低是主要制约因素。从比较中还可以发现，TFP 增速强劲的地市均是工业基础较好、科技实力较强的工业城市，而工业基础比较薄弱农业地市则普遍表现较差。如表 1 - 14 所示，TFP 效率值严重低于 1 的商丘市、信阳市、周口市和驻马店市均是人口众多、工业欠发达的农业地区。

表 1 - 14　1990 ~ 2015 年中原经济区 18 个市年均 Malmquist 指数及其分解

（基期 1990 = 1）

地市 \ 项目	综合技术效率	技术进步	纯技术效率	规模效率	TFP
郑州市	1.000	1.065	1.000	1.000	1.065
开封市	1.000	0.991	1.000	1.000	0.991
洛阳市	0.991	1.031	0.991	1.000	1.022
平顶山市	0.993	1.007	0.994	0.999	0.999
安阳市	0.992	1.006	0.992	0.999	0.998
鹤壁市	0.993	1.015	1.000	0.993	1.008
新乡市	0.987	1.014	0.988	0.999	1.001

续表

项目 / 地市	综合技术效率	技术进步	纯技术效率	规模效率	TFP
焦作市*	0.991	1.016	0.992	0.999	1.007
濮阳市	0.993	1.010	0.995	0.998	1.003
许昌市	0.998	1.014	0.999	0.999	1.011
漯河市	0.995	1.018	0.999	0.997	1.013
三门峡市	0.986	1.026	1.000	0.987	1.012
南阳市	0.989	1.005	0.990	0.999	0.994
商丘市	0.991	0.991	0.991	1.000	0.981
信阳市	0.986	1.002	0.986	1.000	0.988
周口市	0.998	0.984	0.999	0.999	0.982
驻马店市	0.998	0.984	0.999	1.000	0.983
平均值	0.993	1.010	0.995	0.998	1.003

注：表中数据表示为终止年度比起始年度的几何年均增长指数。增长率$_t$ =（增长指数 - 1）$_{t-1}$ ×100%。*焦作市数据包括济源市。

资料来源：根据 DEAP 2.1 运算得出。

（2）中原经济区市级综合生产率、技术进步、规模效应与效率变化的纵向比较。中原经济区 1990～2015 年 TFP 的几何增幅年均 0.30%，进步缓慢。如表 1－15 所示，自 1990 年以来，TFP 增速经历过两次波动时期，总的发展趋势是下滑的。

在第一个波动周期，TFP 在经过 1991 年高达 －18.10% 的跌幅之后迎来了强劲上涨，1993～1996 年连续四年增速达到两位数，1994 年、1995 年更是达到了 29% 以上。该时期为分析样本区间的最好时期。1997～1999 年在东南亚金融危机冲击下，TFP 跌幅渐次扩大，1999 年达到 －9.8%。

在第二个波动周期，TFP 在经过 2000～2004 年的弱复苏后，在金融危机影响下，进入了长达 12 年的衰退。2009 年下降至 －9.9% 的历史低点后，降幅有所收窄，但 2013 年以来，降幅继续扩大，到 2015 年下降至 －10.07% 的历史最低水平。如果以 1990 年为基准的话，1990～2015 年，年均 1.010，也就是相当于 1990 年 TFP 的 1.010 倍，基本变化不大。2004 年前，TFP 表现较好，其中除 1991 年、1997～1999 年和 2003 年五个年份 TFP 效率是下降外，其余年份均是增

表 1-15　1990~2015 年中原经济区 18 个市年均 Malmquist 指数及其分解

（基期 1990 = 1）

年份＼类别	综合技术效率	技术进步	纯技术效率	规模效率	TFP	TFP 增速（%）
1990	1.000	1.000	1.000	1.000	1.000	0.00
1991	0.912	0.899	0.937	0.973	0.82	-18.10
1992	0.985	1.02	1.002	0.983	1.005	0.50
1993	0.967	1.224	0.971	0.996	1.183	18.30
1994	0.979	1.326	0.983	0.996	1.299	29.90
1995	1.057	1.222	1.034	1.022	1.292	29.20
1996	0.868	1.457	0.889	0.976	1.265	26.40
1997	1.09	0.911	1.067	1.021	0.993	-0.70
1998	1.021	0.913	1.018	1.003	0.932	-6.80
1999	1.013	0.891	1.006	1.007	0.902	-9.80
2000	0.964	1.075	0.976	0.987	1.036	3.60
2001	0.985	1.021	0.987	0.998	1.006	0.60
2002	1.004	1.019	1.006	0.998	1.023	2.50
2003	1.009	0.99	0.992	1.018	0.999	-0.30
2004	1.026	1.046	1.027	0.998	1.073	7.30
2005	1.004	0.995	1.007	0.997	0.999	-0.10
2006	0.996	0.991	0.998	0.998	0.987	-1.30
2007	0.997	0.957	1.000	0.998	0.955	-4.50
2008	0.978	1.007	0.977	1.001	0.985	-1.50
2009	0.999	0.902	0.995	1.005	0.901	-9.90
2010	0.988	0.978	0.995	0.993	0.967	-3.30
2011	1.004	0.964	1.007	0.997	0.967	-3.30
2012	0.996	0.945	1.006	0.991	0.941	-5.90
2013	1.000	0.916	0.997	1.003	0.915	-8.50
2014	1.007	0.908	1.008	0.999	0.915	-8.50
2015	0.997	0.895	1.003	0.994	0.893	-10.07
年均变化	0.993	1.010	0.995	0.998	1.003	0.30

注：表中数据表示为本年度比上年度的增长指数。增长率$_t$ =（增长指数 - 1）$_{t-1}$ ×100%。

资料来源：根据 DEAP 2.1 运算得出原始数据折算而得。

长，其中1993~1996年增长最为迅速。2005年以来，TFP效率效率一路下滑，而且下滑速度有不断加速趋势，到2015年已经下降至-10.07%。从影响TFP因素来看，技术进步依然是河南TFP提升的主导因素，1990~2015年，几何增速年均0.10%，增长不十分明显。如果以1990年为标准，除1991年、1992年技术进步低于1990年外，其余均高于基准年，整个时期全要素效率为年均基准年的1.84倍，1995~2011年保持在1.8倍以上，近几年有所下降，到2015年只有1.293倍，相当于1990年的1.293倍。

综合技术效率不高是制约河南TFP增长主要因素。1990~2015年，综合技术效率年均下降0.70%，如果以1990年为标准，到2015年只相当于1990年的83.87%。如果把综合技术效率进一步分解为纯技术效率和规模效率，1990~2015年，纯技术效率和规模效率分别年均下降0.50%和0.20%，如果以1990年为基准，到2011年，纯技术效率下降至只相当于1990年的88.22%，规模效率相当于1990年的95.15%。因此，纯技术效率下降和规模效率不断下降是制约河南TFP增长的主要障碍。而近几年技术进步的衰退也成为导致TFP不断下降的主要因素。与前面分析相比，索洛余值会夸大技术进步（实际指TFP）贡献，而马氏指数的进一步分析，则进一步揭示了河南经济增长的真相，除资本投资之外，技术进步才是经济增长推动力，而近几年经济效率下滑、技术进步的衰退则进一步阻碍了经济增长方式转型的步伐，助长了外延式粗放经济增长的趋势。

如果以洛阳为例来看，洛阳在综合生产率、技术进步、规模效应与效率变化方面，表现出工业强市、科技大市的突出特点。1990~2015年，年均TFP增速为2.20%，远高于全省平均水平，而且高于全国平均水平，分别相当于全省增速的7倍和全国平均水平的两倍。从TFP分解因素来看，技术进步是其第一推动力，且十分强劲，年均增速高达3.10%，约相当于全省的3倍。纯技术效率较低是拉低综合技术效率主要因素，年均下降0.90%，低于全省平均水平（如表1-16所示）。

从动态来看，如表1-16所示，洛阳TFP增速变化显著分为前后周期，前后经历过两个显著上升期，而且总的态势是波动上扬的。

在第一个周期1990~1997年，在经历过1991年、1992年下降后，1993~1997年步入上升期，TFP增速从1993年的1.053提高至1996年的1.816，也就说从原来低于起始年度1990年，涨至1990年的1.816倍。

表1－16 1990～2015年洛阳市Malmquist指数及其分解

（基期1990＝1）

年份＼类别	综合技术效率	技术进步	纯技术效率	规模效率	TFP增速
1990	1.000	1.000	1.000	1.000	1.000
1991	0.950	0.896	0.984	0.965	0.851
1992	0.932	0.915	0.974	0.955	0.852
1993	0.938	1.122	0.999	0.937	1.053
1994	0.829	1.479	0.902	0.918	1.225
1995	0.787	1.851	0.818	0.961	1.456
1996	0.731	2.484	0.756	0.965	1.816
1997	0.804	2.233	0.852	0.941	1.794
1998	0.541	2.255	0.586	0.922	1.218
1999	0.549	2.000	0.596	0.920	1.097
2000	0.502	2.534	0.548	0.914	1.271
2001	0.534	2.595	0.547	0.977	1.388
2002	0.588	2.652	0.593	0.993	1.561
2003	0.701	2.735	0.702	0.999	1.917
2004	0.771	2.942	0.788	0.979	2.270
2005	0.779	3.154	0.831	0.939	2.458
2006	0.818	3.252	0.871	0.939	2.660
2007	0.831	3.233	0.883	0.942	2.686
2008	0.841	3.210	0.870	0.967	2.700
2009	0.856	2.883	0.857	0.999	2.468
2010	0.820	2.906	0.824	0.996	2.381
2011	0.775	2.961	0.777	0.998	2.293
2012	0.832	2.875	0.838	0.993	2.389
2013	0.807	2.642	0.816	0.990	2.134
2014	0.789	2.402	0.796	0.991	1.895
2015	0.798	2.150	0.805	0.990	1.713
年均变化	－0.900	3.100	－0.900	0.000	2.200

注：表中数据表示为本年度比上年度的增长指数。增长率$_t$＝（增长指数－1）$_{t-1}$×100%。

资料来源：根据DEAP 2.1运算得出原始数据折算。

在第二个周期1998~2011年，在经历过1998年、1999年下降后，TFP增速步入上升期，从1999年的1.097提升至2008年的2.700，高于前期高点近10个百分点，相当于1990年的2.7倍。在金融危机冲击下、在中原经济区投资建设高潮影响下，TFP增速连续三年下降，到2015年已经下降至1.713，略低于第一个周期的高点，与第二个周期高点相比，低了1个百分点。

从TFP因素的分解来看，技术进步无疑是TFP增长的第一推动力，而且技术进步十分强劲。在1991年、1992年短暂技术衰退后，技术进步就开始十分强劲波动上升。从1993年的1.122提高至2006年的3.252，提高了近两倍，相当于1990年的3.25倍。受金融危机冲击和中原经济区开发高潮冲击，技术进步连续8年波动下滑，到2015年只有2.150，低于整个时期的平均水平。

综合技术效率不断下降是制约TFP增速主要因素。到2000年下降至历史低点，只有1990年的50%，之后，下降态势止跌回升，到2009年回升至1990年的85.6%，随后在世界金融危机后续影响下，波动走低，到2015年只有1990年的79.8%。在综合技术效率因素进一步分解中，纯技术效率下降最为显著，趋势与综合技术效率趋势相同，到2001年下降至历史低点，只有1990年的54.7%，之后止跌回升，到2007年回升至1990年的88.3%，之后波动下降，到2015年，该指标下降至0.805，相当于1990年的80.5%，下降了19.5%。规模效率下降较小，下降至0.990，比1990年下降了1.0%。

（四）中原经济区TFP变化的省际比较分析

前面分析了河南本省经济增长方式转型中动力机制、综合生产率变化、技术进步与效率的变化，从河南经济自身发现问题和症结所在。本节通过与其他省份比较进一步发现河南经济增长方式转型的问题与差距。

从我国省级经济增长方式转型的绩效比较来看，东部沿海地区转型绩效较高，而且进步最大；西部地区的转型绩效也较高，进步较快。河南所在的中部地区经济发展方式转型绩效最低，进步也相对迟缓。

从省级比较来看，我国经济发展方式转型绩效高于全国平均水平的省份主要集中在东部沿海地区，其次是西部地区。东部沿海10个省份，80%的省份超过全国平均水平。其中，超过全国平均水平1%以上的有天津（2.7%）、上海（1.6%）、浙江（1.1%）和山东（1.0%），占40%。其次是西部地区，12个省份中有8个省份超过全国平均水平，占66.7%，其中超过全国平均水平1%以上的有重庆（1.9%）、宁夏（1.6%）和新疆（1.4%），占25%。绩效最低的是中部地区。在六个省份中，只有山西一省略超全国平均水平，其中两个省份低于全国平均水平1%：安徽（-4.0%）、湖南（-3.9%）。如果从三个不同的时期来看，东部沿海地区起步不高，但进步很快，与全国差距越拉越大。1978~1991年，东部沿海地区超过全国平均水平的省份只有三个，占30%，超过全国平均水平1%的只有两个省份，占20%。到1992~2001年，超过全国平均水平的省份达到九个，占90%，超过全国平均水平1%以上的省份达到了七个，占70%。2002~2011年，超过全国平均水平的省份虽有七个，占70%，但是超过全国平均水平1%的省份仍保持了七个：北京（5.0%）、天津（4.3%）、上海（5.9%）、江苏（2.9%）、浙江（1.8%）、广东（1.9%）和海南（1.3%），而且有三个省份高出全国平均水平3%以上，经济发展的质量进一步提升。西部地区起步基础较高，但与东部沿海地区差距在不断拉大。1978~1991年，西部地区超过全国平均水平的省份高达11个，占90%以上，超过全国平均水平1%的省份也达到了十个，占近90%，到2002~2011年，超过全国平均水平的省份只剩六个，占50%，超过全国平均水平1%以上的省份，只有四个，占33.3%，低于全国平均水平省份，扩大到6个，占一半，而且其中四个省区低于全国2%以上。东北三省，三个时期变化较大：1978~1991年，均低于全国平均水平1%以上；1992~2001年，则全部高于全国平均水平，且高出1个百分点以上；2002~2011年，又回落至低于全国平均水平。中部地区，变动不大，但与全国平均水平差距进一步扩大。1978~1991年，高于与低于全国平均水平的省份各占一半，高于全国平均水平1%以上，低于全国平均水平2个百分点以上均占两个；2002~2011年，超过全国平均水平的省份下降至两个，且均不超过1%，低于全国平均水平的省份扩大至四个，且均低于全国平均2个百分点或以上，与全国平均水平的差距进一步拉大。

如表1-17所示，河南1978~2015年，TFP年均0.999，也就是说，与1978年相比基本没有变化，以全国平均水平为基准，河南TFP增速只相当于全国平均水平的99.6%，位居全国倒数第八名，低于全国平均水平。与上海、云南、天津、重庆等先进省份相比，年均落后2.6~3.4个百分点。如果从动态变化来看，与全国平均水平相比，河南TFP增速逐期下滑，从先进行列下滑至落后省份。1978~1991年，河南TFP增速位居前列，相当于全国平均水平的1.017倍，也就

是说高于全国平均水平 1.7 个百分点。1992～2001 年，TFP 增速与全国平均水平相比有所降低，降低至全国平均水平。2002～2011 年进一步下降，下降到只有全国平均水平的 96.2%，落后于全国平均水平 3.8 个百分点，2012～2015 年，与全国差距进一步拉大，与先进地区差距进一步拉大，TFP 年均下降 4.6%，落后于全国平均水平 5.4 个百分点，与上海、云南、安徽等相比，落后 7 个百分点以上。所以，河南经济增长方式转型的绩效与全国相比，差距在日趋扩大。

表 1－17　1978～2015 年中原经济区与其他省份 TFP 比较（起始年度＝1）

省份	1978～1991 年	1992～2001 年	2002～2011 年	2012～2015 年	1978～2015 年
北京	0.956	1.035	1.063	1.013	1.010
天津	1.003	1.056	1.056	0.980	1.027
河北	1.020	1.015	1.000	1.033	1.025
上海	0.970	1.052	1.072	1.471	1.051
江苏	0.981	1.032	1.041	0.992	1.013
浙江	1.000	1.026	1.030	0.990	1.014
福建	0.995	1.026	1.006	0.962	1.002
山东	1.024	1.014	1.008	0.985	1.014
广东	0.987	1.038	1.031	0.992	1.013
海南	0.966	1.004	1.025	0.962	0.995
山西	0.993	1.023	1.013	0.930	0.999
安徽	0.974	0.997	0.953	1.038	0.977
江西	1.030	1.000	0.977	0.972	1.002
河南	**1.018**	**1.008**	**0.974**	**0.954**	**0.999**
湖北	1.005	0.976	1.021	0.970	0.997
湖南	0.965	0.982	0.994	0.959	0.976
内蒙古	1.011	0.987	1.025	0.927	1.004
广西	1.013	0.989	0.980	0.975	0.988
重庆	1.045	0.899	1.016	1.011	1.026
四川	1.023	0.980	1.007	0.986	1.002
贵州	1.022	0.967	0.993	1.002	0.998
云南	1.059	0.969	0.984	1.087	1.034
西藏	1.028	1.021	0.988	1.012	1.010
陕西	0.996	1.013	1.020	0.969	1.003

续表

省份	1978～1991 年	1992～2001 年	2002～2011 年	2012～2015 年	1978～2015 年
甘肃	1.026	0.992	1.004	0.945	1.003
青海	1.005	1.011	1.029	1.061	1.019
宁夏	1.016	1.030	1.033	0.970	1.016
新疆	1.023	1.025	1.025	0.970	1.014
辽宁	0.960	1.036	1.011	0.978	0.996
吉林	0.987	1.034	1.008	0.963	1.001
黑龙江	0.952	1.031	0.997	0.963	0.985
全国均值	1.001	1.008	1.012	1.009	1.009

资料来源：根据 DEAP 2.1 运算得出原始数据折算。

（五）中原经济区增长方式转型存在的问题

改革开放以来，尤其是2000年以来，河南经济保持了平稳较快增长，城镇化、工业化和市场化不断推进，基础设施、市场环境不断改善，教育科技投入不断加强，经济结构不断优化，劳动生产率和能耗效率不断提高。虽然河南经济增长方式转型已经迈入了技术推动的新时期，技术进步和全要素生产率不断提高已经成为推动经济发展的主要动力，但经济增长转型动力并不强，转型的成果并未巩固。

分析结果显示：2005年以来，全要素生产率开始衰退，技术进步开始步入停滞，纯技术效率和规模效率进一步下降，与全国平均水平的差距进一步拉大。在经济增长方式转型动力方面主要存在的问题有：

1. 科教投入水平偏低，严重制约了科教强省政策的推进

中原经济区经济增长动力中，教育水平的提高影响力在下滑，科技投入的贡献率还偏低。主要由于长期历史欠账，导致教育科技投入水平偏低，河南教育水平落后、科技基础薄弱，科技创新支持力量严重不足。教育方面，河南教育比较落后，尤其是高等教育十分落后，作为拥有1亿多人口的大省，河南仅有一所“211”高校，没有“985”高校，河南考生上好大学概率远低于发达省份。以2010年统计数据为例，在河南人口结构中，大学及相当文化人口420万，占人口

的4.05%，远低于人口比重7.5%的份额，只相当于全国平均水平的56%，其中本科、研究生及以上人口分别占1.2%和0.08%，分别只相当于全国平均水平的45%和37%。科技投入方面，虽然近几年河南增速快于全国平均水平，由于历史欠账较多，科技投入强度仍严重低于全国平均水平。2011年，河南R&D内部支出和科技财政支出分别达到了264.49亿元和56.59亿元，分别占地区生产总值和财政收入的0.98%和3.29%，均低于全国平均水平，其中R&D内部支出强度只及全国平均水平的50%。科技部2010年发布的第2期《科技统计报告》显示，河南的科技进步环境、科技投入指数和产出指数均居于全国后列。2009年河南省科技进步环境指数为40.07，低于全国科技进步环境指数50.05约10个点，位列第26，倒数第6位；2009年河南省科技投入指数为31.10，低于全国平均水平（55.13）约24个点，位居第22；2009年河南省科技产出指数为23.64，低于全国平均水平（56.47）约33个点，位居第24。

2. 中原经济区经济结构调整严重滞后，经济结构严重失衡

河南经济增长之所以全要素生产率提高缓慢，甚至2005年以来出现了连续下降势头；河南综合技术效率之所以长期下滑，与河南经济结构调整严重滞后，经济结构严重失衡息息相关。在三大产业结构中，非农产业投入产出效益较高，第二产业资源、能耗最大；在传统与现代产业二元结构中，传统产业效益差、效率低下，现代产业效益高、效率高。但与全国平均水平相比，河南产业结构调整明显滞后，就三大产业结构来看，2010年农业产值比重较全国平均水平偏高4个百分点，工业产值比重偏高近10个百分点，服务业比重偏低24.5个百分点。非农就业比重，2010年全国达到63.3%，河南省该数值只有55.1%，偏低了8.2个百分点，市场化，河南水平也远低于全国平均水平，2010年全国非公有制就业已占到总就业的1/3，而河南只有11%，只有全国平均水平的1/3。目前河南经济结构问题十分突出，集中表现为第一产业比重过高，产值比重与就业比重偏离过大，服务业尤其是现代服务业比重过低。其一，第一产业比重偏高，农村滞留就业人口比重严重偏高，而农业作为低效益、传统产业主体，就必然降低了河南经济增长效益和效率；其二，第二产业比重偏高，尤其是传统工业比重偏高，必然形成“三高一低”的经济增长特点：即高投资、高资源消耗、高污染和低效益。河南服务业比重偏低，特别是现代服务业发展严重滞后，而现代服务业是提高工业质量和效率的助产婆和催化剂。现代服务业严重短缺必然会导致现代产

业发展滞缓、产业结构优化调整滞后，河南总体产业表现出显著的“小、散、弱”的特点。在数据分析中就必然形成综合技术效率低下、规模经济不显著等特点。

3. 严重依赖投资、投资效益递减效应显著，投资效益不高

河南经济增长严重依赖投资，而且投资对经济增长贡献率下降显著，投资效益不高。从河南经济增长驱动因素来看，资本存量的增长一直是河南经济增长的第一推动力，1978～2011年年均贡献率达到了36.32%，远高于其他因素，但投资贡献率出现显著下降趋势，投资效益显著下滑。从河南经济增长波动可以看出，投资不仅是推动经济增长的主要手段，而且是对抗经济下滑和世界经济危机冲击的最有效的手段。在1990～1995年和2005～2010年，资本存量的贡献率在不断下滑的趋势中逆向提升，有效地阻止了经济危机影响蔓延，及时防止了经济陷入衰退之中。投资高速增长在推动经济增长同时，也严重挤压了全要素贡献率，强化了经济转型助力，助长了原有的经济增长方式。河南经济增长越来越依赖投资高速增长。生产要素存量的增长情况也印证了该论断：固定资本存量从1978年的710亿元增长至2015年的38105亿元，增长了52.63倍，年均增速13.25%，高于经济增长约2个百分点，尤其是在2005～2011年，资本存量增速高于GRP 4个百分点。支出法GRP的构成变化情况更能反映河南经济增长对投资高度依赖性。河南省的经济增长属于典型的投资拉动型增长方式，消费支出在产出中的比例已从1978年的65.72%下降至2011年的31.65%，下降了34.07%，比世界平均消费率（75%左右）低了约60%。而投资率则从1978年的32.22%提高到2011年的70.38%，提高了1.1846倍，比世界平均水平（22%左右）高出两倍还多。河南陷入了典型的节制性经济发展之路。但投资的效益则是不断下滑的。从1978～2011年资本投资率增长与贡献率不断下滑对比中可以清晰地得出投资效益递减的规律（如图1-1所示）。资本存量增长或者投资增量的较高增长是河南经济增长主要推动力，但过度依赖资本增长的经济增长模式是难以持续的。投资的高速增长如果不与调结构、促转型的战略结合起来，就必然强化原有经济增长方式的依赖，增加经济增长方式转型难度与阵痛。

4. 制度变迁较为滞后，投资环境需要进一步改善

河南制度变迁的贡献率不高，且变化较大，说明了河南原有行政主导的经济

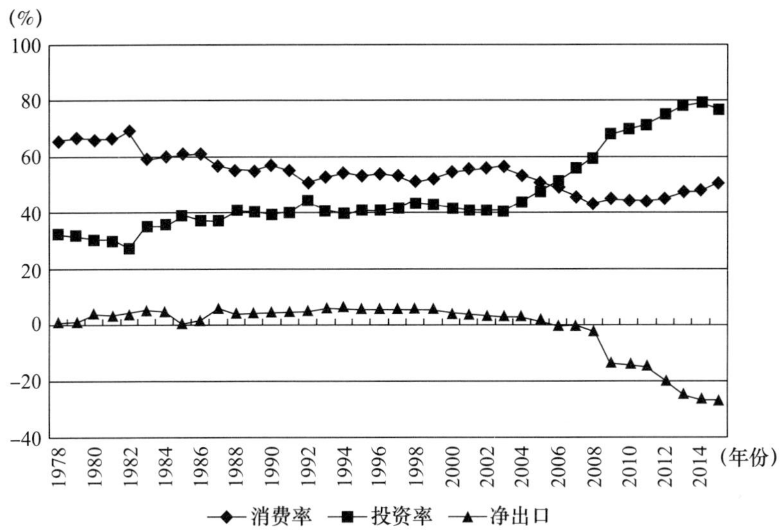

图1-1　中原经济区消费率与投资率变动情况（1978~2015年）

体制改革较为滞后，严重阻碍了经济结构调整、经济的市场化转型以及现代服务业崛起。不够宽松和规范的经济环境，也会降低基础设施的使用效率、影响对外开放的扩大，妨碍了科技投资积极性，降低了企业改进效率努力的积极性。从全要素生产率的变动因素来看，河南综合技术效率（包括纯技术效率和规模效率）不断降低，近年来技术进步也呈衰退趋势，说明河南制度建设严重滞后，经济环境不容乐观。从全要素贡献率变动与动力来看，河南全要素贡献率偏低，且呈现不断落后于全国平均水平的发展态势，说明河南制度建设比较滞后，经济环境不够规范、宽松，导致河南经济调整严重滞后，城市化、市场化进程缓慢，对外开放水平不高，科技创新意愿不强，经济效率比较低下。

5. 内生经济增长动力还十分薄弱，经济增长的稳定性较差

河南经济增长的内生动力不足，从宏观上来看，TFP效率不高且波动性较大，经济规模效率不显著，综合技术效率下降严重，技术退步趋势显著；从经济增长的驱动力来看，主要表现在教育贡献率不高且下滑严重，科技投入、人均消费水平的贡献率太低，制度变迁的贡献率不高且不稳定、效率贡献率不稳定等方面。首先表现为TFP效率及其贡献率的不高和波动性大。河南在1985~2008年的TFP效率年均增速较低，只及全国平均水平的一半左右，而且波动幅度较大，

远高于全国平均水平。从表1－17中可以看出，河南TFP效率除1990～1995年略好于全国平均水平外，其余均低于全国平均水平，而且最近几年与全国平均水平的差距有进一步扩大的趋势。从相邻两个五年时期TFP效率的变动趋势来看，河南省的相邻两个五年时期均高于全国平均水平，2000年以来波动水平的绝对值均接近或超过0.50，相当于全国平均水平的两倍多，说明了河南内生的经济增长因素还十分薄弱，很容易受到外界经济环境的影响和制约。

由于经济增长的内生动力不够强大和稳定，所以河南经济增长容易受到外界经济环境和政策环境变化的影响，而且波动性远高于全国平均水平。河南国民经济在1978～1992年经常出现大起大落现象，如增速最高的1983年达到23.8%，增速最低的1982年仅为4.3%，两者相差将近20个百分点；但是进入21世纪以来，经济增长的平稳性大为改观，波动幅度不是太大（如表1－18所示）。

表1－18　中原经济区TFP效率与全国变动情况的比较（1985～2010年）

单位：%

年份	与全国平均水平差距	河南前后两期变动	全国前后两期变动	河南与全国变动差距
1985～1990	－0.01	—	—	—
1990～1995	0.034	0.104	0.06	0.044
1995～2000	－0.027	－0.069	－0.008	－0.061
2000～2005	－0.001	0.045	0.019	0.026
2005～2010	－0.034	－0.057	－0.024	－0.033
1978～2010	－0.006	—	—	—

资料来源：根据DEAP 2.1运算得出原始数据整理计算。

6. 人口劣势突出，严重影响比较优势的发挥

人多而资源相对贫乏是河南省的基本省情。但河南的产业结构和出口竞争优势则主要集中在传统工业制造品，初级产品、资源型产品是主导产品，而有利于发挥人力资源优势的现代服务业、技术密集型产品则发展缓慢，在对外贸易中比重不高。河南经济结构和对外贸易结构严重逆比较优势发展态势，严重制约了河南经济发展和经济增长方式的转型。河南的人口优势无法转化为经济优势，主要

原因还在于河南教育落后，人力资源结构和质量不适合现代产业发展的需求。河南人均教育年限从1978年的4.2年提升至2015年的9.12年，增长了1.17倍，年均提高2.24%。从发展的态势来看，河南人均教育水平增速有逐年下降的态势，目前已经下降至年均1.3%，而且从教育的贡献率来看，河南近几年的贡献率也是大幅下降，说明河南人均教育年限逐步提升，有力地改善了劳动者素质，成为推动经济增长主要因素之一，但随着经济发展方式的转型，对高端劳动力需求日益提升，河南落后的高等教育和不合理的教育结构就成为制约教育进一步发挥作用的障碍。第六次人口普查结果显示：河南人力资源结构不合理，适应现代产业发展中高级人力资源严重短缺，而中低端人力资源比重偏大，如表1－19所示。

表1－19　中原经济区人力资源结构的变迁及与全国的差距　　单位：%

文化程度	1964年		1982年		1990年		2000年		2007年		2010年	
	比重	差距	比重	差距	比重	差距	比重	差距	比重	差距	比重	差距
大学及相当	0.18	－0.41	0.33	－0.28	0.85	－0.41	2.67	－0.18	4.04	－2.51	6.40	－2.33
高中	0.87	－1.02	6.32	－0.41	7.09	0.00	10.03	1.23	12.77	－0.64	13.21	－0.504
初中	4.14	－2.59	19.17	1.43	26.54	5.95	39.39	12.56	48.65	8.43	42.46	4.54
小学	24.43	－16.35	31.20	－3.75	34.75	2.06	33.20	4.99	27.08	－4.72	24.11	－2.07
文盲/半文盲	42.66	9.07	27.07	4.27	16.32	0.44	5.87	－0.85	7.46	－0.56	4.25	0.26

资料来源：1964～2000年数据来自五次人口普查数据，2007年数据根据2007年全国人口变动情况抽样调查数据推算，2010年数据根据2011年第六次人口普查结果整理计算。

改革开放以来，虽然河南省人力资源开发进入了稳定高速发展的新时期，高等教育人口增长很快，比重大幅提高，中等教育人口稳定提高，小学学历人口逐步减少，文盲/半文盲基本扫除。但由于该省教育的底子薄，教育事业基础薄弱，虽经大力发展，但仍然十分落后。总体看，河南省中高级人力资源比重偏低，低端人力资源比重偏高。虽然大学学历人口增长较快，但与全国高等教育的发展相比还是相对滞后，到2010年，与全国平均水平差距已经拉大至2.33个百分点。高中学历人口比重在20世纪90年代曾经达到全国平均水平，由于增速低于全国平均水平，也在进入21世纪后低于全国平均水平0.5个百分点。低端人力资源比重偏高，2010年，初中及以下学历人力资源高达70.82%。其中，初中学历人口比重高达42.46%，高于全国平均水平4.54个百分点。从就业人员的学历结构来看，劳动力资源的学历结构更不合理。河南就业人员的学历结构中，初中、小学学历人员比重偏高，高达79.2%，高学历人才严重偏低，大学及以上学历的比重偏低，只有4.05%，位列全国倒数第五，与先进省份差距巨大，也远低于全国平均水平。河南作为人才流出大省，每年大学毕业生流出30%左右，位居全国省份流出前列。过高的人才流出比例极大压低了河南就业的整体学历水平。国家统计局的有关调查统计资料显示，在2007年全国的就业人员中，大学学历以上比重已经达到了6.6%，其中本科占31.8%（2.1%），研究生及以上比重占3.03%（0.2%）。而河南大学学历只占4.05%，只有全国平均水平的61%，其中，研究生及以上学历就业人员只有0.05%，只有全国平均水平的25%；本科文化学历就业人员只有0.8%，不足全国平均水平的40%；大专文化就业人员只占3.2%，相当于全国平均水平的80%。

7. 对外开放水平偏低，而且质量和效益不高

改革开放以来，河南省对外开放不断扩大，对外开放水平的提高有力地推动了经济增长，分析结果也显示开放已经成为推动经济增长的主要动力之一。统计数据显示，实际利用外资额从1978年的人均不足100美元增长到2011年的96万美元，年均增速为26.31%，累计引进外商直接投资超过250亿美元。人均贸易额从1978年的2.82元，增长至2011年的3114.42元，提高了1105倍，对外依存度从1978年的1.22%提高至2011年的12%，提高了近9倍。其中，对外出口年均增速达到17.90%，进口年均增速达到23.58%。从发展的态势来看，河南对外开放在经历过20世纪90年代中期的徘徊以后，又迎来新的高速增长时期。人均吸引外资从2000~2005年的年均增长19.92%，增长至2005~2011年的36.21%；人均出口增速2000~2005年达到年均增长26.39%，保持至2005~2011年的24.83%；人均进口从2000~2005年的年均增长23.99%，增长至2005~2011年的32.54%。因此，在经验分析中，对外开放贡献率则不断上升。但与全国平均水平相比，河南省的开放水平还偏低，对经济增长贡献率还十分有限。在对外贸易中，河南出口的货物大多是资源型、粗加工产品，而进口的货物大多是高附加值高技术产品，进出口互补优势显著，因而进出口的效应均明显表现对经济增长的拉动作用。但因贸易结构不够合理，出口效益不够理想。

（六）中原经济区经济增长方式转型对策分析

在人均收入达到3000美元以后，河南省正面临着“中等收入陷阱”和“比较优势陷阱”的严重挑战。随着资源、环境约束的日益强化和人口红利的逐渐消退，这种经济增长方式已经成为制约河南省经济全面、协调、可持续发展的关键问题。特别是2008年爆发的金融危机的严重冲击，更凸显了这种增长方式的脆弱性、不稳定性和经济转型的紧迫性。“十三五”期间乃至相当长的历史时期，调结构、转变经济增长方式已经成为河南省进一步贯彻科学发展观、推进发展方式转型的战略重点。

与全国平均水平相比，尤其是与先进省份的发展水平相比，河南经济发展还处于较低水平，还存在诸多不足和问题。从DEA－Malmquist指数分析来看，河南TFP效率不高，技术进步停滞，综合技术效率下滑，经济规模效率不显著；从索洛余值模型的分析结果来看，虽然河南2000～2005年跨进了技术驱动时期，但由于内生经济增长动力还十分薄弱，对世界经济波动抗御能力还十分不足，经济稳定性不强的特征仍十分突出，随后又重新回到要素驱动老路上去。如前所述，河南经济增长方式存在的主要问题是：科教投入水平偏低，严重制约了科教强省政策的推进；河南经济结构调整严重滞后，经济结构严重失衡；严重依赖投资、投资效益递减效应显著，投资效益不高；制度变迁较为滞后，投资环境需要进一步改善；内生经济增长动力还十分薄弱，经济增长的稳定性较差；人口劣势突出，严重影响比较优势的发挥；对外开放水平偏低，而且质量和效益不高；等等。针对制约河南经济增长方式转型主要问题，应该在以下几个方面去努力：

1. 全面落实科教兴省战略，加大科技、教育的投入，推动教育与科技创新与改革

科技教育落后不仅严重制约河南人口资源优势发挥，也难以支撑河南经济的持续转型，难以形成稳定、强大的内生增长动力。所以，要扭转全要素生产率下滑势头，提高科技、教育贡献率，巩固经济增长方式转型的成果，就要全面落实科教兴国，加大科技教育投入，力争用五年时间赶上全国投资强度，强化教育优先发展战略，进一步推动教育和科技体制创新与改革，进一步将河南人口、资源优势转化为经济优势。

2. 继续适度扩大投资，优化投资结构，提高投资效率和效益

由于河南工业化、信息化、市场化、城市化水平依然较低，投资空间依然很大，虽然投资效益在下降，但投资依然是经济增长强大动力。所以，继续适度扩大投资，保持经济增长略快于全国平均水平，仍然是实现赶超全国发展水平的必然选择。但投资要与结构调整、产业集聚以及中原经济区规划结合起来，以增量调结构、促转变，彻底改变河南经济“小、散、弱”格局，提升经济规模效率和综合效率，提高投资质量和效率。

3. 创新社会管理，优化经济环境，推动经济结构优化与调整

制度问题依然是制约河南经济环境改善和经济结构优化的主要因素，因此，要着力转变政府职能，创新社会管理，提升政府服务经济社会的能力和水平，优化经济环境，促进城市化、市场化、社会化和信息化发展，大幅度缩小与全国平均水平的差距，以制度改进推动经济结构的调整与优化。

4. 加强战略规划与引导，促进中原经济区率先崛起

要彻底改变河南经济“小、散、弱”的现象，就必须加强区域战略规划和管理，强化中原城市群内部分工与协作，充分发挥城市群整体功能与效应，与周边经济区规划相衔接，在中原经济区宏观规划与战略引导下，依托河南经济资源和经济优势，引导企业兼并重组，推动产业聚集发展，凝聚发展方向，打造经济特色和优势；大力发展后发优势，推动现代产业、高新技术产业快速发展，集聚人才与科技优势，促进中原经济区率先崛起。

5. 大力扩大对外开放，以高水平开放促经济转型与创新

河南对外开放水平较低，严重制约了河南经济制度变迁和经济结构调整，所以，要立足比较优势和后发优势，继续扩大对外开放，以开放促进经济转型与创新，以开放促进现代产业和高新技术产业发展。面临沿海地区产业转型升级和国际产业转移的历史机遇，要瞄准现代产业发展潮流和未来新兴产业发展趋势，大力引进符合节能环保要求、现代产业发展趋势的高新产业，以高水平的开放促进经济转型与创新，提高开放的质量和效益。

第二章 中原经济区现代农业发展问题与对策

一、马克思发展现代农业的思想

如何发展现代农业，现代经济学理论并没有提供具体的解决方案，而马克思现代农业发展思想以其深刻、全面的内容和鲜明的阶级立场为中原经济区现代农业发展提供了全新的研究视角。马克思现代农业思想是在对传统小农经济和现代资本主义农业的深刻批判的基础上形成和发展起来的，既立足于资本主义生产方式的发展运动，又指向未来社会主义方向，它是中国特色社会主义现代农业发展理论的直接理论源头，因而对处于社会主义初级阶段的河南省现代农业的发展具有很强的指导意义。

（一）农业是国民经济的基础，发展现代农业是国民经济现代化的必要物质条件

农业是整个国民经济的基础，而具有较高生产率的现代农业则是支撑并推动国民经济现代化的必要物质条件。农业作为全社会的必要劳动是国民经济的基础，较高劳动生产率是现代分工基础，也是现代农业的基本要求。唯物史观认为，物质资料生产是人类赖以生存和进行“创造历史”活动的物质基础，而农

业生产作为人类最初的物质生产和其他物质生产赖以发展的物质条件，则是整个国民经济的物质基础。所以，马克思说："农业劳动是其他一切劳动得以独立存在的自然基础和前提。"[①] 现代农业，或者具备较高生产率的农业，是现代国民经济发展的物质前提。对于整个人类全部生产劳动而言，农业全部生产劳动都是"必要劳动"，农业生产不仅要满足本部门劳动者的生活需要，而且要满足其余所有生产劳动者的生活需要，还要为非农业物质生产部门提供生产所需的原材料。因此，"农业劳动不仅对于农业领域本身的剩余劳动来说是自然基础，而且对于其他一切劳动部门之变为独立劳动部门，从而对于这些部门中创造的剩余价值来说，也是自然基础。"[②] 由较高农业生产率所形成的农业剩余产品是人类社会发展进步的必要的物质条件。农业剩余产品作为推动其他非农业部门发展的"必要劳动产品"，农业生产率越高，说明直接从事农业生产劳动力越少，提供的超过本部门需求的剩余产品越丰富，意味着农业部门解放的劳动力越多，为其他生产劳动提供的必要劳动产品越雄厚，从而为从事其他部门生产所提供的必要劳动的时间越宽裕。马克思在《资本论》中指出，"最文明的民族也同最不发达的未开化的民族一样，必须先保证自己有食物，然后才能去照顾其他事情；财富的增长和文明的进步，通常都与生产食品所需要的劳动和费用的减少成相等比例"[③]。

与其他产业相比，现代农业最显著特点，就是具有较高的劳动生产率。较高农业生产率是推动社会分工的物质技术条件，农业生产率的高低不仅直接制约着社会分工的发展，而且也直接决定着农业劳动力的解放、转移规模和速度。马克思在《资本论》及其著作中，把影响农业劳动生产率提高的因素分为四大类：一是劳动者的素质和技能。劳动者的天赋、技能、体力和智力等个人因素，以及与此相联系的普及教育和职业培训以提高劳动者的生产技能和平均熟练程度，增加劳动的强度等。二是劳动的自然条件，如土地的肥沃程度、气候和光照条件等，它们决定了劳动的自然生产率。三是劳动的社会条件的改进，具体包括：大规模的生产，资本的集中，劳动的联合，分工，机器的应用，生产方法的改良，科学的发展水平和它在工艺上应用的程度，交通运输工具、水利灌溉设施等农业

① 马克思恩格斯全集（第26卷）［M］. 北京：人民出版社，1972：28－29.

② 马克思恩格斯全集（第26卷）［M］. 北京：人民出版社，1972：22.

③ 马克思恩格斯全集（第9卷）［M］. 北京：人民出版社，1961：347.

基础设施的增加和改良，产权和交易的法律保障等。[①] 四是农业生产力的提高越来越依赖于资本的投入和经营的社会化。由于小农业生产的顽强性和独特的生产率适应性，而大农业适应了现代农业集约化、工业化和社会化生产的发展要求，所以，无论是小农业或是大农业都会尽可能地提高农业生产率。但农业生产扩张就不可避免地受到土地边际效益递减规律的制约，农业劳动力的不断减少和进一步发展农业生产力的客观要求，都加强了生产和经营的社会化。在资本主义生产方式或市场经济条件下，大农业土地所有制为农业的社会化发展提供了条件，也正是在这种意义上，马克思认为发展社会劳动的生产力，是资本的历史任务和存在理由。资本正是以此不自觉地创造着一种更高级的生产形式的物质条件。“当耕作达到一定的水平，地力已经相应地耗尽的时候，资本（在这里指已经生产出来的生产资料）就成为土地耕作的决定要素”。[②]

（二）现代企业家的涌现和农业劳动力最大限度转移是发展现代农业的基本条件

马克思从人类演进的宏观视角，站在社会生产力发展的历史高度，根植于社会化大生产的运动规律，深刻地揭示和概括了农村劳动力转移的社会历史根源，科学预言了劳动力转移所带来的农村的巨大变迁和深刻的社会、经济变革。传统经济向现代经济转型，劳动力由农业向现代工业、服务业转移是历史发展的必然趋势。从世界经济发展经验来看，任何经济体在其经济的起飞和工业化的过程中都经历过一个农业劳动力向非农业转移、农村人口城镇化的过程。从发展趋势上看，“工业较发达的国家向工业较不发达的国家所显示的，只是后者未来的景象。”[③] 农业生产方式变革和技术革命，大大提高了劳动生产率，为现代产业的演进和发展奠定了物质技术基础。18 ~ 19 世纪在西方世界兴起的工业革命，不仅确立了现代工业的物质技术条件，也为农业劳动力的转移创造了生产力基础。工业革命造就了现代经济的社会大生产的物质技术条件，而且使经济的产业结构发生了翻天覆地的巨大变化，农业从占绝对统治地位的产业下降到微不足道的弱

---

① 何增科. 马克思、恩格斯关于农业和农民问题的基本观点述要［J］. 马克思主义与现实，2005（5）：49－59.

② 马克思. 资本论（中文版第 3 卷）［M］. 北京：人民出版社，2004：762.

③ 马克思. 资本论（中文版第 1 卷）［M］. 北京：人民出版社，2004：8.

势产业，伴随着工业部门的迅速崛起，服务业也快速成长为强大的优势产业。经济的发展和演变不仅带来了产业结构的巨大变化，也为农业劳动力转移提供了条件，工业和农业相结合的现代农业的发展必然大幅度地减少农业劳动力。

由于农业生产和农业科技特殊性，现代生产方式对农业的征服是一个缓慢不均衡的过程，农业劳动力的转移是一个长期的过程。

农村剩余劳动力转移的过程是农村劳动力日益分化为现代工人、现代农民和企业家的过程。马克思称之为“真正革命化的道路”，在劳动力转变的过程中，沿袭几千年的小生产者变成了现代市场经济的主体，农村劳动力日益分化，农村的社会分工日益深入和广泛。马克思认为：“农民的劳动，比受分工支配的制造业工人的劳动，具有更大的脑力性质。”①

农村劳动力转移与农业生产经营的现代化是交互作用和影响的过程。由于现代生产方式的“本性”，它在不断提高劳动生产力的同时拼命扩大资本积累，不断推进经济生活的工业化和城市化，从而不断地转移农村剩余劳动力。在农业中，工业技术和生产方式的渗透和推广，“使农业人口同非农业人口比起来不断减少”，农业劳动力的逐步减少使农业耕地“面积不断扩大，耕作更加集约化，投在土地及其耕作上的资本有了空前的积累”，又进一步提高了农业生产率，减少了农业劳动力，从而促进农业劳动力的进一步转移。

劳动立法保护劳动力正常的再生产条件，已成为保障劳动力转移的社会要求。农业劳动力转移的过程中，现代工业“在消灭小生产和家庭劳动的领域的同时，也消灭了‘过剩人口’的最后避难所，从而消灭整个社会机制的迄今为止的安全阀”。所以，“作为工人阶级的身体和精神的保护手段的工厂立法的普遍化已经不可避免”，“这种普遍化使小规模的分散的劳动过程面向大的社会规模的结合的劳动过程的转化也普遍化地加速起来，从而使资本的积聚和工厂制度的独占统治也普遍化和加速起来”②。

（三）现代科技是推动农业发展和内部分工的基本动力

马克思认为，现代机器大生产的应用与普及为科学应用与发展提供了社会实

① 马克思恩格斯全集（第26卷（II））［M］．北京：人民出版社，1973：259.

② 马克思．资本论（中文版第1卷）［M］．北京：人民出版社，2004：822.

践条件，而科学与资本结合则赋予现代生产方式不断变革的动力。在现代商品经济社会里，资本是实现科学和生产过程相结合的“社会机构”。“资本不创造科学，但是它为了生产过程的需要，利用科学，占有科学。”[①] 正是科学在生产中广泛应用不断推动现代生产物资技术的不断革新，推动着产业结构、产品结构以及职业结构不断演变和优化，从而“不断地使社会内部的分工发生革命”[②]。现代生产方式彻底改变传统农业“单纯经验的和机械地沿袭下来的经营方法”“转化为农艺学的自觉的科学的应用”[③] 在现代生产方式中，传统经验已经难以发挥作用，只有资本，驱使科学为生产服务的资本成为推动现代农业发展的决定力量。一方面，借助于资本力量，促进农业生产、经营和管理专业化、社会化、集约化和科学化；另一方面，驱使科学为资本增值服务，推动科学技术应用与推广。

马克思在《剩余价值理论》中明确指出：与其他产业部门相比，农业科学技术进步，表现为一个复杂的、多方面的过程，而且速度是比较缓慢的。

农业生产对象的特殊性决定了农业科学研究与应用的特殊性，农业生产是利用动植物生长周期来获得生产生活资料的特殊产业，其科学不仅包括动植物科学及其生产、管理经营的科学，还包括研究动植物生长环境的气候、地理科学等，科学研究和应用不仅受到经济规律、生物规律制约，还受到动植物生长周期的制约。

农业科学技术进步是和提高土地肥力联结在一起的。土地作为农业生产最基本的生产资料，既是劳动对象，又是劳动资料，土地面积的大小、土地理化生物性质状况、土壤肥力的高度，直接决定着农业生产成果的数量与质量。农业机械使用、化肥农药施用、耕作方式和技术改进、水利排灌设施的利用都是直接或间接提高土地肥力。在农业生产领域中，广泛采用先进科学技术，对于促进土地肥力以及农业投资生产率的持续提高，有着特别重要的意义。

农业科学技术应用要适应农业生产过程中生物生长特性和土地耕作特点，科学技术应用要充分利用生物周期性的生长特性和土地空间的分布规律，有效利用土地空间效率。

农业科学技术要有利于改善和保持良好的生态环境。农业的生产与再生产过

① 马克思恩格斯全集（第47卷）[M]. 北京：人民出版社，1979：570.
② 马克思恩格斯全集（第23卷）[M]. 北京：人民出版社，1972：533.
③ 马克思恩格斯全集（第25卷）[M]. 北京：人民出版社，1974：696.

程，自始至终都有自然力和经济行为在协同发生作用。农业生产环境离不开特定气候、地理条件，与气候、水土自然循环息息相关，良好的生态，稳定、可预期气候、水土变化，都是农业生产必不可少的自然条件。

（四）土地所有权的变革是农业现代化过程的起点和基础

马克思高度评价现代资本主义生产方式对小土地所有制进行改造的历史进步意义，把作为生产条件的土地与所有者的分离看作是现代农业的起点和基础条件，但在市场经济条件下的农业现代化进程中，又把作为纯粹经济形式的土地所有权看作是“合理农业”经营的限制和障碍。马克思对资本主义农业的批判无不与这种所有权制度相联系，无疑，最终消灭这种所有制的限制和障碍，建立社会的使用的公共土地制度，才是未来合理农业的最终基础。因此，土地所有权制度的变革不仅是农业现代化的基础，更是未来合理农业的基础，而现实的与市场经济相适应的土地所有权制度确立则是农业现代化发展的前提条件。

（五）农业生产经营方式革命是现代农业制度保障

马克思虽然没有提出农业现代化的概念，但他清楚地描述了农业现代化过程中的农业产业化的特征：“按工业方式经营”“产业制度在农村”的运用、工业和商业“为农业提供”“各种手段”①。马克思不仅从农业生产率提高的角度论证了现代工业从农业中分离出来的必然性，而且从社会分工的观点分析了现代农业专业化发展的历史趋势。“一些人只从事必要劳动，是因为另一些人只从事剩余劳动”，农业生产不仅要为全社会提供必要劳动，而且剩余劳动的生产也要为工业提供原材料。“和一方面的劳动的纯工业性质相适应的，是一方面的劳动的纯农业性质。这种纯农业劳动，绝不是自然发生的，相反，它本身是社会发展的产物，并且是很现代的、绝不是到处都已达到的产物，它是和一个完全特定的生产阶段相适应。”② 现代生产方式不仅为工业内部的专业化分工提供了基础，而且为现代农业内部的专业化分工提供了条件。

① 马克思．资本论（中文版第3卷）［M］．北京：人民出版社，2004：919.

② 马克思．资本论（中文版第3卷）［M］．北京：人民出版社，2004：713.

（六）农业产业特殊性要求政府承担起生产风险和农业保护责任

由于农业主要是依靠自然有机体的生产和再生产过程获取生活和生产资料的产业，生产过程具有自然有机体的生命周期特点和对自然条件的依赖性。这些都使农业在遇到自然灾害时，异常脆弱；在市场价格波动时，难以及时有效地调整生产，风险很大。农业生产巨大波动在自由市场经济时代常常导致以农产品为原料的工业生产中断，引起“巨大的冲突，甚至灾难”，马克思在总结农业生产由于自然灾害和市场风险而引发严重的经济灾难这一现象时指出：“一切企图对原材料生产进行共同的、全面的和有预见的控制——这种控制整个说来是和资本主义市场的根本规律不相容的，因而始终只是一种善良的愿望，或者只是在面临巨大危险和走投无路时例外采取的一种共同步骤——的想法，都要让位给供求将会互相调节的信念。”① 农业产业特殊性质要求政府承担起农业自然灾害保险责任，农业生产在国民经济中基础地位以及农产品供给类似公共产品的特殊性质，需要政府承担起稳定农业生产的保护责任。如何制定农业灾害保险和稳定农业保护责任，马克思地租理论为我们提供了对现代农业实施保护标准，由于地租是超过平均利润而形成的超额剩余价值，所以，可以参照平均利润率，制定对现代农业保护标准。

二、中原经济区农业发展现状与问题

中原经济区经济社会的巨大发展为现代农业的发展提供条件。在中央一号文件相关政策激励下，河南省各种新型农业组织得到快速发展，现代农业发展步伐加快。截至 2013 年 10 月，全省共有农民专业合作社 6.49 万个，出资总额达到了 1588.33 亿元，涉及成员总数 43.73 万个；全省经工商部门登记的家庭农场 4000 余家；农村土地流转面积 2824 万亩，占家庭承包耕地面积的 29%。但也面临很多问题：

① 马克思．资本论（中文版第 3 卷）［M］．北京：人民出版社，2004：136.

（一）农业基础设施薄弱，抵御自然灾害和市场风险能力不足

农业基础设施薄弱，抗灾减灾、防御市场冲击能力低的问题更加凸显。主要体现在以下两个方面：

一方面，河南省粮食主产区基础设施严重落后，公共服务严重滞后。农业生产所必需的排灌水利设施年久失修，功能老化，配套设施不全，很多设施维护保养状况不佳，在需要时难以有效发挥作用，抵御自然灾害能力严重不足，农业生产还难以摆脱长期以来形成的靠天吃饭的局面。以粮食主产区南阳市为例，2013年，全市有效灌溉面积为472.76千公顷，仅占耕地面积的50%左右，也就是说南阳目前尚有一半以上的耕地仍然靠天吃饭。由于农业基础设施落后，有效灌溉面积及旱涝保收农田面积效覆盖率不高，致使粮食主产区抵御自然灾害的能力减弱。

另一方面，由于河南省农业产业化水平不高，农业产业链体系不完善，农业公共服务体系不健全，导致河南省农业生产日益受到国际市场波动冲击和生产周期严重冲击，日益受到突发公共安全事件冲击。例如，2014年暴发禽流感对河南省养殖业冲击就较大，生猪则受到五六年波动周期性过剩的冲击。

（二）农业产业化水平低，农业比较效益低下

农业生产成本不断上升，产业化水平低，比较效益低的矛盾较为突出；农业生产随着劳动力成本不断攀升和对化肥、农药依赖程度不断强化，农业生产成本不断攀升，传统农业生产比较效益进一步降低。河南省地方经济社会调查队对全省40个县（市、区）120个乡镇600户农户的秋粮成本和收益调查结果显示：2014年被调查农户种植秋粮生产成本每亩为485.3元，比上年增加59.5元，增长14.0%。其中，被调查农户2014年种植秋粮亩均生产服务支出为104.6元，比上年增长45.5%；2014年被调查农户种植秋粮的人工成本亩均为193.1元，比上年提高18.2%。农业生产对化肥农药存在严重依赖和过度使用的情况也不断推升农业生产成本。我国化肥农药亩均使用量均已超过世界平均水平的50%以上，而河南省尤其突出。以粮食主产区为例，每亩耕地平均投入化肥50~60公斤，是全国平均水平的两倍。每亩耕地农药投入量大约在1.4公斤，也严重超过

了全国平均水平。对化肥农药严重依赖不仅直接提升了生产成本，而且严重污染环境，造成严重公共安全问题，造成农作物农药残留严重超标。农业生产成本居高不下，比较效益严重低下，也与农业生产“小、散、乱”息息相关。以2014年河南省地方经济社会调查队在全省18个省辖市和10个省直管县进行的以家庭农场为主的新型农业经营主体问卷调查情况来看，河南省家庭农场，注册类型以个体工商户和个人独资企业为主，两者合计占78.3%；主要从事传统农业，其中从事种植业者占63.1%；从事养殖业者占18.3%；生产经营资金主要来自自筹，占70%，土地流转价格亩均770元。这些信息表明，河南省出现新型农业经营主体规模不大、效益不够突出，对农业增收的辐射带动十分有限。

（三）农业生产环境污染严重，农产品质量安全问题突出

农产品市场需求刚性增长，资源环境约束加剧，农产品质量安全问题突出。河南省农业生产也与全国很多农业主产区一样正在遭遇越来越严重的农业生态危机、食品安全问题。河南省农业人多地少，土地储备严重不足，农业生态环境日益恶化。由于农业效益比较低，农业人才流失严重，绝大部分农业生产由农村留守农民承担，农业人才短缺、资金不足、信息不畅、公共服务短缺、科技应用水平不高，普遍存在粗放经营情况。

农业生产严重依赖化肥、农药高强度投入。高强度化肥农药依赖，缺乏严格规范和限制，造成土壤板结，地下水污染，不仅严重污染了土壤和水资源，也对农村生态环境带来严重危害。

养殖业严重依赖各类食物添加剂和各类抗生素，农业养殖户对各类激素、抗生素使用不够科学、规范，专业性不强，会造成畜产品质量严重降低，形成严重食品安全隐患。

农膜残留污染。随着农户育苗和温室作物的发展，农业生产农膜使用比较广泛，农膜残留随处可见，农户很少收集和清理。农膜主要成分是聚氯乙烯和聚乙烯，较难分解，破坏土壤活性，分解后释放出有害的物质污染土壤和地下水。例如，南阳近年来全市使用农膜2.5万吨以上，平均残留率约占6%。

人畜粪便的污染。人畜粪便富含氮元素，又很少集中处理，其中大部分粪便随雨水冲洗汇入河沟，污染水质。

农村生产、生活生态环境存在长期恶化趋势。农村很多村落、农田水土流失

严重，植被破坏严重；很多村落具备蓄水、调水、净化功能沟、渠、塘受到严重损毁，田间沟、渠、路毁损严重，原有野生植被生态和水土循环体系几乎不复存在。

（四）农业科技创新和推广应用能力不强，科技支撑和带动能力不强

由于农业劳动力素质低，科技创新和推广应用能力不强，科技支撑和带动能力不强。河南省农户基本还处于传承几千年的以家庭为单位经验型农业生产阶段，农业知识主要来自家庭生产经验，缺乏专业化、社会化、科学化生产的专业技能、市场化经营管理经验，以及应用最近科学技术的视野和眼界。深受狭隘、保守落后的小生产者思想意识的影响，缺乏对现代农业发展的广泛认同。其一，文化水平偏低。河南省农户高中以及上学历者只有8.30%，比全国平均水平低3个百分点，初中文化占72.76%，比全国平均水平高10.04个百分点；引领现代农业发展的专家级产业带头人严重短缺。其二，几乎没有接受过系统的农业生产、管理科学知识学习和培训，对现代市场、金融的知识也缺乏必要认知，对现代农业发展缺乏必要了解。其三，科技创新和推广应用能力不强，科技支撑和带动能力不足。农业科技进步还无法满足高效、优质、生态农业发展需要，先进适用的农业科技产品还无法支撑改变农业低效、低质、污染的发展方式的需要。

（五）农户生产经营规模小，小生产与大市场矛盾尖锐

农户生产经营规模小，农业社会化服务体系不健全，组织化程度较低，小生产与大市场的矛盾十分突出。由于土地流转市场发展滞后，土地流转不规范、不稳定、流转率不高，农业生产集约化程度低，农业生产的产业化发展程度不高，农户急需的专业化市场和科技信息服务、农业生产和管理的专业化服务和科技服务、金融服务的服务不健全、不及时，甚至严重缺位，小生产与大市场的矛盾十分突出，小农业与专业化、集约化、科学化、社会化现代农业发展方向严重背离。

三、中原经济区发展现代农业的对策分析

马克思现代农业思想深刻、全面，既立足现代生产方式和科学技术发展应用的现实，又指向社会主义农业的未来发展方向，为现代农业发展提供了行动的理论指南。河南农业发展的最大困境是“小农生产经营”与现代市场、现代科学技术应用和现代生产方式的要求不相适应，因此，打破农村土地使用权的孤立状态，创新土地使用制度，辅以户籍管理、农宅商品化流转等改革就成为中心课题。超越小农经济和资本主义农业的现代农业，不仅是“四化”协调发展的主要载体，也是创新社会主义农业发展模式的基本平台。

（一）消除城乡户籍差别，促进劳动力转移

统一城乡户籍管理，推动农宅商品化流转，促进劳动力转移。现代农业是通过适度规模经营土地，科学化、集约化、产业化、市场化生产经营的高效率产业。所以，农村富余劳动力最大限度分化、转移就成为农业现代化的必要前提。现代农业发展的最大障碍就是存在2.5亿农民工和每年以500万左右规模转移出来的农村大学生队伍。农村大学毕业生就其职业、收入和福利待遇已经和城市同类人员在现有政策和市场体系条件下没有任何差异。差异较大的是农民工。而这些人员大部分已经长期脱离农业生产，长期离开农村而工作、生活在城市，是具有农业户口、农村住宅的城市人。另一部分中有的已经在城市购置了属于自己的住房、拥有稳定的职业和较高的收入；有的有了较稳定职业和一般收入；有的属于流动就业，职业和收入不稳定。现在对于一般大中城市，城市户籍附着的福利已经所剩无几，甚至已经大不如农村，对于有住房或者具有稳定工作的农民工来说，放开城市户口基本没有太大压力。关键在于城市户口已经没有足够吸引力了。所以，推动农宅商品化有序流转，无疑是推动农民工进城重要催化剂。其一，农宅商品化可以一定程度上解决因城乡住房制度分割而造成住房结构性矛盾，促进城乡住房流动，进而带动人员、资本、技术城乡互动。其二，农宅商品化有序流转，可以由政府高价回购，也可以市场化流动，可以为农民工进城解决

一部分安家、就业资金，回购宅基地也可以由政府统一规划、开发或者整理复耕还原为农地。

（二）推动土地“三权”分置改革，确保土地使用权流转

剥离土地福利职能，土地使用权依法流转，推动土地“三权”分离，推动农业生产专业化、产业化、信息化。现有农地制度，带有显著平均主义性质，对于保证农户基本生活条件平等具有重要意义。随着农业税费减免和各种惠农政策实施，土地越来越具有能够带来一定经济收益的福利性质。小农生产总体上具有排斥现代农业的发展趋势，所以，马克思把农地所有权与经营权分离看作是现代农业发展的逻辑起点。随着现代社会保障制度在农村实施和普及，农民在医疗、教育、就业和养老方面逐步和城市享有同样权利，剥离附着在土地承包权上的农户福利条件逐步成熟。只有让土地作为最主要农业生产资料回归到市场，农业现代化所急需资金、技术、人才才能流向农村和农业，现代科技、现代信息、现代市场、现代经营管理才能在农村扎根、开花、结果，农村、农业、农民才能彻底摆脱落后、愚昧、贫穷的宿命。在现代农业发展过程中，可以通过“三权”分置改革，确保土地集体所有权、稳定农民土地承包权，分开、流活经营权，既打通了农业现代化路径，又可以通过土地所有权分享机制，保证土地使用性质，让农民充分分享农业现代化发展带来的红利。

（三）普遍推行农业保险和成立农业专业协会，依法保障农民权益

加大农业保险和保护力度，促进农业专业协会发展。其一，农业生产严重依赖气候、生物生长周期特点，注定了农业产业的弱质性，对农业生产进行商业保险是国际的通行做法。由于农业生产在我国粮食安全和稳定物价中的特殊地位和作用，农业也是具有十分显著社会效益的产业，所以，农业保险应该具有政策扶植、非营利的特点。其二，为了缓解小农业与大市场矛盾，推进农业生产经营专业合作社、协会发展，通过协调、统一流通渠道，统一专业技术指导，统一生产管理，统一市场品牌等，提高农业生产抵抗市场风险能力，分担生产经营的风险。其三，利用国际通行规则和惯例，提高公共产品供给和服务水平和质量，利用 WTO 农业政策，提高农产品国内市场保护水平。

（四）创新体制，提高农业科技有效供给，科技兴农

创新体制，产学研结合，科技兴农。针对不同农业发展需求，采取不同科研创新应用体制。对于大面积农业主要粮食作物，科研宜采取政府投资主导；对于小面积特色农业科研投入，宜政府引导、市场化投入为主；对于符合现代农业高效、优质、生态、健康发展要求的农业科技创新活动，政府应重点扶持，鼓励现代农业主体科技创新实践。

（五）分层次开发人力资源，推动农村劳动力职业化分流

大力开发人力资源，推动农村劳动力职业化分流。现有农村劳动力老龄化普遍严重，文化程度偏低，专业技能人才严重短缺。为此，要加大对占比25%左右的青壮年劳动力进行职业技术培训，推进农村劳动力专业化分流。以现代农业生产知识为内容，以培养农业生产、经营技能为目标，对于务农劳动力进行农业生产经营知识技能免费定期培训；以就业为导向，以培养职业化技能为目标，对于务工、经商农民工进行职业技术培训。逐步实施务农职业资格准入制度，让农民真正成为专业化、懂农业、会管理的农业当家人。

（六）统筹城乡社会保障，实行农民退休制度

在医疗、教育、就业统筹基础上，有条件的地方，逐步实现城乡养老统筹，有计划地推行农民退休制度。以城乡社会保障统筹化解城乡对立，推动劳动力转移和农业土地流转。

（七）加大开放力度，鼓励、引导项目、资本、科技、人才下乡

在推动农村宅基地商业化流转和土地有序流转基础上，鼓励城乡资金、技术、人才双向流动；扩大农业对外开放，通过盘活现有农业资源，努力引入现代农业资金、技术、人才和管理、经营方式，引入现代农业“鲶鱼”，诱导传统农业转型和现代化农业的发展。

（八）科学规划、因地制宜，发展特色、高效农业

政府要全面科学规划，引导“计划农业”规模化、专业化、科学化发展，引导“市场农业”，因地制宜，挖掘现有农业资源优势和潜力，发展特色、高效、优质现代地方农业，开发、引进、吸收再创新农业资源，促进现代农业新产业、新业态、新模式发展，培育新的农业经济增长点。

（九）加大基础设施建设和农业公共产品供给水平，推动农业服务社会化

加大基础设施建设和农业公共产品供给水平，推动农业服务的社会化、专业化、信息化，提高农业服务水平。河南省农业现代化水平不高，抵御自然灾害和市场冲击能力不强，与农业基础设施建设落后，农业公共产品服务体系建设严重滞后，公共服务水平不高息息相关。为此，加大投入，改善农业基础设施，提高基本农田抗旱防涝能力，提高高标准农田覆盖率；建立和完善面向农业的专业化的金融、科技、防疫、信息公共服务体系和专业化的特色服务平台，推动田间管理、畜牧管理的专业化、社会化、市场化服务的机构和平台建设，推动有条件涉农企业积极转型服务性企业。加强对农民专业合作社、种植大户、家庭农场等新型农业组织的规范引导；建立并发挥农村合作组织功能，解决部分农户疏于农业生产管理问题。

（十）加大惠农、涉农产业扶持力度，支持农村产业发展

产业兴，农村才能兴。支持涉农产业发展，鼓励、引导资金、技术、人才农村创业。兴业从政策上、资金上支持涉农企业发展，鼓励引导企业延伸产业链，向田间、农户延伸，努力打造全产业链现代农业企业；鼓励农村有技术、懂经营的农村能人创办符合地方资源优势和产业发展趋势的各种企业，以创业带动农村就业，以创业推动农业转型与现代化。

第三章 中原经济区现代服务业发展问题与对策

一、现代服务业发展的动力机制

发展现代服务业是工业化进程的必然趋势。配第（1691）、李斯特（1840）等提出经济向第二、第三产业转移的趋势，费雪（1935）、克拉克（1940）运用主要发达国家的事实论证了这一规律。库兹涅茨（1966，1971）认为“现代经济增长”是经济结构全面发生变化的过程，它不仅是一场工业革命，还是一场服务业的革命。钱纳里和他的合作者（1960，1968，1975，1986）建立了“标准的产业结构”模型，揭示了不同的发展阶段的一般产业结构的特征和产业结构动态发展的一般规律。我国学者黄少军（2000）指出，在工业化过程中，劳动力不仅流向城市，而且“至少是等量地向服务业和工业转移”。

现代服务业是新型工业化的推进器，也是国民经济现代化水平的重要体现。大力发展现代服务业有助于工农业生产的现代化，提升经济增长的质量，优化产业结构，提升中国制造的国际竞争力，改善不利的国际分工地位；有利于节能降耗，培育新的经济增长点，推动经济发展方式由工业驱动向服务业驱动转变；有利于提升城市功能和综合实力，优化投资和创业环境；有利于提升我国服务业竞争力和我国国际分工的价值链地位；有利于提升人们生活质量和水平；有利于增加就业和改善就业结构。河南省工业化已步入中期，人力资源结构和经济发展动力结构都在发生剧烈变化，经济结构调整和增长方式转型进入了关键时期，而落后的服务业已经成为制约河南省经济发展方式转型和结构调整的重要因素，加快发展现代服务业已经成为解决这一问题重要抓手。

关于产业演进的动力原因，不同学者和流派，其见解和侧重点不同。库兹涅茨、钱纳里、鲍默尔（1967）等的研究证实，工业中间需求的增长是拉动服务业发展最主要的动力。黄少军（2000）的研究进一步证实，服务业的增长与制造业的发展息息相关——工业化始终是服务业增长的主要动力。杨玉华（2007）从五个方面概括服务业发展的动因：最终消费拉动、工业中间需求扩大、技术进步迟滞影响、社会分工深化和国际贸易扩大。江小涓、李辉（2004）认为，主要原因是人均 GDP、城市化、人口密度和人口规模。李江帆（2005）认为，经济发展水平、市场分工、资源禀赋、城市化、外部经济环境是主要因素。但河南省服务业发展动力如何呢？下面采用计量分析的实证方法进行解答。

本书采用最小二乘（OLS）方法对河南 1978 ~ 2011 年与服务业相关数据进行回归分析，定量分析各因素对服务业增长的影响。首先，以服务业（取服务业就业自然对数表示）为因变量，以相关因素 GRP、工业化（非农产值比）、劳动力转移、城市化、对外依赖度、市场化（新型经济就业比重）、货运量（取自然对数表示）、利用外资额（取自然对数表示）、科技支出（取自然对数表示）、教文卫支出（取自然对数表示）、城镇居民可支配收入（取自然对数表示）、城市恩格尔系数、农民纯收入（取自然对数表示）、农村恩格尔系数为自变量。其次，建立数学模型，采取从一般到特殊的方法进行 OLS 估计和筛选，舍弃那些影响不显著的因素。最后，确立数学方程（3-1）式，再进行估计，确定有关自变量的弹性系数。估计方程为（3-2）式。其中 L 表示服务业就业、GRP 为地区生产总值（这里取 1978 年不变价）、La 表示劳动力转移、Op 表示对外开放度、Ed 表示教育文卫的财政投入、Ui 表示城镇居民可支配收入、C 表示常数、$C_1 \sim C_5$ 分别表示其系数、ε 表示误差修正值。

$$LnL = C + C_1 LnGRP + C_2 La + C_3 Op + C_4 LnEd + C_5 Ui + \varepsilon \quad (3-1)$$

$$\underset{}{LNL = 2.58500} + \underset{(0.05839)}{0.72790 \times LNGRP} + \underset{(0.35058)}{1.92817 \times La} - \underset{(0.79965)}{3.03736 \times Op} - \underset{(0.03624)}{0.37974 \times LNEd} + \underset{(0.05488)}{0.12282 \times Ui} \quad (3-2)$$

$R^2 = 0.99588$（0.9949） D. W. = 2.02789　F = 1221.704　T = 12.4661,

5.4999， -3.7984， -10.4791，2.2381

从估计方程来看，方程拟合效果很好，调整后拟合优度达到了99.49%，D.W.值也显示方程很好地消除了数据自相关问题，T绝对值均较大，各参数的显著水均达到了0.01水平以上。回归方程说明河南省服务业发展的主要影响来自生产总值、劳动力转移、对外开放、教育投入和城镇居民收入。其中生产总值、劳动力转移和城镇居民收入增长为正，对外开放和教育投入则为负。说明了河南省服务业增长主要是传统服务业，而非开放、知识性的现代服务业，不仅对外开放严重地冲击了服务业增长，而且教育投入增加，也会减缓服务业就业增长。从影响的系数来看，积极影响：劳动力转移居首位，劳动力转移每增长1%可拉动服务业就业增长1.928%；地区生产总值增长第二，地区生产总值每增长1%会拉动服务业就业增长0.728%；城镇居民收入第三，其每增长1%会拉动服务业就业增长0.123%。消极影响，对外开放居首位，对外开放每增长1%则会减少服务业就业3.04%，教育投入每增长1%会减少服务业就业0.380%。城市化、工业化对服务业就业增长则不显著，说明河南省城市化规模太小还不能有效推动服务业集聚和规模化发展；工业化水平不高，现代服务业还没有成为引领工业转型升级的推动力。

二、中原经济区现代服务业发展的现状与问题

改革开放以来，河南省服务业发展迅速，服务业就业和产值分别从改革开放初期的249.00万人和28.61亿元增长至2015年的2007万人和14875亿元，分别增长了7.0倍和76.5倍（按1978年不变价计算），年均增长率分别达到了5.98%和12.48%，成为河南省调整经济结构、推动产业转型升级的主要因素。但与全国平均水平相比，如表3-1所示，尤其是与先进省份相比，河南省服务业，尤其是现代服务业仍十分落后。

（一）规模小，比重低，与全国平均水平的差距越拉越大

如表3-2所示，与全国平均水平相比，河南省的服务业产值规模偏小，2015

表 3-1 中原经济区服务业产值、就业结构的变动与全国平均水平的差距（1978~2015年）

单位：%

项目/年份	总产值（亿元）	三产产值比重	差距	就业人口/万人	三产就业比重	差距
1978	163	17.80	-6.13	2807	8.87	-3.31
1980	218	18.33	-3.27	2929	8.43	-4.63
1985	391	23.96	-4.71	3520	12.10	-4.66
1990	505	29.64	-1.90	4086	14.24	-4.26
1995	930	27.79	-5.07	4509	16.99	-7.81
2000	1467	31.61	-7.41	5572	18.50	-9.00
2005	2788	30.05	-10.03	5662	22.47	-8.88
2006	3214	30.10	-9.88	5719	23.05	-9.17
2007	3702	30.05	-10.52	5773	23.66	-8.70
2008	18408	27.71	-11.44	5835	24.40	-9.70
2009	19480	29.27	-15.03	5949	25.37	-8.73
2010	23092	28.61	-15.49	6042	26.10	-8.50
2011	26931	29.67	-14.53	6198	27.03	-8.67
2012	29599	30.94	-14.36	6288	27.68	-8.42
2013	32191	31.97	-14.73	6387	28.01	-10.49
2014	34938	37.10	-10.70	6520	28.72	-11.88
2015	37002	40.20	-10.00	6636	30.20	-12.20

资料来源：根据历年《中国统计年鉴》和《河南统计年鉴》计算。

年只有14875亿元，只占全国同期服务业产值的4.32%，远低于人口7.4%的比重；产值和就业比重都偏低，2015年，河南省服务业产值比重和就业比重分别为40.20%和30.20%，比全国平均水平分别低了10.00%和12.20%。与世界水平相比差距更大，2004年世界第三产业产值平均比重就达到69%，中等国家比重为54%，下中等国家也达到了45%。从动态来看，河南省与全国平均水平的差距呈现显著的拉大趋势。改革开放初期，河南省产值和就业比重分别只比全国平均水平低6.13%和3.31%，到2015年，差距扩大到12.20%和10.02%。

表 3-2　中原经济区与全国服务业结构比较（2008~2015 年）

类别＼项目	河南服务业产值（亿元）			河南服务业产值比重（%）		
	2008 年	2010 年	2015 年	2008 年	2010 年	2015 年
第三产业	5100	6608	14875	100	100	100
交通运输、仓储和邮政业	802	873	1809	15.73	13.22	12.16
信息传输、计算机服务和软件业	245	263	626	4.80	3.98	4.21
批发和零售业	917	1294	2609	17.97	19.58	17.54
住宿和餐饮业	512	605	1031	10.03	9.16	6.93
金融业	414	698	1991	8.11	10.56	13.39
房地产业	512	773	1657	10.05	11.7	11.14
租赁和商务服务业	134	196	568	2.62	2.97	3.82
科学研究、技术服务和地质勘查业	111	148	343	2.18	2.24	2.31
水利、环境和公共设施管理业	51	61	173	1.00	0.92	1.16
居民服务和其他服务业	113	162	670	2.21	2.45	4.51
教育	406	566	1334	7.96	8.56	8.97
卫生、社会保障和社会福利业	202	243	625	3.96	3.67	4.2
文化、体育和娱乐业	64	64	265	1.26	0.98	1.78
公共管理和社会组织	617	662	975	12.1	10.02	6.56

类别＼项目	河南占全国产值比重			河南与全国产值比重差		
	2008 年	2010 年	2015 年	2008 年	2010 年	2015 年
第三产业	4.58	3.63	4.32	-11.44	-15.49	-10.00
交通运输、仓储和邮政业	5.49	4.56	5.96	2.62	3.11	3.34
信息传输、计算机服务和软件业	3.65	2.66	3.54	-1.22	-0.78	-0.93
批发和零售业	4.38	3.62	3.94	-0.83	-0.66	-1.7
住宿和餐饮业	9.23	7.5	8.48	5.05	5.2	3.40
金融业	3.36	3.33	3.49	-2.97	-3.64	-3.18
房地产业	3.71	3.39	4.01	-2.35	-1.33	-0.87
租赁和商务服务业	2.85	2.6	3.33	-1.6	-1.41	-1.14
科学研究、技术服务和地质勘查业	3.23	2.49	2.48	-0.91	-1.43	-1.72
水利、环境和公共设施管理业	4.59	3.59	4.44	0	-0.06	0.03
居民服务和其他服务业	2.83	2.66	6.13	-1.38	-1.03	1.33
教育	5.28	4.78	5.58	1.05	1.72	2.02
卫生、社会保障和社会福利业	5.03	4.02	4.41	0.36	0.23	0.08
文化、体育和娱乐业	3.92	2.55	5.45	-0.2	-0.47	0.37
公共管理和社会组织	5.7	4.16	3.62	2.37	1.65	-1.27

资料来源：根据历年《中国统计年鉴》和《河南统计年鉴》计算。

（二）发展极不平衡，中心城市辐射带动作用不足

从河南省市级服务业情况来看，发展水平低、发展极不平衡。首先，以2015年统计数据来看，河南服务业比重普遍不高，而且很不平衡。服务业产值比重只有郑州接近全国平均水平，达到了48.64%，低于全国平均水平1.56个百分点，其余均大大低于全国平均水平。服务业产值比重在40%以上的还有洛阳市（44.32%）、开封市（41.38%），低于全国平均水平5～8个百分点；服务业产值比重在35%～39%的有七个地市：安阳市（39.57%）、平顶山市（39.45%）、新乡市（38.96%）、南阳市（38.25%）、商丘市（37.41%）、驻马店市（37.89%）和信阳市（35.95%），与全国平均水平差距在10～15个百分点；服务业产值比重在30%～34%的有五个地市：许昌市（33.19%）、焦作市（33.13%）、三门峡市（32.35%）、周口市（32.35%）和濮阳市（31.59%），与全国平均水平差距在16～19个百分点；还有济源市（29.82%）、漯河市（26.34%）和鹤壁市（25.93%）三个地市与全国平均水平差距在20个百分点以上。其次，城市辐射带动作用不强。郑州市作为中原经济区的中心城市，2015年第三产业产值只有3556.45亿元，只占全省同期服务业产值的23.91%，而作为中原经济区副中心城市的洛阳同期服务业产值只有1537.58亿元，产值比重只有全市GRP产值的44.32%，低于全国平均水平近6个百分点，只有全省同期服务业产值的10.34%，中心城市发展水平不足，首位度较低。中心城市服务业发展水平不高，规模不大就难以形成对本经济区的有效带动和辐射作用。

（三）产业结构不合理，现代服务业发展严重滞后

河南省产业结构不合理不仅表现在服务业比重偏低、农业比重偏高方面，还突出地表现在服务业内部结构不合理、传统产业比重偏高，现代服务业比重偏低、发展严重滞后。以2015年为例，如表3－3所示，与全国平均水平相比，河南省现代服务业比重偏低，发展严重滞后。代表现代服务业发展水平的信息传输、计算机服务和软件业，金融业，房地产业，租赁和商务服务业，科学研究、技术服务和地质勘查业产值比重均低于全国同期同部门占服务业的比重1～3个百分点，如果考虑到整个第三产业与全国平均水平有10%左右差距，也就是说，

代表现代服务业的这些行业部门在全部 GRP 中的比重至少相差 10% 以上。如果从地市级服务业内部结构来看，问题更突出。集中体现在信息传输、计算机服务和软件业，科学研究、技术服务和地质勘查业，金融业的发展方面。信息传输、计算机服务和软件业，除信阳、周口和开封三个市达到和超过全国平均水平之外，其余均低于全国平均水平 0.5 ~3.2 个百分点，也就是说，有些地市还不到全国平均水平的 1/2；科学研究、技术服务和地质勘查业，除洛阳、郑州超过全

表 3 – 3　中原经济区 18 个地级市 2012 年服务业结构　　单位:%

地级市	三产 *	比重	A	B	C	D	E	F	G	H	I	J	K	L	M	N
郑州市	1419	42.89	15.60	5.28	15.39	11.09	3.36	7.42	3.64	2.62	7.38	0.57	2.09	3.33	14.56	7.68
开封市	264	33.95	14.60	6.27	3.22	9.02	0.65	9.55	3.96	1.62	14.91	1.98	2.40	5.83	16.42	9.59
洛阳市	661	33.01	15.45	2.87	7.97	8.27	9.29	7.56	3.27	1.01	11.16	1.17	1.96	3.54	18.25	8.22
平顶山市	287	25.48	14.48	4.21	10.38	7.41	0.84	6.30	2.54	1.64	12.15	1.00	3.50	3.88	20.37	11.30
安阳市	306	27.21	11.63	4.82	6.33	10.72	0.87	7.91	4.16	0.74	11.64	1.08	2.40	4.71	22.74	10.25
鹤壁市	70	19.14	8.79	5.53	8.69	9.56	0.46	8.58	0.90	0.48	18.83	0.76	1.46	3.48	22.35	10.14
新乡市	301	30.37	17.13	4.28	8.46	11.05	1.15	8.26	1.34	0.52	12.39	1.33	2.47	3.50	20.21	7.91
焦作市	264	24.68	14.42	3.17	6.64	7.84	1.21	6.40	1.76	0.74	8.84	1.42	4.54	3.13	27.61	12.28
濮阳市	134	20.25	9.03	5.31	5.35	12.93	0.94	10.20	4.10	0.76	16.01	1.49	1.94	4.89	17.50	9.55
许昌市	233	20.60	13.97	4.54	9.29	8.91	0.97	8.32	2.02	0.76	11.34	0.79	3.51	3.31	18.53	13.73
漯河市	105	17.82	10.26	4.17	3.86	10.45	0.52	8.16	0.52	0.78	11.20	1.09	5.40	3.26	24.19	16.15
三门峡市	181	25.76	31.36	3.20	4.47	3.99	0.90	7.63	2.85	0.68	12.05	1.14	3.16	2.59	19.74	6.24
南阳市	472	27.54	14.95	4.29	5.94	9.62	1.10	9.30	1.41	0.52	11.87	1.12	2.40	6.55	18.45	12.49
商丘市	272	27.30	14.45	5.54	4.60	12.96	0.20	10.76	1.34	0.52	14.81	0.43	1.92	4.98	16.95	10.53
信阳市	300	32.27	14.84	8.07	5.21	12.56	0.78	9.57	1.21	0.67	12.59	2.00	1.79	4.27	14.17	12.28
周口市	271	25.40	9.88	6.15	5.29	15.42	0.29	11.15	1.05	0.49	12.37	0.51	2.17	4.00	19.94	11.29
驻马店市	280	31.13	14.50	4.22	5.58	11.33	0.61	9.84	1.77	0.80	13.75	0.61	3.18	5.05	20.32	8.46
济源市	59	20.68	17.63	3.60	3.42	8.31	0.72	6.90	7.98	1.02	8.88	1.00	1.18	2.97	25.53	10.85

注：A = 交通运输仓储及邮政业，B = 信息传输、计算机服务和软件业，C = 金融业，D = 房地产业，E = 科学研究、技术服务和地质勘查业，F = 教育，G = 租赁和商务服务业，H = 文化、体育和娱乐业，I = 公共管理和社会组织，J = 水利、环境和公共设施管理业，K = 居民服务和其他服务业，L = 卫生、社会保障和社会福利业，M = 批发和零售业，N = 住宿和餐饮业。* 表示单位为亿元。

资料来源：根据《河南统计年鉴（2013）》计算。

国平均水平之外，其余地市只有全国平均水平的1/3，甚至更低；金融业，除郑州（15.39%）超过全国平均水平及平顶山（10.38%）、许昌（9.29%）接近全国平均水平之外，其余地市远低于全国平均水平，像开封、济源、漯河只有全国平均水平的1/4。

（四）服务业市场化、社会化程度不高

河南省服务业与全国一样，存在三种情况：像通信、铁路、航空等公共服务业以国有垄断为主，主要的生产性服务则是孤立、分散、封闭的企业内部服务为主，而市场化、社会化程度较高的生产性服务业则是以“小、散、乱”的民营经济为主。所以社会化程度不高已经严重制约了河南省服务业发展。以洛阳为例，洛阳每年研发投入占到服务业9%以上比重，是因为洛阳聚集了河南近一半的国有大型企业，但由于这些大型企业各自为政，相互之间几乎没有业务联系，而且各自研发设计都在内部完成，它们成为分散孤立的科研据点，因而高端服务业内部化，并不能带动当地服务业发展。而数量众多的中小企业，却因缺乏科研实力，企业发展急需的社会服务却不能依靠市场在本地得到满足。因而高端服务业企业内部化，一方面，造成服务业严重垄断，造成了社会资源无法优化配置和流动；另一方面，造成了高端服务业孤立、分散，难以形成分工协作，现代服务业根本无法形成规模化、集群发展的良性态势，造成现代服务业缺乏活力、高效和效益。

（五）服务业从业人员素质偏低，缺乏创新能力

从就业人员的学历结构来看，河南省劳动力资源的学历结构极不合理，整体学历水平偏低：初中、小学学历人员比重偏高，高达79.2%，大学及以上学历的比重偏低，只有4.05%，位列全国倒数第五，与先进省区差距巨大，也远低于全国平均水平。国家统计局的有关调查统计资料显示，如表3-4所示，在2007年全国的就业人员中，大学学历以上比重已经达到了6.6%，其中本科占31.8%（2.1%），研究生及以上比重占3.03%（0.2%），而河南省就业人口中，大学学历只占4.04%，只有全国平均水平的61%，其中大专文化就业人员只占3.2%，相当于全国平均水平的80%，本科文化学历就业人员只有0.8%，只有全国平均

水平的不足40%，研究生及以上学历就业人员只有0.05%，只有全国平均水平的25%。特别是服务业领域，由于河南省传统服务业比重较大，而传统服务业主要是低端劳动力就业领域，所以服务业与全国平均水平差距更加突出。由于河南省服务业人才短缺，产业创新严重不足。

表3-4　河南省人力资源结构的变迁及与全国的差距（1964~2007年）

单位:%

类别	1964年		1982年		1990年		2000年		2007年	
	比重	差距	比重	差距	比重	差距	比重	差距	比重	差距
大学及相当	0.18	-0.41	0.33	-0.28	0.85	-0.41	2.67	-0.18	4.04	-2.51
高中	0.87	-1.02	6.32	-0.41	7.09	0.00	10.03	1.23	12.77	-0.64
初中	4.14	-2.59	19.17	1.43	26.54	5.95	39.39	12.56	48.65	8.43
小学	24.43	-16.35	31.20	-3.75	34.75	2.06	33.20	4.99	27.08	-4.72
文盲/半文盲	42.66	9.07	27.07	4.27	16.32	0.44	5.87	-0.85	7.46	-0.56

资料来源：1964~2000年数据来自五次人口普查数据，2007年数据根据2007年全国人口变动情况抽样调查数据推算。

河南省经济发展最突出的问题就是产业结构不合理：农业比重偏高、工业比重太高，服务业比重偏低，产值与就业偏离度较大，以及由此引发的其他社会经济问题已经成为严重制约河南省调结构保民生、节能减排的主要障碍，而形成这些问题的主要原因就是现代服务业发展严重滞后。

三、制约中原经济区现代服务业发展的原因分析

中原经济区现代服务业发展严重滞后：规模小、比重低，布局分散，结构不合理，从业人员素质不高，缺乏创新，科技含量低，对工农业生产的带动能力弱。主要原因有：消费需求不足，城市化水平低；企业规模小、布局散、社会化

程度不高；科技投入低，人才短缺，创新能力不足；政府规制多，市场化程度低，垄断程度高，产业集群程度低，外部运营成本高，国际化、产业化、信息化和科技水平不高等。

（一）生产力水平不高，消费需求不足

与全国平均水平相比，河南省消费水平偏低，2009 年，河南省城镇人均消费支出 8837.46 元，如表 3 - 5 所示，只有全国平均水平的 78.6%。如果把消费支出结构分为基本生活消费和非基本生活消费两部分：属于基本生活消费开支的有食品，衣着，居住、水电燃料，家庭设备用品服务和医疗保健，属于非基本生活消费开支的有交通通信、教育、文化消费等。在中国省份消费支出结构中，两者具有一定的规律：即消费水平越高、基本生活消费比重越低，而非基本生活消费比重越高。基本生活消费支出的比重分布情况很好地印证了这个规律：消费支出水平高于全国平均水平的，其基本生活消费支出比重远低于全国平均水平 81.2%：广东 76.8%、北京 74.6%、江苏 78%、上海 70.5%、浙江 74.6%；相反，则高于全国平均水平：山东 83.1%、湖南 84.4%、河南 84.9%、湖北 86.1%、河北 86.11%。消费水平制约着消费结构。河南省较低的消费水平，严重制约了河南省消费结构转型和升级。与其他发达省区相比，河南省基本生活消费比重还偏高，非基本生活消费比重还偏低，特别是现代服务业消费水平还较低。较低的消费水平，进一步制约了河南省服务业消费水平的提高，特别是制约河南省现代服务业消费结构的升级。消费不足是制约河南省现代服务业发展主要因素之一。

（二）城市化水平低，城市规模化程度不高

城市化水平的提高可以为服务业发展创造需求基础；服务业发展的规模和结构，也取决于城市化水平和城市规模结构。因为，服务业有两个特点：一是绝大多数服务产品，其生产与消费在时间和空间上具有高度同一性，即服务产品的生产和消费同时进行；二是要求最低的聚集效应，即人口须达到一定规模服务企业才能盈利，才能作为产业来经营。这就是服务业往往主要集中在城市特别是大城

表3－5　2009年中原经济区消费结构与其他省份的比较　　单位：%

项目	消费支出	食品	衣着	居住、水电燃料	家庭设备用品服务	医疗保健	合计	交通通信	教育文化娱乐服务	文化娱乐用品	文化娱乐	教育	杂项商品服务
全国	100	37.9	10.4	19.7	6.2	7.0	81.20	12.6	12.1	3.2	3.4	5.5	3.7
广东	138.1	37.8	6.3	21.2	6.1	5.4	76.80	16.9	12.5	2.9	4.9	4.6	3.8
北京	146.4	33.8	9.5	15.1	6.7	9.5	74.60	13.9	14.5	4.9	4.7	4.9	4.3
山东	97.9	33.6	12.7	22.2	7.3	7.3	83.10	12.8	11.6	4.0	2.4	5.3	3.4
江苏	106.5	37.9	9.7	17.0	6.8	6.6	78.00	11.3	15.0	4.2	4.6	6.3	3.8
上海	172.5	36.6	7.8	16.1	6.1	3.9	70.50	17.4	14.8	4.3	4.5	6.0	4.8
浙江	134.8	36.4	10.2	17.1	4.7	6.2	74.60	15.8	14.5	2.9	3.8	7.8	3.4
湖南	88.5	39.9	11.0	18.7	6.8	8.0	84.40	9.8	11.2	2.5	3.2	5.5	3.8
河南	78.6	34.8	12.9	21.1	7.2	8.9	84.90	10.4	11.2	3.1	2.8	5.3	3.7
湖北	84.3	42.2	11.6	18.8	6.4	7.1	86.10	9.4	10.9	2.3	2.6	6.0	2.8
河北	80.8	34.7	12.5	23.7	6.3	8.9	86.11	11.7	10.4	4.1	2.0	4.3	3.3

资料来源：根据《中国统计年鉴（2010）》整理计算。

市的根本原因。然而，到目前为止，我国城市化水平超过50%，如表3－6所示，河南省城市化率水平严重低于全国平均水平，城市人口2015年只有5023万人，占全省人口比重46.85%，比全国平均水平低了9.25%；城市就业人口1839万人，占全省全部就业人口比重为27.71%，比全国平均水平低了24.46%，差距更大。城市化水平低、城市规模和结构不合理、城乡差距过大，客观上限制了服务业发展的需求空间。与全国平均水平相比，河南省城市化水平过低，还不足以带动服务业尤其是现代服务业发展。较高城市化水平和一定程度规模城市，不仅大大促进产业分工协作规模和水平，可以为服务业发展提供较为规模化和多样化需求，而且较大规模城市还可以为服务业发展提供足够地理空间，而较低城市化率和较小城市规模，就会成为被乡村包围的孤岛、连接自然经济的纽带，难以形成对服务业规模化和多样化需求。因此，较高的城市化、一定要求地理空间和人口密度，这些是推动服务业发展的重要条件。

表 3-6 中原经济区人口城乡结构变化趋势与全国平均水平的差距（1978~2015 年）

单位：万人,%

项目 年份	人口	比重	城市人口	城市化率	差距	城市就业	比重	差距
1978	7067	7.34	963	13.6	4.29	423	15.07	8.63
1980	7285	7.38	1021	14.0	5.38	469	16.01	8.83
1985	7847	7.41	1164	14.8	8.87	627	17.81	7.87
1990	8649	7.56	1342	15.5	10.89	727	17.79	8.53
1995	9100	7.51	1564	17.2	11.85	931	20.65	7.33
2000	9488	7.49	2201	23.2	13.02	860	15.43	16.68
2005	9768	7.47	2994	30.7	12.34	910	16.07	19.97
2006	9820	7.47	3189	32.5	11.43	942	16.47	20.58
2007	9869	7.47	3389	34.3	10.64	958	16.59	21.53
2008	9918	7.47	3573	36.03	-10.96	976	16.73	-25.75
2009	9967	7.47	3758	37.70	-10.64	1067	17.94	-26.01
2010	10228	7.63	4052	39.62	-10.33	1127	18.65	-26.93
2011	10489	7.78	4255	40.57	-10.70	1287	20.76	-26.24
2012	10543	7.79	4473	42.43	-10.14	1383	21.99	-26.38
2013	10601	7.79	4643	43.80	-9.93	1535	24.04	-25.64
2014	10662	7.79	4819	45.20	-9.57	1713	26.28	-24.61
2015	10722	7.80	5023	46.85	-9.25	1839	27.71	-24.46

资料来源：根据历年《中国统计年鉴》和《河南统计年鉴》计算。

（三）企业规模小、布局散、社会化程度不高

工业在生产过程中，必然要求相关的流通部门提供相应的服务，以连接生产与交换、分配与消费、需求与供应，以保证再生产所需要的物质补偿和价值实现的需要，在微观经济上也就是要保障各个厂商生产环节所需的生产要素在生产循环过程的时间上的连续性和空间的并存性。因此工业部门的扩张必然带动相关部门的相应增长。库兹涅茨、钱纳里、鲍默尔（William Baumol）以及我国学者黄少军等的实证研究也证实了工业中间需求的增长是拉动服务业发展的最主要的动力。库茨涅茨认为，服务业之所以能吸纳越来越多劳动力就业的最主要的原因是

与现代工业化生产方式相联系的对服务的中间需求的扩大，而制造业的快速增长——主要表现为产值的增长构成了服务业中间需求扩大的动力。

服务业社会化程度不高是制约河南服务业发展的主要问题，以市场化为导向，积极推动国有企业内部服务社会化，可以推动企业间、产业间分工协作社会化，充分满足中小企业发展、急需社会化生产性服务的需要。把规模较大的制造企业中的生产性服务业分离出来，无论是对更高效地整合利用资源，增强生产性服务能力，还是对优化地方产业和税收结构，都有十分积极的意义，确实应当予以积极的探索。要从推动产业集群内制造业与服务业互动发展着眼，一方面引导服务外包，另一方面培育提供社会化、专业化服务的市场主体，提高服务供给能力和质量。生产者服务业通过人力资本和知识资本深化、降低交易成本、深化分工、培育产业差异化优势、增强自主研发设计和创新能力、促进产业集群和区域集聚形成等途径和机制，支撑制造业和其他服务业发展、升级与竞争力提升。生产者服务业推动国民经济增长的作用，一方面通过自身的发展直接实现，另一方面通过在现代经济运行过程中，技术和知识对经济发展水平和生产率提高所起的关键作用来完成。

(四) 科技投入低，人才短缺，创新能力不足

现代服务业是与现代高新技术结合日益紧密的产业。现代科技的发展和信息技术广泛应用成为推动现代服务业发展和传统服务业转型升级的物质技术基础，而现代科技的发展使物质生产和服务生产中的知识投入比重不断提高，推动了服务业知识化的发展。因此，知识化、信息化是现代服务业的基本特征。而知识化信息化服务不仅具有高度规模化效益，而且大规模现代服务也只有在规范化统一高效的运作条件下才能充分利用其规模化效益获得迅速发展。因此，现代服务业运行条件就是开放化和规则化。现代服务业发展主要源于生产过程的中间需求拉动，因此，研发成为现代服务业发展的原动力，而生产型发展则成为现代服务业发展的核心内容。生产型服务业的发展壮大是自 20 世纪 80 年代以来西方发达国家的生产技术和生产组织结构变化的结果，当代信息技术和知识经济为其发展提供了有利的平台，并逐步成为其核心内容。由于生产型服务业，即现代服务业根源于生产，服务于生产，因此，这种服务业的稳定增长将意味着生产领域内劳动生产率的不断提高。所以，现代服务业特征、运行条件、发展动力和核心内容都

对科技投入、人才支撑和创新能力提出越来越高的要求。

科技投入不足，人才的匮乏不仅严重地影响到科技创新，而且严重地制约了现代服务业的创新和发展。从发达省份的发展经验来看，高强度的科技投入是带动信息产业发展壮大的主要动力，而发展壮大的信息产业，又给现代服务业的发展和创新注入源源不断的活力。例如，韩国文化产业主要是以高科技为依托的文化产业，如动漫、网络游戏、数字内容产品、创意设计、影视剧等，这些高附加值的产业门类的市场规模很大，形成韩国文化产业最主要的竞争优势。美国的文化产业则是以版权贸易（授权产业）为主要形态的高端产业，已经不再是卖产品，而是卖版权。而河南省文化产业则还处于资源型产业阶段，其产品形态大多依托旅游业而形成的低端旅游衍生品。在十强文化省份中，除湖南、河南和河北之外，其余省份投入强度均超过或接近全国强度，2015 年，河南 R&D 投入只有 435. 1 亿元，只有全国投入的 3. 07%，投入的强度也只有 0. 95%，只有全国平均水平 2. 07% 的 45%。在服务业前十省份中，河南省的投入绝对数位居倒数第二，投入强度与河北并列最后一名。科技创新能力的严重不足，不仅严重制约了河南省现代服务业发展，也严重制约了传统服务业结构升级和发展方式转变。

（五）政府规制多，市场化程度低，垄断程度高

市场化、产业化和社会化是现代服务业发展的根本动力。大量的产业经济学理论研究也表明，当经济发展到相当程度时，发达的现代服务业可以为发展新技术产业提供创业的氛围，现代服务业的发展可以与现代工业制造业形成互动的机制，特别是对于都市经济的发展，服务业的拉动作用更为凸显。而我国现代服务业大多为过去的国有企业所垄断经营，现代服务业市场化、社会化发展程度很低，严重制约了现代服务业自身发展，也制约了现代服务质量提高和服务效率的提升。

（六）产业集群程度低，外部运营成本高

产业化生产和聚集效应成为现代服务业发展的重要手段。实践证明服务行业存在集聚发展的规律，集聚区是适应这一规律的布局形式。服务业集群的形成有

利于成本节约、知识外溢和接入全球网络，以功能性专业化服务业集群策动制造业集群升级。如表3－7所示，首先，经济全球化使得服务业国界控制减弱，服务商通过对外投资、国际贸易等形式使谋求大批量生产、降低成本和价格、取得规模效益成为可能，对外直接投资已经成为拓展服务地域范围的重要手段。随着社会发展和科技进步，服务业日益具有集群化特征。其次，产业集群的形成、发展、竞争力增强和技术创新能力提高，都需要相应的现代服务业作为支撑，而河南省以传统服务业为主的结构和层次制约了产业集群的发展。为此，需要采取优先发展生产性服务业、建立健全产业集群科技和信息服务体系、培育特色服务群、加快服务业对外开放等措施，来大力发展现代服务业，提高产业集群竞争力。河南省具有比较优势又可以形成集聚区的是物流、金融、商务、动漫等领域。所以，要加强布局规划，聚焦强势行业，依托中心城市和产业基地等规划，建设一批特色鲜明的服务业集聚区。

表3－7　制造业集聚与服务业集聚的经济效益比较

经济效应	制造业集聚	服务业集聚
创新与合作效益	创新效益较为明显，合作效益不够明显	合作效益较为明显，创新效益不够明显
降低交易费用	对交易费用变化更为敏感	对交易费用变化的敏感度相对较低
深化专业分工	专业化分工相对精细	专业化分工有待进一步提高

资料来源：刘周洋，钟韵．中国制造业集聚与服务业集聚对比的初步探讨［J］．经济问题探索，2009（11）：63－66.

（七）国际化、产业化、信息化水平不高

从河南的情况来看，现代服务业存在着发展滞后、服务体系不完善、不适应产业集聚要求、产业化市场化国际化程度不高等问题，需要通过优化服务业结构、推进生产性服务业发展、培育壮大科技和信息服务业、打造现代服务业企业集团、培育特色服务群、完善社会服务体系、加快服务业对外开放等措施的实施，构建符合新型工业化发展的现代服务业。

四、加快发展现代服务业的思路与对策

现代服务业主要是指与现代技术变革、产业分工深化和经济社会发展过程相伴随而发展起来的新型服务业，既包括为现代生产活动提供服务的生产性服务，如金融保险、房地产、信息服务、管理咨询、中介服务、科研和综合技术服务、国际商务、现代物流、会展业等；又包括一些新型的满足个人更高精神需求的现代消费性服务业，如文化产业、移动通信、网络、传媒、现代远程教育等。《河南省人民政府关于加快河南省服务业发展的意见》，强调河南省服务业发展的重点领域是现代物流业、文化产业、旅游产业、科技服务业、信息服务业、房地产业、金融业、中介服务业等，主要指的也是现代服务业。现代服务业是现代经济社会持续发展的新动力，也是一个国家和地区经济现代化和国际化的重要标志。与经济发展处于前列的省份相比，河南现代服务业的发展还处于严重滞后状态。未来 20 年，如何抓住我国经济结构转型升级的有利机遇，大力发展现代服务业，促进产业结构优化，将直接关系到河南省全面建设小康社会目标的实现。

（一）科学规划，合理布局，打造现代服务业集聚区

科学规划，合理布局，打造以郑州、洛阳为核心，以焦作、新乡、南阳、信阳为支点的现代服务业集聚区。以中原经济区规划为指导，充分发挥中原城市群科技、人才、区位和城区基础设施完善的比较优势，大力发展与城市中心城区功能定位相适应，并以金融服务业、信息服务业、科学研究和技术服务业、商务服务业和流通服务业为主要内容的现代生产性服务业，以郑州和洛阳为中心，以焦作、新乡、南阳、信阳为支点，精心塑造河南现代服务业发展的新优势，将郑州建成中部地区的金融中心、信息中心、研发设计和知识产权交易中心、商务中心和物流中心，打造洛阳装备制造业以及先进制造业研发基地，推动郑州和洛阳的经济活动由以制造为中心逐渐转向制造和服务并重，增强中原城市群的集聚性、中心性和整合力。

（二）改善经营环境，推动服务业社会化、专业化发展

改善经营环境，降低企业经营成本，诱导相关企业横向融合、纵向分工，推动服务需求社会化、专业化发展，提高价值链综合竞争力。虽然中原城市群密度大，基础设施较好，但该城市群由于功能分工不清，城市之间缺乏有效的分工和协作，产业间、企业间既重复建设又相互分离，彼此之间缺乏空间集聚，更缺乏产业间、企业间的有效分工—协作。所以，要借助中原经济区规划的平台，合理规划各城市定位和功能分工，推动产业空间集聚，促进产业协作和企业协作。

（三）以资本为纽带，以高新技术为手段，做大做强现代服务业

鼓励企业以资本为纽带，以高新技术为手段，兼并重组，改造传统服务业，做大做强现代服务业。长期以来，服务业被理解为餐饮、旅游、娱乐、家政、保安、美容等生活性服务（传统服务业），它的比重占整个服务业的60%～70%，而生产性服务业，如金融领域的证券、期货、保险等，生产领域的信息、设计、咨询、培训、物流以及制造业等这些占主导地位的现代服务业，却没有引起足够的重视。生产性服务业的比重在服务业发达的国家，往往占到整个服务业的60%～70%，而我国正好相反。正是现代服务业发展严重不足，传统服务业转型升级缓慢，传统服务业附加值低、对人才吸纳和消化能力不足，所以才导致教育越发展，反而越不利于服务业就业的怪现象。因此，要鼓励企业以高新技术为手段，改造传统服务业；以资本为纽带，兼并重组，做大做强现代服务业。

（四）加大科技投入，以现代生产者服务为重点，以创新带动现代服务业发展

加大科技投入，以现代生产者服务为重点，产学官研结合，推动科技创新、管理创新和服务创新，以创新带动现代服务业发展。由于河南省长期以来科技投入严重不足，科技创新成果难以形成对产业和企业发展的支撑和引导作用。而企业与科研机构合作机制、企业之间协作平台还十分匮乏，所以，要推动科技创新、管理创新和服务创新，发展和扩大产学研合作的市场化机制和平台；加大科

技投入，紧紧围绕企业发展科技难题和产业发展支撑技术，引导产学研结合，以知识产权为纽带，鼓励科研成果市场化，推进科研成果转化和对接。

（五）加大教育投入和校企合作，培养复合型现代服务业人才

加大教育投入，特别是高等职业技术教育投入，校企、内外合作，培养复合型现代服务业专业人才，以人才振兴现代服务业。服务业的竞争，说到底是人才的竞争。然而，长期以来，我国服务业人才的培养没有得到足够的重视，服务人才短缺的现象比较严重，高素质的复合型专业人才就更为缺乏。而现代服务业属于知识型产业，对人才的需求总量大，且偏重于经济、商务、管理等学科。尤其是电脑软件和信息技术、综合物流、研究开发和技术测试服务、电子商务、国际贸易、涉外法律等知识密集型服务业的发展，更需要大量的专门人才。我国服务业不仅人才短缺，而且有相当部分从业人员素质偏低。这种高端服务业人才的供给不足，高层次人才的严重缺乏，无疑使现代服务业的发展受到了限制。河南省传统服务业转型、升级之所以严重滞后，主要原因就是从业人员素质普遍不高，企业创新能力严重不足，难以提供高水平、知识性服务；现代服务业，也常常因人才不足，难以提供现代服务业内容，常常混同于传统服务业。因此，要加大教育投入，特别是高等职业技术教育投入，推动校企、内外合作，培养复合型现代服务业专业人才，以人才振兴现代服务业。

（六）深化体制改革，推动现代服务业市场化转型，提高服务业竞争力

深化体制改革，推动现代服务业市场化转型，鼓励民营企业、外资企业参与投资和竞争，以竞争打破垄断，提高竞争力。现代服务业之所以发展缓慢，主要是门槛高，垄断主导，市场在服务业的资源配置中还没有发挥基础性作用，现代服务业发展所需的市场环境、制度环境还不完善。表现在国家对现代服务业的一些行业（如金融、保险、电信、邮政、供电、民航、铁路、港口等）的准入限制多，政府垄断经营现象比较严重，使非公有制经济很难进入，服务业投资基本上还是以国有投资为主。导致这些行业经营主体投资渠道单一，缺乏竞争，经营

机制僵化，从而严重地阻碍了服务业的发展。所以，要打破垄断、充分发挥市场对资本、技术引导作用，鼓励企业兼并重组，大力改造传统服务业，大力发展现代服务业。

（七）大力推进工农业现代化，以产业现代化推动现代服务业

首先，如果没有工农现代化的进行，生产性服务业的发展就没有需求和市场；反过来，生产性服务业的要素供给，特别是人力资本的积累，可以在工农业现代化进程中逐渐实现，却难以在消费性服务业的单一发展中获取。其次，我国工业经济体制（包括所有制改革、产品生产与流通的市场化改革以及资本的市场准入等）的改革和开放各方面条件都优于和领先于服务产品的改革和开放，这也决定了我国工业经济必然领先以及必须在工业现代化继续完成的条件下加快发展服务业的既定格局，形成了两者相互依存、相互促进的必然趋势。最后，我国社会主义市场经济制度的建立和保障，既需要以价值量衡量的增加值和收入的持续增长，也需要以实物为基础的经济实力、科技实力和军事实力的不断壮大，而这些都离不开工业现代化的继续完成。

（八）突出重点，以点带面，重点发展新兴现代服务业

突出重点，以点带面，重点发展现代物流商务、文化创意、休闲旅游、科技和管理服务、信息咨询、房地产、金融服务、中介服务业。现代服务业是现代经济社会持续发展的新动力，也是一个国家和地区经济现代化和国际化的重要标志。与经济发展处于前列的省份相比，河南现代服务业的发展还处于严重滞后状态。未来 20 年，如何抓住我国加入世贸组织后的有利机遇，大力发展现代服务业，促进产业结构优化，将直接关系到河南省全面建设小康社会目标的实现。根据《河南省人民政府关于加快河南省服务业发展的意见》，把服务业发展重点放在现代服务业方面，重点发展现代物流业、文化产业、旅游产业、科技服务业、信息服务业、房地产业、金融业、中介服务业等。

（九）扩大服务业开放，以开放促进服务业转型与升级

开放是发展中国家吸收、借鉴人类文明成果，为我所用的主要渠道，是我国经济发展的助推器，也是改革的重要推动因素。我国工业通过开放不断提升物质装备水平和扩大产业竞争优势，而开放也促进工业不断改革和创新，开放—改革创新，相互促进，相辅相成，同样，服务业的发展也离不开开放这个助推器。因此，要努力扩大服务业开放，“走出去”与“请进来”结合，吸引外资投资现代服务业，积极参与跨国公司服务业全球分工，以扩大开放推动服务业改革、转型与创新，推动适应国际化、市场化、信息化的现代服务业的快速发展。

（十）提升现代服务业需求水平，拉动现代服务业发展

产业发展的最终动力来源于对该产业源源不断的社会需求。现代服务业发展最终取决于现代工农业发展所带动的产业转型升级的服务需求，取决于人民日益增长的对美好生活不断增长的需求水平和需求规模。因此，日益高涨的国际竞争压力和国内转型升级产业发展的强劲需求，以及不断提升的广大民众对优质教育、医疗、养老资源的渴求，对自由、平等、健康、美丽、生态等发展、休闲社会需求不断高涨，都会拉动现代服务业发展。因此，要大力发展现代社会事业和现代生产力，以需求拉动现代服务业发展。

第四章 中原经济区文化产业、文化事业发展的比较分析

一、中原经济区文化产业发展现状与趋势

改革开放近40年来，特别是2004年提出文化强省战略以来，河南省委、省政府高度重视发展文化产业，把大力发展文化产业、推动文化资源大省向文化强省跨越作为深入实践科学发展观、努力推动“四位一体”发展目标的战略性举措，积极探索，开拓进取，推动了文化产业的快速发展。文化事业的发展和文化产业的崛起不仅丰富了人民群众的精神生活，也成为河南省抗击金融危机冲击、扩大就业的重要支撑。以2015年为例，河南省社会文化及相关产业实现增加值1111.9亿元，其中法人单位实现增加值1005.5亿元，分别比2014年增长12.9%和12.8%（当年价），增速明显高于GDP和第二、第三产业，占GDP的比重在经历6年后再次突破3.0%，成为迈入千亿元级的第十大文化产业省份。当年全省文化及相关产业法人单位共有52103家，比2014年增长35.7%，占全国的比重提高了0.7个百分点，达到了4.6%，其中文化制造业7410家，文化批零业8853家，文化服务业35840家，分别比2014年增长34.0%、66.7%、30.1%，三者占比分别为14.2%、17.0%、68.8%。年末从业人员108.58万人，比2014年增长9.8%，资产达到4995.82亿元，实现营业收入4017.45亿元，分别比上

年增长 21.1%和 17.2%。从 2015 年全省规模以上文化及相关产业企业主要指标来看：企业 2718 家，同比增长 24.9%，数量居全国第七位、中部六省第一位，居全国的位次比 2014 年提升一位，比 2013 年提升二位，居中部六省的位次也前移到第一位。营业收入 3179.69 亿元，同比增长 16.0%，居全国第八位、中部六省第二位，实现利润 252.66 亿元，同比增长 8.9%，居全国第七位、中部六省第一位。与中部六省相比，文化产业增加值，河南仅次于湖南省，居中部六省第二位，与全国先进省份相比，河南刚跨入全国前十名，与广东、江苏、北京 3000 亿元增加值规模还相差很远，文化产业占地区生产总值比重还很低，无论是增速还是规模，都与河南第五经济大省和第一人口大省地位不相称。文化产业比重偏低，低于全国平均水平，增速偏慢，比全国平均增速低了近 9 个百分点，只相当于全国平均水平的 65%。与发达国家相比差距更大，发达国家文化产业占 GDP 比重平均在 10%左右，例如，文化强国美国，文化产业占 GDP 比重达到了 25%。一个产业只有比重达到 5%以上才有资格成为支柱产业，如表4－1 所示，河南文化产业只有 3%，任重而道远。

（一）中原经济区文化产业成就辉煌

1. 形成一批实力较强文化产业集群

中原经济区凭借特色文化、民间文化资源，文化产业集群不断发展壮大。如表 4－1、4－2 所示，截至 2008 年，河南省已经拥有国家文化基地 5 个，省级文化基地 32 个。河南省文化影视集团、焦作云台山旅游发展有限公司、郑州市天人文化旅游有限责任公司、郑州中远演艺娱乐有限公司、商丘王公庄先后被授予国家文化（美术）产业示范基地；省政府在全省范围内命名了 32 个“河南省文化产业示范基地”，26 个河南省特色文化产业村，19 个特色文化产业乡镇。民间文化、特色文化产业逐步发展壮大。涌现出禹州钧瓷、镇平玉雕、宝丰魔术、民权画虎等一批文化强县、文化强村，形成了富有活力的优势产业群。宝丰县拥有民间艺术表演团体 1400 多个，从业人员 5 万多人，占全国民间艺人的一半，年收入达到 4 亿元，被中宣部和文化部称为“宝丰文化现象”。民权县王公庄村近一半人从事绘画创作，创作的“民权虎”享誉国内外书画市场，每年有 2 万余幅画作远销全国各地乃至日本、韩国等国家和地区，销售额达 2500 多万元，被誉

表 4-1　中原经济区文化产业与全国文化产业的比较（2004~2015 年）

单位：亿元,%

类别 年份	全国			河南			
	文化产业增加值	增长率	占 GDP 比重	文化产业增加值	增长率	占 GDP 比重	河南比重
2004	3439	—	2.15	264	—	3.09	7.68
2005	4375	27.20	2.40	340	28.65	3.21	7.76
2006	5123	17.10	2.45	395	16.31	3.20	7.71
2007	6412	25.20	2.60	480	21.53	3.20	7.49
2008	7630	18.50	2.43	560	16.64	3.04	7.37
2009	8594	12.60	2.52	317（623）	15.10	1.63(3.20)	3.69(7.25)
2010	11052	28.60	2.75	367	15.90	1.59	3.32
2011	15516	40.40	3.28	430	17.00	1.60	2.77
2012	18071	16.50	3.45	670	17.50	2.26	3.71
2013	21351	11.10	3.63	816	11.08	2.53	3.82
2014	23940	12.10	3.76	985	12.80	2.82	4.11
2015	27235	11.00	3.97	1112	12.90	3.00	4.08

注：2004~2008 年的测算范围包括法人单位、产业活动单位和个体户，从 2009 年以后只测算文化产业法人单位增加值，括号内数据包括产业活动单位和个体户。

资料来源：①张晓明，胡惠林，章建刚．2009 中国文化产业发展报告（蓝皮书）［M］．北京：社会科学文献出版社，2009；②根据网上有关报道资料整理计算。

表 4-2　2008 年中原经济区文化事业、文化产业基本情况及占全国的比重

单位:%

类别 部门	机构数（个）	比重	文化部门（个）	比重	从业人员数（人）	比重	文化部门（人）	比重
总计	30174	8.03	6642	6.62	205148	10.49	83824	12.20
文化及相关产业合计	15087	4.02	3321	3.32	102574	5.26	41912	6.14
艺术业	353	5.36	353	7.76	14145	6.28	14145	8.16

续表

部门＼类别	机构数（个）	比重	文化部门（个）	比重	从业人员数（人）	比重	文化部门（人）	比重
图书馆业	138	4.93	138	4.95	2747	5.32	2747	5.33
群众文化服务业	2358	5.81	2315	6.56	10190	7.95	10047	8.60
艺术教育事业	20	11.70	20	11.70	1199	8.63	1199	8.63
文化市场经营单位	11917	3.76	194	0.40	63092	4.58	2573	1.44
文艺科研	21	11.23	21	11.23	204	6.08	204	6.08
文物业	243	5.68	243	5.76	6978	8.22	6978	8.63
其他文化产业	37	0.88	37	0.95	4019	6.10	4019	6.33

资料来源：根据中国统计局《2009年社会统计数据》整理计算。

为“中国画虎第一村”。

2. 涌现一批大型的文化产业骨干企业

《河南日报》报业集团、中原出版传媒集团、河南文化影视集团、河南电影电视制作集团、河南有线电视网络集团五家文化企业成为全省文化产业发展的主力军。《河南日报》报业集团拥有10报2刊1网站和10多家企业，2007年、2008年《河南日报》报业集团实现收入分别达到12.1亿元和16亿元，年均增长43%和34%，三年收入、利润实现增长近一倍。其中，《大河报》进入《世界日报》发行百强、中国报业四强，日发行量超过100万份。中原出版传媒集团2007年、2008年分别实现销售收入52.3亿元和63亿元，2008年实现利税4.2亿元。集团子刊《销售与市场》在美国成功上市，目前杂志发行量30多万份，销售收入突破1亿元，被称为“中国营销第一刊”。隶属于省广电局的河南文化影视集团、河南电影电视制作集团、河南有线电视网络集团，2008年总收入达到19.7亿元，缴纳税金1.68亿元，其中，河南文化影视集团完成营业收入8000多万元，在全国排名第12位；河南文化影视集团的奥斯卡院线2007年实现收入4667万元，2008年票房收入突破1亿元；河南电影电视制作集团被授予“国家文化出口重点企业”称号。河南省有线网络集团有线电视用户达到300万户，成

为全国最大的省级有线电视网络。同时，河南天乐动画影视发展有限公司、小樱桃卡通公司等一批民营文化企业逐步成长成为河南省文化产业的品牌企业，其中，河南天乐动画有限公司拍摄的26集三维动漫连续剧《独角乐园》与英国、德国、马来西亚签订了版权输出、电视播映协议，被国家广电总局评为优秀动画片。此外，新兴文化产业茁壮成长。移动电视、手机报、手机广播电视等新媒体相继开通。

3. 形成一大批文化产业品牌

以汴绣、钧瓷、汝瓷、唐三彩、南阳玉雕、朱仙镇木版年画、剪纸、泥塑、泥泥狗为代表，具有河南特色、工艺精湛、制作精美的民间艺术品品牌，以龙门石窟、殷墟、少林寺为代表的文化旅游品牌，以《风中少林》《香魂女》《程婴救孤》《常香玉》为代表的演艺品牌，以《独角乐园》《小樱桃》为代表的动漫品牌等在国内外都产生了广泛的影响。涌现出了以开封汴绣厂、南阳市拓宝玉器有限公司、许昌禹州市荣昌瓷业有限公司等为代表的一大批优秀文化企业，以商丘王公庄、漯河南街村、鹤壁城关镇、开封朱仙镇等为代表的特色文化产业村镇，以汴绣、钧瓷、仿古青铜器、黄河澄泥砚、南阳玉雕、浚县泥塑、淮阳泥泥狗等为代表的一大批的知名文化产品。由此可以看出，河南文化的影响力和竞争力进一步增强。

4. 文化产业迈入了高速发展快车道

河南艺术中心建成开业，大型实景演出项目《禅宗少林·音乐大典》《大宋·东京梦华》轰动全国，河南文化影视集团有限公司10多座现代化影城建成开业。目前全省在建文化产业项目100多个，另有130多个新项目即将面向社会进行推介、招商。2005年开始谋划总投资3.5亿元的大型实景演出节目《禅宗少林·音乐大典》，自2006年公演以来已演出500多场，境内外观众达60多万人，2014年票房收入2200万元；被誉为全国营销的引领者——《销售与市场》杂志社面向市场，积极创新体制机制，从单纯的办刊物走上了资本运作和多元发展的道路，由原来的3万元起家、发行量不足1万份的机关刊物，发展成为发行量30多万份、销售收入突破1亿元、利润2700多万元的“中国营销第一刊”，并在美国成功上市；全省电视剧制作机构、电影厂和70%以上的出版单位已完成转企改制。河南出版集团1.2万余名职工完成了由事业到企业的身份转换。

5. 文化产业实力不断增强

2004年以来，河南省文化产业发展迅速，增加值从264亿元增长到2015年的1112亿元，增长了4.1倍，年均增速达到11%，占全国文化产业比重达到4.08%，低于人口比重3个多百分点，占GDP的比重保持在3.00%，低于全国平均水平约1.0个百分点。2015年，全省规模以上文化及相关产业企业2718家，同比增长24.9%，数量居全国第七位，中部六省第一位，居全国的位次比2014年提升一位，比2013年提升二位，居中部六省的位次也前移到第一位；营业收入3179.69亿元，同比增长16.0%，居全国第八位、中部六省第二位；实现利润252.66亿元，同比增长8.9%，居全国第七位、中部六省第一位；从业人员45.86万人，比2014年增长6.5%，居全国第七位、中部六省第二位。

（二）文化事业、文化产业发展趋势

改革开放以来，河南省文化事业和文化产业发展较快。自2004年以来，河南省文化产业增长很快，年均增速保持了16%以上，均远高于GDP的增速。2008年虽然受到金融危机严重冲击，文化产业增速仍然达到了16.64%，远高于GDP 10%的增速，成为河南省抵御金融危机影响的重要力量。但与全国水平相比，虽然河南省文化产业增加值占地区生产总值比重均高于全国水平，但有下滑的趋势；除2005年之外，河南省文化产业增速已连续多年低于全国水平，文化增加值在全国比重呈现下滑态势，由2007年的第七位下滑到2015年的第十位。与其他文化大省相比，河南省的增加值比重还较低，增速还有待进一步提高。如表4-3所示，从2007~2015年的走势来看，河南省文化产业的增速偏低，如果没有强有力的措施保持较高增长态势，很有可能被后面的省份超越。2015年就显示了这样的形势：广东、北京、山东、上海继续保持领先位置，但增速较低，均低于全国水平，除广东保持第一位之外，其余三个省市位次均有所下滑。江苏、福建、四川、浙江和湖南均保持高速增长态势。江苏已经从原来第六位跃升至第二位，浙江超过了上海和山东，从第五位上升至第四位；河南被湖南、四川和福建反超，从第七位滑落至第十位。所以，河南文化产业如果发展稍慢就会被强势发展省区追赶或超过，发展形势十分紧迫。从文化部授予三批次全国文化产业基地来看，河南仅有五个，占全国总数的3.65%，位列第九，是文化强省中基

表 4-3　文化产业增加值前十位省份的发展态势（2007~2015 年）

单位：亿元，%，个

类别 / 省份	2007 年	占 GDP 比重	排名	2015 年	增速	占 GDP 比重	排名	文化产业基地**
全国	6412	2.60	0	27235	19.82	3.97	0	137
广东	1921	6.20	1	3649	8.35	5.01	1	14
北京*	993	11.02	2	3072	15.17	13.40	3	10
山东	713	2.75	3	2481	16.87	3.94	5	6
上海	683	5.69	4	1632	11.50	6.50	7	9
浙江	596	3.20	5	2490	19.57	5.81	4	7
江苏	587	2.30	6	3167	23.44	4.52	2	7
河南	480	3.20	7	1112	11.07	3.00	10	5
湖南	444	4.90	8	1707	18.34	5.90	6	5
湖北	368	4.00	9	854	11.09	2.89	12	2
河北	303	2.20	10	960	15.51	3.22	11	4
四川	275	2.60	11	1141	19.47	3.80	9	5
福建	250	2.65	12	1180	22.03	5.40	8	4

注：* 表示为创意产业，** 表示为 2008 年统计数据。

资料来源：①张晓明，胡惠林，章建刚. 2009 中国文化产业发展报告（蓝皮书）[M]. 北京：社会科学文献出版社，2009；②根据网上有关报道资料整理计算。

地较少的省份之一。

如表 4-4 所示，人均文化事业经费从 1980 年的人均 0.34 元增加到 2014 年的 16.31 元，增长了 49 倍，年均增长 12.05%。除文化馆之外，其余均有不同程度增长，其中图书馆从 70 个发展到 158 个，增长了 2.26 倍，年均增长 2.35%；博物馆从 11 个增长为 248 个，增长了 22.55 倍，年均增长 9.31%；图书出版从 21700 万册增长到 23000 万册，增长了 1.06 倍，年均增长 0.05%；杂志出版从 1400 万册发展到 9000 万册，增长了 6.43 倍，年均增长 5.55%；报纸从 28800 万份增长到 204000 万份，增长了 7.08 倍，年均增长 5.75%；广播和电视人口覆盖率分别从当初的 82.0% 和 35.0%，增长到 98.3% 和 98.4%，分别增长了 1.20 倍和 2.09 倍，年均增长 0.52% 和 2.13%；艺术表演团体机构和艺术表演场所分别

表 4-4 中原经济区文化事业和文化产业发展情况（1980~2015 年）

类别 年份	GDP（千亿元）	人均（百元）	文化馆（个）	图书馆（个）	博物馆（个）	图书出版（亿册）	杂志出版（亿册）	报纸出版（亿份）	广播人口覆盖率（%）	电视人口覆盖率（%）	艺术表演团体机构（个）	艺术表演场所（个）	人均文化事业经费（元）
1980	0.23	3.2	212	70	11	2.17	0.14	2.88	82	35	280	97	0.34
1985	0.45	5.8	210	118	38	3.04	1.03	8.79	82	75	264	87	0.51
1990	0.93	10.9	203	127	53	2.94	0.85	7.97	88	80	231	175	0.70
1995	2.99	33.0	201	132	66	3.68	1.05	8.96	89	81	216	169	1.34
2000	5.05	54.5	191	134	70	3.51	1.07	12.91	94	93	205	165	2.20
2005	10.59	113.5	186	136	78	2.73	0.93	19.79	96.4	96.2	199	156	4.00
2006	12.36	131.7	183	136	79	2.48	0.88	20.16	96.5	96.4	199	152	4.27
2007	15.01	160.1	183	138	82	2.3	0.84	20.98	96.9	96.9	454	167	5.89
2010	23.09	225.8	190	142	111	2.0	0.90	21.20	97.3	97.4	371	150	—
2011	26.93	256.8	—	152	159	2.1	0.90	21.40	97.7	97.8	468	144	11.67
2012	29.60	280.7	—	156	180	2.3	1.00	21.50	97.9	97.9	364	145	—
2013	32.19	303.7	—	157	222	2.4	1.00	21.40	98.1	98.1	429	139	15.23
2014	34.94	327.7	205	157	248	2.0	0.90	21.00	98.2	98.3	598	140	16.31
2015	37.00	345.1	—	158	248	2.3	0.90	20.40	98.3	98.4	824	150	—

资料来源：根据历年《河南统计年鉴》和《中国社会事业统计年鉴》整理。

从280个和97个增长到824个和150个，分别增长了2.94倍和1.55倍，年均增长3.13%和1.25%。从人均收入来看，河南省人均收入从1978年的232元，不足150美元增长到3.451万元，约5200美元，已经从温饱不足到了文化消费快速增长的时期。随着人均收入增长，河南省文化消费和文化产业都将迎来高速增长的新时期。

（三）中原经济区文化事业、文化产业发展的比较

如表4－5所示，与全国水平相比，河南省艺术服务业、旅游业、文化资源方面具有显著优势，传统传媒出版业、传媒渠道规模、文化经营业、演出经纪机构具有一定优势，而在现代传媒出版业、软件开发方面不具有优势。与发达省份相比，河南省在传统文化产业、国内旅游业总量规模方面具有一定优势，但均量劣势突出，在现代文化产业方面劣势突出。

表4－5 2015年中原经济区与全国文化艺术服务业的比较 单位：个

项目	文化产业增加值	艺术表演场所表演（千场次）	艺术表演团体	演出经纪机构	中等艺术学校	艺术表演场馆	博物馆	公共图书馆	群众艺术馆	文化馆
全国	27235	727	4512	1024	121	2070	1722	2799	411	2806
河南	1112	53	454	18	15	190	248	158	45	205
比重	4.08	7.29	10.06	1.76	12.40	9.18	4.76	4.93	5.35	6.41
名次	10	1	2	16	1	2	10	5	3	2

资料来源：根据《河南统计年鉴（2016）》《中国社会事业统计年鉴（2016）》整理。

1. 艺术服务业

河南省艺术服务业非常活跃，与全国水平相比具有显著的优势。如表4－5所示，2015年河南省艺术表演场所表演场次53千场次，艺术表演团体454个，演出经纪机构18个，中等艺术学校15所，艺术表演场馆190个，占全国比重依次为7.29%、10.06%、1.76%、12.4%和9.18%，除演出经纪机构之外均高于文化产业增加值的比重，在全国名次依次为1、2、16、1、2。河南省拥有博物馆

248 个、公共图书馆 158 个、群众艺术馆 45 个、文化馆 205 个，占全国比重分别是 4.76%、4.93%、5.35% 和 6.41%，比重均高于目前文化产业比重，但低于人口比重，位次依次为 10、5、3、2。

2. 传媒出版业

河南省传媒出版业发展较快，与全国水平相比，传统传媒与出版业具有一定优势，但与先进省份相比还存在一定差距，现代传媒和现代出版业均严重落后于全国水平。其中报纸出版具有一定优势，如表 4－6 所示，2007 年出版报纸 209945 万份，占全国的比重为 4.79%，低于文化产业比重近 3 个百分点，位列全国第七，与 2007 年文化产业排名一致。期刊出版 8632 万份，占全国比重只有 2.84%，只有文化产业比重的 2/5，位列全国第 11，低于文化产业排名第四位。广播电视收入总额为 327358 万元，占全国总收入的比重为 2.49%，远低于文化产业比重约 5 个百分点，全国排名第 12，也远低于文化产业排名。制作电视剧 24 集，占全国的 0.20%，位列第 26 位。电视节目销售额为零。录像制品和录音制品出版分别为 22.26 万张、7.43 万张，分别只占全国比重的 0.19% 和 0.04%，位列第 21 和第 28。电子出版物出版 0.5 万张（册），占全国比重不足 0.01%，位列第 25。

表 4－6 2007 年中原经济区与全国传媒出版业的比较

单位：万元，张，万份

项目	广播电视收入情况	电视节目销售额	制造电视剧（集）	录像制品出版	录音制品	报纸出版	期刊出版	电子出版物
全国	13164032	236885	11981	11590.8	20568.6	4379882	304106	13584.04
河南	327358	—	24	22.26	7.43	209945	8632	0.5
比重(%)	2.49	0.00	0.20	0.19	0.04	4.79	2.84	<0.01
名次	12	22	26	21	28	7	11	25

资料来源：根据《河南统计年鉴（2008）》和《中国社会事业统计年鉴（2008）》整理。

3. 文化资源与旅游业

文化资源与旅游业发展较快，优势较显著。如表 4－7 所示，从文化资源来看，河南均位列全国第四，其中世界自然文化遗产有2处，占全国5.71%，位列第三；历史文化名城7座，占全国的7%，位列第一；优秀旅游城市21座，占6.86%，位列第四。但如果从旅游收入来看，河南省2007年国内收入1327亿元，占全国国内旅游收入的5.63%，位列全国第六，国际旅游收入只有37444万美元，只占全国国际旅游收入的0.92%，位列第19。可见，河南省旅游业的发展并没有真实反映河南省旅游资源、文化资源大省的优势。

表4－7　2007年中原经济区旅游业与文化资源在全国位置

项目	国际旅游收入（万美元）	国内旅游（亿元）	优秀旅游城市（座）	历史文化名城（座）	世界自然文化遗产（处）
全国	4084300	23554.5	306	100	35
河南	37444	1327	21	7	2
比重（%）	0.92	5.63	6.86	7.00	5.71
名次	19	6	4	1	3

资料来源：根据国家旅游局网站有关资料整理。

4. 文化经营业

河南省文化经营业发展较快，但与先进省份相比还有较大差距。如表4－8所示，2007年河南省娱乐场所有1149个，占全国的1.4%，位列第23；互联网经营场所7447所，占全国比重为5.59%，位列第5；艺术品经营机构14个，只有

表4－8　2007年中原经济区与全国文化经营业的比较

项目	娱乐场所	互联网上网服务营业场所	艺术品经营机构	音像制品批发、零售、出租机构	其他经营机构
全国	82174	133163	1112	87137	11783
河南	1149	7447	14	2560	304
比重（%）	1.40	5.59	1.26	2.94	2.58
名次	23	5	12	14	11

资料来源：根据《河南统计年鉴（2008）》和《中国社会事业统计年鉴（2008）》整理。

全国的1.26%，位列第12；音像制品批零出租机构2560个，占全国的2.94%，位列第14；其他文化产品经营机构304个，占全国的2.58%，位列第11。

5. 文化传媒渠道业与技术产业

河南文化传媒渠道业与技术产业发展较快，但与发达省份相比，还有不小的差距。如表4－9所示，河南广播综合人口覆盖率2007年达到96.94%，略高于全国平均水平，位列第12；电视人口综合覆盖率达到96.87%，略高于全国平均水平，位列第15；有线广播电视用户数5447566户，位列全国第9，只占全国总数的3.55%；有线电视入户率为19.53%，不足全国1/2，位列第30；网民数1283万人，占全国的4.31%，位列第7；互联网普及率只有13.7%，远低于全国平均水平，位列第26；软件收入57.3亿元，只占全国的0.99%，位列第15。

表4－9 2007年中原经济区文化传媒渠道业与技术产业与全国的比较

项目	广播综合人口覆盖率（%）	电视人口综合覆盖率（%）	有线广播电视用户数	有线电视入户率（%）	网民数（万人）	互联网普及率（%）	软件收入（亿元）
全国	95.43	96.58	153246781	40.97	29800	22.6	5800.1
河南	96.94	96.87	5447566	19.53	1283	13.7	57.3
比重（%）	—	—	3.55	—	4.31	—	0.99
名次	12	15	9	30	7	26	15

资料来源：根据《河南统计年鉴（2008）》《中国社会事业统计年鉴（2008）》、CNNIC《中国互联网络发展状况统计报告》（2009年1月）有关数据整理。

自河南2004年提出文化强省战略以来，河南文化产业迅速壮大，文化事业实现了较快发展。文化事业费从2006年的4.00亿元增加到2015年的17.78亿元，年均增速达到23.5%，人均经费从原来的不足0.5元增加到16.31元，增长了30多倍。文化事业的发展有力地促进了文化产业的发展。河南文化产业增加值由2004年的264亿元增加到2015年的1112亿元，增长了4倍，年均增速13.96%，高于同期经济增速约3个百分点。自2004年以来，文化产业继续保持较快增长态势，年均增速高达15%左右，大大超过GDP增速，成为提升河南省产业结构、推动经济又好又快增长的重要引擎。

二、制约中原经济区文化产业发展的主要因素

中原经济区文化事业的发展和文化产业的崛起不仅丰富了人民群众精神生活，也成为抗击金融危机冲击、扩大就业的重要支撑。但与全国平均水平相比，中原经济区增速还不够高；规模偏小，比重偏低；与文化资源大省的地位不相匹配。

（一）文化事业建设投入偏低，文化产业的基础不牢

河南省文化事业投入总量不小，但人均却很低。2015 年人均 16.31 元，不足全国平均水平的 50%，居全国最后一名。同期，全国有 13 个省份超过全国平均水平。其中，北京和上海人均文化事业费分别达 120 元和 110 元，均为河南的 7 倍以上。过低的文化事业经费不仅严重制约了文化基础设施的建设和发展，而且严重制约了河南省文化产业的发展。虽然河南拥有全国地上第二、地下文物第一的丰富资源，但要管护好这些数量众多、布局分散的文化资源本身就需要大笔开支，而开发和利用这些资源需要更多的资金投入。

（二）居民消费水平偏低，需求拉动作用不显著

文化产业是显著的消费拉动型产业。人们只有在满足一定物质消费条件下，才会满足更高层次文化等需求。河南省 GDP 总量很大，位居全国第五，但人均不高。就家庭的人均消费支出来看，河南城镇消费水平，只有全国水平的 78%，列十大文化大省末位。其中文化消费支出 525 元，占全部消费支出的比重只有 5.9%，远低于全国 6.6% 的水平，与文化消费关系密切的交通信息消费也远低于全国水平，只有 10.4%，低于全国水平 2.2 个百分点。河南省的文化产业结构也反映了这些特征：文化主体产业比重不高，主体不突出；文化核心产业比重低，难以发挥核心作用。河南文化产业的主体部分——“文化服务业”仅占 29%，远小于全国 48.0% 的水平。而包括新兴的互联网信息服务、文化休闲娱乐服务及

其他文化服务的非主体部分所占比重更小，仅为7%。

（三）科技创新投入力度偏小，文化产业科技支撑不强

文化产业是与现代高新技术结合日益紧密的产业。现代高新技术带来的数字化、网络化、智能化趋势不仅极大地推进了文化产业的发展，而且主导着未来文化产业的发展。计算机娱乐软件深受欢迎，多媒体出版比传统图书、报纸、广播的传播速度显著加快。据统计，在全球25个互联网最普及的国家中，文化服务业所创造的价值比开通互联网前平均增加17.5%，从业人员增加43%。这一关系在我国文化产业发展态势上也十分显著①。首先，信息产业的发展和不断创新为文化产业的发展拓宽了传播渠道，为文化产业生产方式的革新提供了源源不断的技术手段，为文化内容产业的快速发展提供了强大动力。其次，信息化技术也极大地改善甚至改造了传统文化产品的生产和制作方式，大大提高了文化产品的生产效率和质量。显而易见，河南信息产业的落后，科技创新投入的偏低，严重制约了传统文化产业的信息化改造和现代繁荣。

（四）文化产业价值链不完整，产业集群发展动力不足

河南省文化产业不仅产业组织化水平、集中度低，而且表现为产业链短、集群度低。从文化产业的角度来看，首先，经济上的差距反映在文化产业组织化、集约化经营的水平和规模上。早在20世纪80年代，所有美国的主要传播媒介就已经被50家大公司所控制，其中，甘尼特报业公司、赫斯特报业公司、《纽约时报》公司、《华盛顿邮报》公司等20家公司控制了日报销售的一半以上，杂志的销售也被仅有的几家大公司控制，而且美国文化产业集团已经形成了比较完善的融资体制，一些有实力的文化产业集团如美国广播公司、哥伦比亚广播公司等，其背后都有金融资本的有力支撑，文化产业集团与金融集团间互相渗透，互相参股、控股，二者之间建立了稳定的伙伴关系。其次，经济上的差距还表现在文化产业链条长短，由创意产业所融合产业链和产业群能力的高低。例如《哈

① 国际文化产业发展新趋势与新战略［EB/OL］. http://www.bjci.gov.cn/487/2009/06/05/141@15939.htm.

利·波特》所创造的神奇产业链。[①] 这本起初连遭退稿的魔法故事，从1997年开始缔造出现代文坛最大的神话和创富传奇。10年来，这神话还远远超出了出版领域，短短的10年已形成一个超过60亿美元收益的产业链，成为史上最成功的流行文化和商业品牌之一。迄今为止，已出版的《哈利·波特》系列小说的前六部已被译成60多种语言，全球总销量已超过3.25亿册。电影与主题娱乐公园，迄今《哈利·波特》五部电影票房成绩累计达43亿美元，此外，华纳公司宣布投资5亿美元，携手奥兰多环球影城建造“哈利·波特魔法世界”主题公园，于2009~2010年正式对外开放。游戏，SONY公司的PS2自2001年开始与影片同步发行游戏软件，2007年的《哈利·波特与凤凰社》更是游戏界迎来的大事，首度在SONY的PS2、PS3、任天堂的Wii上同时发行同名游戏；其他衍生品，杜莎夫人蜡像馆与电影一同在全世界范围巡展。各行各业制造商模仿电影魔法物品，如“魔法扫帚”、魔杖、摄魂怪、火焰杯三强赛中的火龙等玩具，霍格沃茨四个魔法学院各自的院服、魁地奇球服、波特的隐形衣等风靡全球。而我国则缺乏这样的产品和产业链。

（五）严重依赖传统文化产业，内容创意文化产业发展严重滞后

文化产业正是以创意为源头，以内容为根本，以版权为核心的知识经济形态。正如安蒂·卡斯维奥（AnttiKasvio）所说，现代信息社会的发展过程从科技创新开始，其“中心从信息收集与科技的传送，逐渐转向这些科技所传播的内容”。由于当前数字媒体技术的发展已经形成空前强大的文化产品生产、传播、发行能力，消费者多元化的个性选择可以通过定制、点播等交互手段轻松满足，于是在有了顺畅的通信平台、多样的媒体表达方式和充足的自由选择余地的条件下，文化产业中内容的生产已经脱离了媒介技术的制约，其重要性日渐凸显。[②] 可以说，现代文化业态竞争力和生存力就取决于其文化内容的创新、生产与消费。文化产业重视文化产品的生产，忽视内容的创意和开发，这一点不仅表现为河南省文化产业的劣势，也是我国文化产业的劣势。联合国五大机

① 哈利·波特魔法产业链十年创造60亿美元大市场［EB/OL］. http：//finance. ce. cn/money/200708/21/t20070821_ 12500709. shtml.

② 清华大学国家文化产业研究中心. 高新科技与文化产业——从新媒体技术的视角（上）［EB/OL］. 中国文化产业网，2008－11－17.

构于2008年出版的《2008创意经济报告》显示，1996~2005年，中国创意产品出口额从184.28亿美元增长到613.6亿美元，成为全球创意产品的第一生产国和出口国。但出口主要集中在文化产品制造，如工艺品加工、设计产品加工等，而核心的版权内容产品输出仍然不足，尤其是视听内容产品及版权贸易还相当匮乏。

（六）过度依赖于旅游带动，文化资源的开发和转化能力严重不足

河南省文化资源十分丰富，为文化产业发展提供了得天独厚的发展条件。中原是中华文明的发祥地之一，先后有20多个朝代建都或迁都于此，作为全国政治、经济、文化中心长达4000年之久。数千年的文明历史，造就了河南丰厚的文化底蕴。文物古迹遍布全省各地，全国重点文物保护单位189处，198项，馆藏文物140万件，居全国第一，中国八大古都就有四个在河南，即郑州、洛阳、开封、安阳。洛阳龙门石窟、安阳殷墟被列入世界文化遗产。这里有人类先祖繁衍生息的裴李岗文化遗址、仰韶文化遗址、龙山文化遗址；这里有“人文始祖”伏羲的太昊陵、黄帝故里和轩辕丘；这里有最古老的天文台周公测景台、最早的禅宗寺院白马寺，名扬四海的“中国第一名刹”嵩山少林寺；这里是世界闻名的中国功夫少林武术和太极拳的故乡；这里是客家人迁移前的祖居地，是中国1500个姓氏的发祥地；等等。河南地灵人杰，英才辈出，中国历史有记载的名人，出自河南的位居第一。国家级非物质文化遗产65处，民俗活动场所22295处，“中国民间艺术之乡”16个。2008年河南省旅游业收入达到了约1592亿元，其中国内旅游收入占98.37%，国际旅游收入仅占1.63%。在国内旅游中，省内旅游收入899亿元，占57.4%，省外旅游收入667亿元，占42.6%。河南省采取“旅游+文化产品”的发展模式，在旅游业带动下，文化产业得以迅速扩张。但仅靠文化资源的带动式开发，无疑是低层次的粗放经营模式。例如，13朝古都洛阳，尽管文化积淀厚实，但其文化产业发展却严重滞后，到2007年，洛阳文化产业实现增加值才27.9亿元，占全市GDP的比重只有1.75%，不仅远低于全省水平，也低于全国平均2.6%的水平，只有全国平均水平的60%。这些说明，河南省文化资源开发水平还很低，资源转化为产业优势的能力还处在很低水平上，其产品形态大多属于低端的旅游衍生品。

（七）文化产业人才严重匮乏，产业创新严重不足

河南省文化产业人才短缺，产业创新严重不足。主要表现为“四多一少”：娱乐业从业人员多、经营性从业人员多、非公有制从业人员多、非文化部门从业人员多，高级人才偏少。目前我国文化产业人才状况存在以下主要问题：复合型管理人才少、新兴行业专业人才少、内容创意型人才少、文化人才的区域发展不平衡及其实践培养不够等。创新是一个民族的灵魂，也是文化产业发展的灵魂。

（八）文化产业市场化水平不高，企业的竞争力不强

河南省文化产业发展虽然涌现出一批较有实力的骨干企业，但这些骨干企业的发展不仅带有很强的政府烙印，而且还具有很强的行政垄断性质。《河南日报》报业集团、中原出版传媒集团、河南文化影视集团、河南电影电视制作集团、河南有线电视网络集团五家骨干企业都是原来事业单位或者国有企业转制而来，其市场占有率具有强烈行政分割的地域特征，也就是说，这些企业的发展几乎都具有“人口红利”的特点。依托河南人口第一大省的基数优势，在行政主导条件下，很容易成为国内大型的企业集团。但真正有竞争力的企业是靠市场化竞争来实现的。而文化产业是具有很强规模优势特点的产业，只有充分竞争，才能造就具有国家竞争力和国际竞争力的企业。以美国为例，美国文化产业最早都是以国内需求为基础建立起来的，但是伴随着国内竞争的加剧和市场平均利润的下降，美国文化产业为了能保证自身的生存和获取产业利润，就把文化产业延伸到海外文化市场。这一点在美国电影产业的变化过程中反映得很明显，1980 年，美国电影业收入的 70% 来自美国国内，而到 1997 年其国外票房收入已经达到 58.5 亿美元，达到总收入的 65%。美国电影已经成为其出口获利的重要工具。

三、振兴中原经济区文化产业的对策和措施

河南省2007年12月17日正式出台《关于加快文化资源大省向文化强省跨越的若干意见》，明确文化强省跨越的奋斗目标和保障措施，明确提出文化强省建设"两步走"战略。第一步为2007～2010年：文化强省建设取得重大进展，初步形成较为完善的公共文化服务体系，初步形成门类较齐全、技术较先进的文化产业体系，文化产业增加值占生产总值比重达到4%左右；初步形成较为成熟的文化市场体系；初步形成较为健全的文化管理机制和政策体系。第二步为2011～2020年：基本实现文化强省建设目标，文化产业增加值占生产总值比重达到7%左右，成为国民经济发展的重要支柱产业；全省文化实力、竞争力、影响力明显增强，成为全国区域性文化中心之一。为了进一步推进文化产业的发展，必须在下面几个方面做好工作。

（一）加大文化事业投资力度，实施重点项目带动战略

加大文化事业投资力度，以重点文化项目建设为突破，实施重点项目带动战略。每年以文化重点项目为突破，实施重点项目带动战略，推出一批市场前景好、投资回报率高的文化重点项目，推动全省文化产业快速发展。充分利用主办中国河南国际投资贸易洽谈会、黄帝故里拜祖大典、中原文化行等经贸和文化活动，大力开展文化产业招商引资工作。抓好已签约项目的资金落实和开工建设，加强跟踪服务，确保项目顺利实施。

（二）提高人均消费水平，改善消费结构

在大力发展生产力基础上，加大对民生事业的投入，提高广大居民的社会保障水平，切实解除居民的消费顾虑，推动居民消费水平的提高和消费结构转型与升级，以内需推动文化消费和文化产业的发展。首先，大力创新文化产品，积极培育文化市场，提高消费层次，改善消费结构，以内需拉动产业的发展和升级。

其次，完善现代流通体制，大力发展文化连锁经营、电影院线等现代流通组织形式，提升文化产品流通和消费领域的信息化水平，大力发展经纪、代理等市场中介机构，尽快形成以郑州、洛阳为中心的文化产品集散地。最后，大力培育居民文化消费意识。通过多种途径，宣传、倡导文化消费新观念，培养文化消费习惯，引导居民自觉进行文化消费。加快培育农村文化市场，逐步提高农民的文化素质和文化消费水平。

（三）扩大科技投入，鼓励和保护创新，以创新带动产业的发展与转型

由于科技投入不足，严重地制约了文化产业的创新和发展。2007 年，河南 R&D 投入只有 101.1 亿元，只有全国投入的 1/37，投入的强度也只有全国水平的 50%。所以，加大科技投入力度，大力提升科技创新水平，以创新推动文化产业结构升级和发展方式转变。

（四）加大文化资源的深层次开发力度，培育文化产业龙头企业和产业集群

加大文化资源的发掘和整合力度，推动资源的多层次、全方位的开发，提高资源的综合利用效率，实现资源优势向产业优势的转变，延伸文化产业的产业链，推动文化产业集群发展。

1. 确立产业新布局

构建以郑州、洛阳为中心，以沿黄文化产业带为主轴，以豫北、豫南文化产业区为两翼，以焦作、济源、许昌、漯河、周口、驻马店等各地特色文化产业区块为支撑的区域文化产业协调发展格局。

2. 以信息技术为支撑，构建新文化产业和产业链

运用信息技术和现代的生产方式改造传统文化产业，培育新的文化业态，提升河南省文化产品的科技含量，重点培育动漫游戏、文化创意为代表的新兴文化产业。

3. 培育产业新亮点

立足河南省文化资源优势和特色，抓好一批重点文化产业项目，培育一批知名文化品牌，打造一批骨干龙头企业或企业集团，争创一批国家级文化产业示范基地和示范园区，建立一批省级文化产业示范基地和示范园区，发展一批强势文化产业集群和特色文化产业区块。

（五）以资本为纽带，培育文化产业的规模优势和品牌优势

以资本为纽带，以品牌和营销渠道为依托，运用市场手段，培育若干家跨地区、跨部门、跨行业和跨所有制的综合性文化产业集团，提高产业集中度，培育文化产业的规模优势和品牌优势。为此，重点发展文化旅游、武术健身、杂技表演、工艺美术、文博会展等优势产业。文化旅游业要进一步提升郑、汴、洛“三点一线”精品旅游线路的影响力，着力开发以古都、名寺、寻根、功夫、花会为特色的文化观光、寻根朝觐旅游项目。

（六）全面深化文化体制改革，优化产业发展环境，不断解放和发展文化生产力

一方面，加大力度，加快进度，全面深化文化事业单位文化体制改革，加快经营性文化事业单位的转企改制步伐，培育和重塑一批文化市场主体，建立职责明确、反应灵敏、运转有序、统一高效的宏观调控体系，激发内在动力，增强发展活力，提高文化产品和服务质量及供应能力。另一方面，在全面贯彻落实国务院和省政府已出台的支持文化产业发展的各项优惠政策的基础上，抓紧制定和完善河南省扶持文化产业发展的相关经济政策，加大对文化产业的工商、财政、税收、土地、投融资扶持力度。

（七）建设创意产业发展的公共平台，为产业提供高质量服务

河南省文化创意产业发展相对滞后，出口比重偏低，这与政府服务不到位息息相关。为此，需要政府建设一个公共平台。这个平台不仅包括物质与信息保障

系统，而且包括相关的以共享机制为核心的制度体系，为全社会的创意产业提供有效、高质、公平的服务。制度体系是其建设和运作的核心，它主要包括相关的法律法规、管理条例、管理办法、规则、标准等。通过政府服务，提高文化创意企业的协作联动水平，推进企业分工协作水平和国际化水平，促进企业横向联合和纵向联合，探索企业集群发展的新规模。

（八）创办各类培训学校，加快创意人才的培养

要充分借助国内国际的科技和教育资源优势，“走出去”和“请进来”相结合，积极探索合作办学模式，在省内有条件的高校设立专门的创意产业学院，如艺术、设计和媒体学院，建立媒体实验室，鼓励专业人士相互合作并加强和国外专家交流合作，加强与创意产业各个领域中海内外顶尖学校和研究机构的交流与合作，培养适应本地文化产业发展需要而又具有地方特色的高层次的创意产业设计、策划和制作人才。可借鉴一些国家发展创意产业的经验，将设计、媒体、艺术等融入到各个阶段的教育中，注重培育全体市民的创意能力，孵化更多的创意产业人才。

第五章

中原经济区经济发展与就业的关系

经济发展就是在经济增长基础上，包括经济结构调整、经济增长方式转型、劳动生产率提高等在内的变化过程，也是工业化、城镇化、市场化、信息化和国际化水平不断提高，二元经济逐步向一元经济变迁的转型过程。河南省作为拥有9900万人和6500万农业人口的第一人口大省，劳动力资源优化配置水平和配置效率——就业的质和量始终是衡量河南省经济发展质量高低和发展速度是否合理的关键指标。作为人力资源十分富裕而其他经济资源相对短缺的省份，人力资源优势——人力资源的利用效率和配置效益的提高始终是支撑河南省经济可持续、全面、协调发展的决定性因素。一般经济理论都视就业需求为经济发展的派生需求，凯恩斯甚至把经济增长等同于就业增长。虽然经济增长是拉动就业增长的主要动力，但经济结构的调整，经济增长方式的转变，科技进步等诸多经济发展因素都会深刻影响到就业水平、就业结构和就业质量。因此，就业水平的提升、就业结构的优化和就业质量的提高不仅是关系民生的重大问题，也是关系到河南省人力资源优势得到充分发挥，经济可持续、全面、协调发展的关键问题。所以，经济发展与就业的关系或人力资源的配置问题是关系到河南省经济又好又快发展的重大战略问题。

中原经济区经济发展对就业产生了多方面的积极影响，主要体现在以下四个方面：

第一，经济增长是促进就业增长的首要因素。改革开放近40年以来，河南省经济的高速增长有力地拉动了就业持续增长，整个时期就业弹性年均0.215，略低于全国平均水平，但下降趋势很显著。21世纪前五年一度下降到0.02的超低水平，只有全国平均水平的2/9，近两年有所回升，达到0.06，略高于全国平均

水平。

第二，经济结构的调整不仅促进了就业增长，而且促进了就业结构的优化，提高了就业水平和质量。研究结果表明，河南省经济结构的调整有力地推动了城市化的发展和工业化的进程，推动了经济国际化程度的提高。由于第二、第三产业就业弹性远远大于农业，第二、第三产业产值扩张远大于农业，所以，随着工业、服务业的高速崛起，新增就业逐渐从农业向第二、第三产业转移。特别是进入21世纪以后，随着农业劳动生产率的快速提升，农业排斥就业的趋势日益强化，农业劳动力非农转移趋势加强，第二、第三产业保持较高的就业弹性和发展速度，特别是工业和现代服务业成为吸纳就业的主渠道。但与全国平均水平相比，河南省城市化水平、城市就业人口比重偏低，农业就业比重偏高，服务业就业比重偏低，第二产业就业与产值比重偏离度较大仍是制约河南省就业增长和就业结构调整的重大经济问题。

第三，科技进步对就业影响是复杂的，但总的影响是积极的。劳动生产率的提高减少就业，特别是21世纪前五年，减少就业最多，年均达到467万人，近三年逐期缩减，目前只有年均100万人。三大产业21世纪减少就业均达到峰值，但最近两年有所降低；产值规模的扩张增加就业，该趋势是逐期递增，在21世纪前五年达到峰值，年均增加就业1004万人，近三年有所降低，但也远高于20世纪，达到年均85万人左右。但三大产业趋势不同，虽然均在21世纪达到高点，但近两年，农业锐减，年均只有150万人，不足高峰时期的50%，而第二、第三产业则是持续增长，分别达到年均254万人和209万人，成为吸纳就业主要动力。科技进步带来的产业结构调整优化了就业结构，而且增加了就业总量。总体看来，趋于增加就业，但进入21世纪，增加就业的数量急剧减少至不足年均20万人，近两年增长有所恢复，达到了年均56万人的规模。从三大产业结构来看，农业在20世纪90年代后期达到峰值年均就业144万人，但进入21世纪就开始排斥就业，从前五年的年均减少85万人，增加至近两年的年均排斥就业1110万人。第二产业，前期均是逐年增加的，20世纪90年代前期达到高点，后期锐减至10万人，进入21世纪则迅速恢复至前期高点，近两年急剧增长至年均118万人，成为新增就业最大渠道。第三产业，总的趋势是逐期增加的，到20世纪90年代后期达到峰值，年均53万人，进入21世纪有所下降，但也保持了近50万人的高水平。

第四，对外开放的扩大拉动了就业增长。分析显示，河南省对外贸易出口每增加 1%，就可以拉动就业增长 0.145%，而进口每增长 1%，可以拉动就业增长 0.089%。2008 年，河南省外商直接投资吸引就业人数已经达到 24.08 万人，占同期从业人数比例达到0.413%，占城镇就业人数比例也达到2.438%。河南省国际旅游外汇收入呈现出大幅增长，年均增长 16.33%，入境游所带动的旅游综合就业人数从 1978 年的不足 1000 人增长到 2008 年的 6 万余人，年均增长 16.05%。

一、中原经济区经济增长与就业关系研究

按照西方经济理论的经济增长因素分析，一个地区 GDP 的增长是技术进步、资本积累和劳动力增加等因素长期作用的结果。从世界各国经济发展历史可以看出经济增长与就业增长一般是正相关的，无论是处于发展相对成熟的西方工业化国家，还是处于结构转变的发展中国家，经济增长进程都证明了经济增长与就业增长之间的这种互动机制。但在当今社会，由于生产要素结构发生变化，经济增长对劳动力的吸纳能力在下降。此外，一些国内学者认识到经济增长与就业增长的不一致性。许多研究表明，在劳动力市场状况日益严峻的同时，中国经济增长的就业弹性趋于下降，由此产生的推论是经济增长未能带来相应就业的增加。那么作为人口大省，河南的经济增长对就业有什么影响呢？如图 5-1 所示：

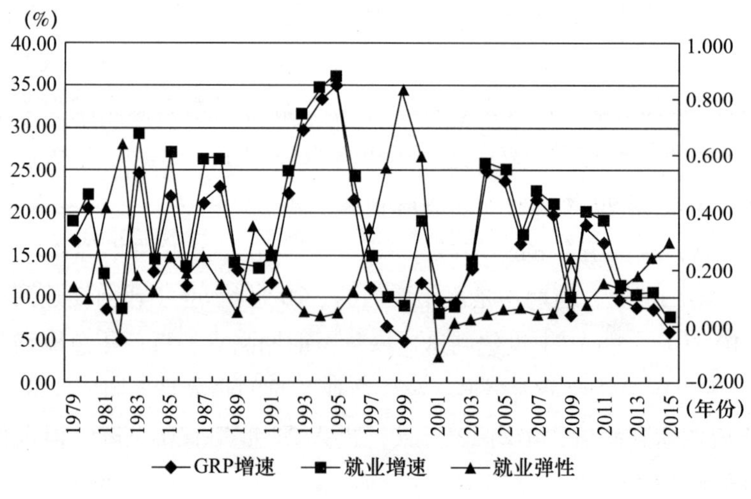

图 5-1 中原经济区经济增长与就业关系

一般经济理论都视就业需求为经济发展的派生需求，凯恩斯甚至把经济增长等同于就业增长。为了验证经济增长与就业增长的关系，本书采用就业弹性进行计算。经济增长的就业弹性 = 就业增长率/产值增长率，表示产值每增长一个单位所带来的就业增长率。从图 5 – 1 中可以看出，就业增长与经济增长高度相关，就业弹性的变化较复杂。河南省 1978 ~ 2015 年，就业人数从 2807 万人增长到 6636 万人，共增长了 1. 36 倍，年均增长 2. 35%，而同期全国就业年增速只有 1. 79%，高于全国平均水平，两者相差 0. 57 个百分点；河南地区生产总值从 163 亿元（1978 年当年价，后面的产值均为当年价），增长到 37002 亿元，增长了 226 倍，年均增长 15. 79%，同期全国年均增速只有 15. 2%，略高于全国水平。从就业弹性来看，河南整个时期年均为 0. 126，全国同期年均为 0. 145，河南略低于全国平均水平，也就是说，同样的经济增长速度，河南带动的就业就相对小些。从变动趋势来看，1979 ~ 1990 年，整个时期，产值年均增速 17. 21%，就业增速年均 3. 47%，就业弹性年均 0. 20，在该时期内，就业弹性是逐步抬升的，从改革开放初期的年均 0. 14，提升至 1980 ~ 1985 年的年均 0. 30，再提升至 1985 ~ 1990 年的年均 0. 57；1990 ~ 2000 年，经济增速进一步提升，年均增速 18. 38%，就业增速则有所回落，年均增速 3. 15%，就业弹性也有所下降，年均 0. 17，该阶段前低后高，波动上升，从 1990 ~ 1995 年的 0. 15 上升至 1995 ~ 2000 年的 0. 45。2000 ~ 2010 年，经济增速进一步下降，年均增速 16. 41%，就业增速下滑很多，年均增速 0. 81%，就业弹性达到历史低点，年均 0. 05。该阶段就业弹性呈现前低后高的上升态势，从历史低点 2000 ~ 2005 年的 0. 02 爬升至 2005 ~ 2010 年的 0. 10。2010 ~ 2015 年，经济增速进一步走低，年均增速只有 9. 9%，就业增速有所恢复，年均增速提高至 1. 89%，就业弹性进一步提升，达到年均 0. 19，超过平均水平，处于历史较高水平。与全国水平相比，1990 年以前，河南就业弹性低于全国水平，1990 年以后，就业弹性高于全国水平，最近几年是全国水平七倍。从三大产业来看，整个时期，农业就业弹性年均 0. 03，最低，但高于全国水平，第二产业年均就业弹性 0. 28，最高，且高于全国平均水平，服务业年均就业弹性 0. 24，次高，低于全国水平（如表 5 – 1 所示）。

从就业增长率来看，波动较大，呈显著的前高后低特征，即 20 世纪 90 年代较高，21 世纪较低，目前已经下降到 1. 78%。而产值增长率波动更大，20 世纪 80 年代初期和 80 年代末，以及东亚金融危机时期，明显是经济增长的谷底，其余年份则较高。总的趋势是 20 世纪 80 ~ 90 年代波动较大，21 世纪波动较小。从

表 5-1 中原经济区就业弹性（几何就业弹性）与全国水平的比较

年份 \ 类别	全部产业		第一产业		第二产业		第三产业	
	河南	全国	河南	全国	河南	全国	河南	全国
1978~1980	0.14	0.37	0.15	0.13	0.10	0.69	-0.02	3.13
1980~1985	0.30	0.31	0.14	0.14	1.11	0.75	0.62	0.50
1985~1990	0.57	1.16	0.60	1.26	1.26	1.54	0.65	1.12
1990~1995	0.15	0.08	0.01	-0.33	0.35	0.16	0.49	0.54
1995~2000	0.45	0.14	0.64	0.12	0.11	0.09	0.49	0.27
2000~2005	0.02	0.09	-0.31	-0.17	0.30	0.18	0.34	0.30
2005~2010	0.10	0.02	-0.23	-0.28	0.35	0.25	0.29	0.13
2010~2015	0.19	0.03	-0.17	-0.52	0.45	0.10	0.31	0.33
1978~2015	0.13	0.12	0.03	-0.06	0.28	0.22	0.24	0.30

资料来源：根据历年《中国统计年鉴》和《河南统计年鉴》计算。

每年的就业弹性来看，2000 年以前就业弹性较大，年均为 0.34 左右，而进入 21 世纪，较小，年均不足 0.1。从几个时期的几何平均弹性来看，河南整个改革开放 38 年就业弹性，年均达到 0.13，略高于全国年均 0.12 的水平，整个时期呈现出前高后低的变化趋势。河南与全国就业弹性的变化趋势基本一致：改革初期的整个 20 世纪 80 年代中，就业弹性随着改革深入而不断提升，进入 20 世纪 90 年代以来，就业增长受到国企改革的严重影响，前期骤降至 0.1 左右，后期，随着非公有制经济的发展，就业弹性有所恢复，河南基本达到了前期的水平，而全国水平，则只有前期的 10% 左右。进入 21 世纪，随着重化工业的高速发展，资本深化迅速加剧，就业弹性大幅下降。河南下降到 0.2，只有同期全国水平的2/9，最近 10 年不断攀升，超过平均水平，达到了 0.19，远高于同期全国水平 0.03。

（一）农业经济增长与农业就业的关系

河南农业产值和就业双双从 1978 年的 2262 万人和 65 亿元增至 2015 年的 4210 万人和 2587 亿元，分别增长了 14.1% 和 64.90 倍，年均增长率分别为 0.36% 和 11.94%。农业就业的增长总的趋势是波动下降，以 2000 年为界，前期是吸纳就业，后期是排斥就业，特别是进入 21 世纪以来，农业领域对就业的排斥逐步加强。而农业产值的增长波动幅度很大，极不稳定，而且增幅呈逐步降低

的趋势。从几个时期的几何增长年均弹性来看，整个时期，河南农业年均就业弹性0.03，远高于全国平均水平，因为后者是负增长，总的趋势是前高后低，波动较大。河南与全国一样，在改革初期的20世纪80年代，就业弹性逐步提升；整个20世纪90年代是前低后高，河南20世纪90年代前五年只有0.01，全国平均则出现负增长；1995～2000年，农业就业弹性恢复并高于前期，达到了0.64，全国水平则略低于前期水平。进入21世纪，河南与全国一样，农业都出现排斥就业的情况，但趋势不同，河南排斥就业力度逐步减弱，而全国排斥就业力度逐步加强。比较而言，河南农业随着产值增长而排斥的就业水平显著低于全国水平，说明河南该时期农业劳动力转移力度小于全国水平，造成了河南城市化水平远低于全国水平（如图5－2所示）。

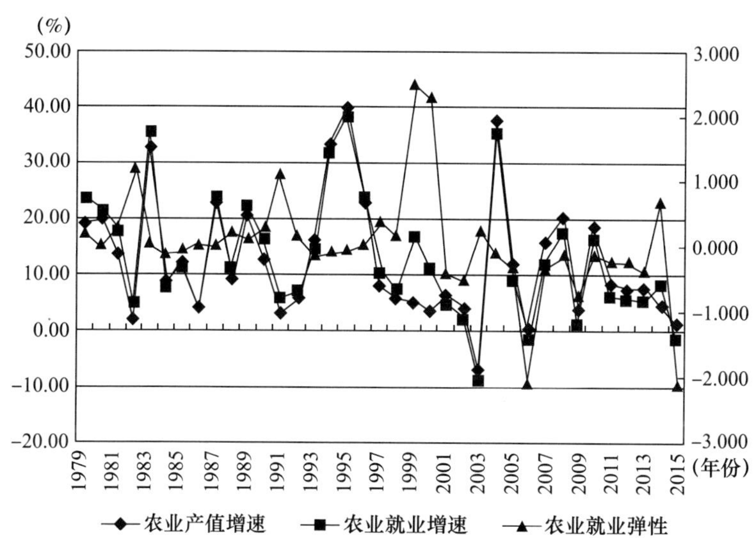

图5－2　中原经济区农业产值与农业就业关系变化（1979～2015年）

（二）第二产业产值与就业的关系

河南第二产业分别从改革初期的296万人和69亿元增至2015年的2042万人和17917亿元，分别增长了5.90倍和257倍，年均增长率分别为5.36%和16.19%。从就业与产值的增长趋势来看，两者高度一致：整个时期产值年均增速达到了19.01%，第二产业增加就业增速年均5.36%，就业弹性0.28，高于同期全国平均水平0.06。从变动趋势来看，20世纪80～90年代波动较大，进入21世纪较为稳定。从波动的趋势来看，产值增速与就业增长均呈现波动下降趋势，波谷分别出现在20世纪80年代初、90年代末和2015年，波峰则相应出现在20世纪80年代中期、90年代中期以及2005年前后。进入21世纪，就业增长和产值增长均稳定向好。从就业增长的趋势来看，就业增长深受产值增速的影响，产值增长的波峰时期也是就业增长的最佳时期，而产值增长较低时期也是就业增速最糟糕的时期。20世纪80年代和90年代波动较大，80年代初期的经济调整、90年代的国企改革以及1997年爆发的东亚金融危机均明显地影响了就业的增长，特别是金融危机时期的低速增长甚至造成了连续两年的负增长。进入21世纪，产值、就业增长的稳定性提高，但产值和就业增长在经历五年提升后，开始波动下降，也就是逐步步入新常态时期。从就业的弹性来看，与产值、就业走势相适应，表现出明显的波段性，波动的幅度越来越小，而波峰则愈降愈低，显示出弹性下降的总体趋势。自21世纪以来，就业弹性稳步提升，第二产业成为吸纳就业的主要领域。与全国相比，河南改革开放38年的年均就业弹性远高于全国水平，达到了年均0.28的水平。就弹性的变动趋势而言，明显分为前、中、后三个波段：前期波段包括改革初期至20世纪80年代末，就业弹性较高，后期较低，且弹性呈上升趋势。中期波段，20世纪90年代至21世纪初期。20世纪90年代受国企改革的影响，就业弹性巨幅下降，到90年代后期降至年均0.1左右。后期波段，进入21世纪，受出口经济的拉动和“入世”的积极影响，第二产业进入高速稳定增长的新阶段，就业弹性稳步提升，在进入新常态以来，虽然经济增长速度有所下降，但经济增长质量大幅提升，就业保持了增长，就业弹性持续攀升，到2010～2015年，就业弹性达到了0.45，远高于同期全国水平，与同期全国情况相比，第二产业成为转移农村剩余劳动力就业的主渠道的地位并没有改变（如图5－3所示）。

（三）服务业的产值增长与就业的关系

河南服务业从改革初期的就业249万人和产值29亿元发展到2015年的2007万人和14875亿元，分别增长了7.06倍和518倍，年均增长率分别为5.80%

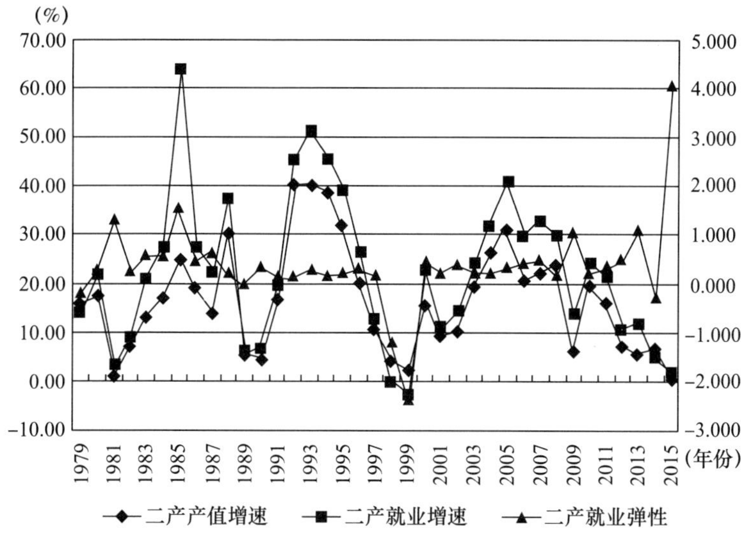

图 5-3 中原经济区第二产业增长与就业关系（1979~2015 年）

和 18.41%。整个时期就业弹性年均 0.24，略低于第二产业，高于同期全国水平 0.06。从产值和就业增长率来看，服务业产值和就业均受到 1997 年东亚金融危机以及 2008 年的金融危机的强烈影响。扣除这些年份数据后，就业增速在 20 世纪 80 年代最高，达到 8% 左右，但波动很大；90 年代有所降低，达到了年均 5.88%，但波动依然较大；进入 21 世纪，增速进一步降低，2000~2010 年，年均增长 4.34%，最近五年，就业增速有所回升，年均增长 4.94%。产值增长，20 世纪 80 年代最高，年均增速 22.92%，但波动较多，也较大；20 世纪 90 年代，产值增速有所降低，年均增长 19.15%；进入 21 世纪，产值增速进一步降低，但较稳定，2000~2010 年，年均增长 16.05%，最近五年进一步降低，年均增长 16.02%。从就业弹性来看，1978~2015 年，年均就业弹性 0.24，低于第二产业，低于同期全国水平。20 世纪 80~90 年代和 21 世纪的第一个十年是依次走低的。20 世纪 80 年代就业弹性年均 0.35，为历史最好时期，但波动幅度较大；20 世纪 90 年代，振幅有所减小，就业弹性有所回落，年均 0.31，低于前期 0.04；2000~2010 年，就业弹性进一步降低，年均只有 0.27，比前一个十年低 0.04；2010~2015 年，就业弹性有所回升，年均 0.31，与 20 世纪 90 年代持平，但仍低于同期第二产业的就业弹性。与全国水平相比，改革开放以来的 38 年，河南就业弹性年均 0.24，低于全国平均水平的 0.30，全国和河南一样，就业弹性逐步降低，但2010～2015年上升较快，就业弹性达到0.33。从分期来看，20世纪80年代，年均趋势为升势，河南从0.62提高至0.65，全国则从0.5提升至1.12；20世纪90年代，河南前后均保持0.49的就业弹性，全国则是急速下降态势，从前期的0.54下降到后期的0.27；进入21世纪，前十年两者均出现下滑趋势，但河南降势较缓，从0.34降至0.29，全国下降较大，从0.3下降至0.13，降低了60%。最近五年，河南和全国一样就业弹性有了回升，河南就业弹性略升，达到0.31，但低于同期全国水平0.02。因此，服务业的发展已经成为仅次于第二产业的转移农村劳动力的主要渠道（如图5－4所示）。

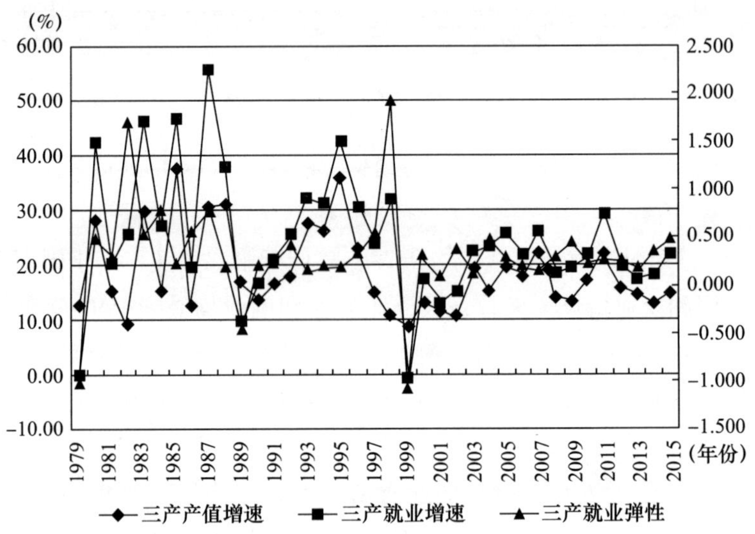

图5－4　中原经济区服务业增长与服务业就业的关系（1979～2015年）

（四）结论

解决就业难题的关键还是靠增长。经济增长与就业增长两者之间具有内在的一致性：经济发展了，有助于提供更多的就业岗位；而就业增长了，百姓手里自然就有了钱，有了钱就会带来消费，而消费又会拉动经济增长。但我们可喜地看到，河南省GDP增长对就业贡献的边际效益逐步降低的趋势近期得到很大改观。在进入经济新常态时期，由于经济增长质量和效益提高了，经济增长就业弹性下

降势头得到遏制，止跌回升，服务业和工业高速增长仍然是增加就业主渠道。因此，要遏制就业弹性下滑趋势，就要努力调整产业结构、优化产业布局，提高经济增长质量和效益，努力推动经济增长方式转型，防止保增长的重点向资本密集型大项目大企业过度倾斜，对就业与增长要作出通盘的权衡，不能将促就业作为保增长“捎带”解决的问题，而应该确立经济学的一个基本理念：就业增长是经济增长的基本前提和保证，就业增长与经济增长具有内在的一致性。因此，合理的就业增长是促进经济健康可持续增长的基本要求。

二、中原经济区产业结构的调整与就业

发展经济学认为，产业结构的调整源于三大产业之间“推力”和“拉力”共同作用的结果。一般来说，推力来源于不同产业部门之间劳动生产率的差别。农业一般高于工业，而工业一般高于服务业，因此，在工业化过程中，产值扩张和结构调整的动力来自劳动率不断由低向高次第攀升演进而带来的比较利益，由于产值增长速度差距以及劳动生产率不同，从而带动了就业结构的调整。因为在工业化初期，农业中存在大量的剩余劳动力，所以，农村就成为城市产业扩张的后备劳动力蓄水池。拉力则是由于不同产业间劳动生产率差别所形成的比较利益，资本和劳动力逐利本性就形成了产业转移、调整和就业转移、调整的内在拉力。所以，资本和劳动力就会不断从比较利益低的行业和部门流向比较利益较高的行业和部门。

（一）城乡结构及其差距

产业结构问题首先表现为劳动力的城乡结构与城乡就业问题。河南城市人口从改革初期的963万人，只占到河南全部人口的13.6%，增至2015年的5023万人，比重攀升至46.9%。但与全国平均水平相比，河南省城市化率从改革初期以来，差距不是缩小，而是在逐步扩大，从当初只有4.29个百分点的差距，发展成为13个百分点以上差距。虽然最近十年差距有所缩小，但仍有9.25个百分点的差距。从城乡就业结构来看，河南的差距更大。河南省城市就业从1978年的

423 万人，增长至2015 年的 1839 万人，比重也从当初的 15.07% 增至 27.71%，高于城市化水平 1.3 个百分点，提升至 27.71%，但此时已经大大落后于城市化率水平近 20 个百分点，差了 40%。说明河南省最近几年的高速的城市化进程并没有很好地解决城市人口的就业问题，致使城市就业人口比重远落后于城市化水平。与全国水平相比，河南的城市就业人口的比重差距也是逐期拉大，从当初的相差 8.63 个百分点，扩大至 2010 年的 26.93 个百分点，只相当于全国水平的 2/5，两者差距巨大，2010 ~ 2015 年差距有所缩小，但成效甚微，差距依然巨大（见表 5 -2）。以上分析说明：一方面，河南省城市化的严重滞后严重制约着城市就业人口的增长；另一方面，城市就业人口的增长缓慢又反过来严重制约着城市化的进一步发展。

表 5 -2　中原经济区人口城乡结构变化趋势与全国水平的差距（1978 ~ 2015 年）

单位：万人，%

项目 / 年份	人口	比重	城市人口	城市化率	差距	城市就业	比重	差距
1978	7067	7.34	963	13.6	-4.29	423	15.07	-8.63
1980	7285	7.38	1021	14.0	-5.38	469	16.01	-8.83
1985	7847	7.41	1164	14.8	-8.87	627	17.81	-7.87
1990	8649	7.56	1342	15.5	-10.89	727	17.79	-8.53
1995	9100	7.51	1564	17.2	-11.85	931	20.65	-7.33
2000	9488	7.49	2201	23.2	-13.02	860	15.43	-16.68
2005	9768	7.47	2994	30.7	-12.34	910	16.07	-19.97
2006	9820	7.47	3189	32.5	-11.43	942	16.47	-20.58
2007	9869	7.47	3389	34.3	-10.64	958	16.59	-21.53
2008	9918	7.47	3573	36.0	-10.96	976	16.73	-25.75
2009	9967	7.47	3758	37.7	-10.64	1067	17.94	-26.01
2010	10228	7.63	4052	39.6	-10.33	1127	18.65	-26.93
2011	10489	7.78	4255	40.6	-10.7	1287	20.76	-26.24
2012	10543	7.79	4473	42.4	-10.14	1383	21.99	-26.38
2013	10601	7.79	4643	43.8	-9.93	1535	24.04	-25.64
2014	10662	7.79	4819	45.2	-9.57	1713	26.28	-24.61
2015	10722	7.80	5023	46.9	-9.25	1839	27.71	-24.46

资料来源：根据历年《中国统计年鉴》和《河南统计年鉴》计算。

（二）就业结构及其差距

从就业比重来看，河南就业比重略高于其人口比重，在进入21世纪第一个十年，就业比重有所下降，近来越来越接近其人口比重，说明河南流入的劳动力越来越少于流出的劳动力，但在2010~2015年就业比重不断攀升，已经高于人口比重1个多百分点，说明近五年河南经济形势越来越具有吸引力，流出就业已经小于流入的就业增长。就三大产业就业结构来看，农业比重太高，第二产、第三产就业比重偏低。虽然农业就业比重的下降速度还是较高的，但由于河南省农业比重起点就偏高，又由于河南省在全国产业布局中农业大省的地位十分牢固，河南省农业就业一直保持较高水平，到2015年，虽然已经比改革初期下降了40个百分点，但仍比全国水平高近11个百分点。第二产业，与全国水平相比，也差距较大，总的趋势是逐步缩小。特别是在2010~2015年已经成功实现反超，说明当全国经济已经进入优化、调整结构的后工业阶段，河南省才迈入工业化的高潮阶段，比全国经济结构调整慢半拍。第三产业，与全国水平相比，河南差距较大，而且总的趋势是逐步扩大。虽然河南服务业就业比重不断提升，而且趋势强劲，但由于河南起点低，工业化水平不高，服务业总体水平仍然较低，到2015年服务业就业占比只有30.20%，只相当于中等发达国家平均水平的1/2，与全国平均水平相比，差距越来越大，从改革开放初期的3个多百分点扩大到21世纪第一个十年的12个百分点以上，虽然2011~2015年差距有所缩小，但也保持了10%的差距。所以，河南服务业发展速度仍然较慢，发展余地很大（如表5-3所示）。

表5-3　中原经济区就业结构的变动与全国水平的差距（1978~2015年）

单位：万人,%

项目 年份	就业人口	就业比重	农业就业	差距	二产就业	差距	三产就业	差距
1978	2807	7.29	80.58	10.06	10.55	-6.75	8.87	-3.31
1980	2929	8.31	81.19	12.44	10.38	-7.81	8.43	-4.63
1985	3520	8.19	73.04	10.62	14.86	-5.96	12.10	-4.66
1990	4086	6.96	69.33	9.23	16.42	-4.98	14.24	-4.26
1995	4509	8.19	63.06	10.86	20.60	-2.40	16.99	-7.81

续表

项目 / 年份	就业人口	就业比重	农业就业	差距	二产就业	差距	三产就业	差距
2000	5572	7.85	63.96	13.96	17.53	-4.97	18.50	-9.00
2005	5662	7.54	55.44	10.64	22.09	-1.75	22.47	-8.88
2006	5719	7.56	53.33	10.71	23.62	-1.54	23.05	-9.17
2007	5773	7.57	50.58	9.74	25.76	-1.04	23.66	-8.70
2008	5835	7.52	48.80	9.20	26.80	-0.40	24.41	-8.79
2009	5949	7.85	46.48	8.38	28.15	0.35	25.37	-8.73
2010	6042	7.94	44.89	8.19	29.01	0.31	26.10	-8.50
2011	6198	8.11	43.09	8.29	29.89	0.39	27.03	-8.67
2012	6288	8.20	41.80	8.20	30.53	0.23	27.68	-8.42
2013	6387	8.30	40.12	8.72	31.86	1.77	28.01	-10.49
2014	6520	8.44	40.67	11.17	30.61	0.71	28.72	-11.88
2015	6636	8.57	39.00	10.70	30.80	1.50	30.20	-12.20

资料来源：根据历年《中国统计年鉴》和《河南统计年鉴》计算。

河南省的产值比重既小于人口比重，也小于就业比重。但总的趋势是上升的，已经从当初的占全国总产值的4.43%，上升为2015年的5.40%，略有提高，其与人口比重差距和与就业比重的差距都进一步缩小，但2005~2015年该差距有进一步扩大的趋势，与人口比重和与就业比重的差距进一步扩大。从三大产值比重来看，农业比重下降很快，与全国平均水平的差距不断缩小，已经从当初的39.81%，下降到目前的11.38%，但仍高于全国平均水平2.50个百分点，这要比就业比重差距小多了，说明河南农业仍有较多剩余劳动力等待转移。第二产业发展迅猛，由当初低于全国水平5.08个百分点，到高于全国7.50个百分点，达到48.42%，这与世界水平相比，都是峰值的水平，高于发达国家平均水平20个左右百分点，约高出其一倍的水平。河南第二产业在2010年前后达到峰值比重55%以上，近几年在结构不断调整努力下，比重有所下降，但与就业相比，产值比重偏离就业比重依然较大，说明河南工业的高速增长主要是劳动替代型、资金密集型的发展导向，非常不利于就业的增长。第三产业，差距还是比较大的。从发展的趋势来看，河南与全国平均水平的差距越拉越大。从当初的7.04个百分点，扩大到2010年的13.43个百分点。但进入经济新常态以来，河南服务业发展也加快步伐，其比重徘徊不前的形势逐步打破，服务业比重开始不断提

升，到2015年已经提升至40.20%，但仍然低于同期全国平均水平9.99个百分点。与就业比重相比，河南农业就业比重远大于产值比重，说明剩余劳动力还较多，第二产业和服务业则是就业比重远低于产值比重，说明河南的发展偏重资金密集型产业，产值增长对就业拉动较小（如表5－4所示）。

表5－4　中原经济区产值结构的变动与全国水平的差距（1978～2015年）

单位：亿元,%

项目 年份	总产值	总产值比重	农业产值比重	差距	二产产值比重	差距	三产产值比重	差距
1978	163	4.43	39.81	12.12	42.63	－5.08	17.56	－7.04
1980	229	5.00	40.68	11.05	41.21	－6.85	18.11	－4.20
1985	452	4.96	38.39	10.46	37.65	－5.07	23.96	－5.39
1990	935	4.95	34.85	8.27	35.51	－5.53	29.64	－2.74
1995	2988	4.87	25.53	5.94	46.68	－0.07	27.79	－5.86
2000	5053	5.04	22.99	8.31	45.40	－0.14	31.61	－8.18
2005	10587	5.65	17.42	5.78	51.81	4.78	30.77	－10.56
2006	12363	5.63	15.12	4.50	53.83	6.27	31.04	－10.77
2007	15012	5.56	14.44	4.16	54.31	7.44	31.25	－11.60
2008	18019	5.64	14.45	4.20	55.88	8.95	29.67	－13.15
2009	19480	5.58	13.90	4.12	55.06	9.18	31.04	－13.29
2010	23092	5.59	13.82	4.29	55.53	9.13	30.65	－13.43
2011	26931	5.50	12.77	3.34	55.09	8.69	32.13	－12.03
2012	29599	5.48	12.47	3.05	53.71	8.44	33.81	－11.49
2013	32191	5.41	12.34	3.05	52.01	8.00	35.65	－11.05
2014	34938	5.43	11.91	2.85	50.99	7.89	37.10	－10.74
2015	37002	5.40	11.38	2.50	48.42	7.50	40.20	－9.99

资料来源：根据历年《中国统计年鉴》和《河南统计年鉴》计算。

三、中原经济区科技进步对就业的影响

科技进步对就业的影响分为直接影响和间接影响。首先，科技进步的直接就

业效应，是通过对生产工具的改进和创新，提高劳动生产率，产生替代劳动的效应，减少劳动力的需求；通过淘汰现有的产品和制造工艺、创新产品和工艺而不断地改变产品结构、行业结构和产业结构，进而对劳动力资源进行调整和再分配；技术进步产生的生产工具改进、产品更新和生产经营活动日益复杂化都会对劳动力的素质和适应性提出越来越高的要求，就业持续性和稳定性会越来越小，而对就业的变动性和适应性要求越来越强。也就是说科技进步会直接降低就业的水平和增大结构性失业，这些一般被称为“冲击效应”。其次，科技进步对就业产生间接的影响作用。科技进步主要通过生产率的提高、产量规模的扩大、价格水平的降低、产品需求的变化，以及产品品种结构和产业结构的调整和更新，对劳动力就业水平、结构和总量产生影响，这种影响相对于直接影响来说是宏观和长期的。科技进步带来的劳动生产率的提高、生产成本和产品价格水平的下降，可以刺激消费需求的扩大，从而带动生产规模扩大和对劳动力需求的增加，这就是所谓的“第二次就业效应”①。最后，科技进步对就业的长期而广泛的影响，就是增加新的就业岗位和机会。它是通过新产品、新工艺的开发和创新，开拓新的市场空间，拓展新产品和新服务的产业领域而逐渐显现的，也就是说技术进步会创造新的就业领域和空间，所以，这种影响被称为是科技进步对就业的“补偿效应”②。科技进步对就业形成的总的影响，实际上是这几种作用综合的结果。

（一）分析的基本模型

在经济学中，以产值为线索分析技术进步对就业的影响的一般关系式是：$Q = E \times L$，这里 Q 表示产值，L 表示劳动力，E 表示劳动生产率（E^{-1}就是产值的就业系数）。首先，分析产值扩张对就业的影响，就假设劳动生产率是不变的，可以运用始点时的劳动生产率 E_0，对特定时段的产值变动带来的就业变动加以量化，再通过与在实际劳动力生产率 E_t条件下所形成的产值对就业影响进行对比，就可以运用（5－1）式$\triangle L = \triangle Q \times E_0^{-1}$ 求出产值规模扩张对就业的影响。具体推算过程如下③：

① 谭友林．新科技革命进程中的美国就业［J］．市场与人口分析，1999（5）．

② 袁志刚．失业经济学［M］．上海：上海三联书店，上海人民出版社，1997：75.

③ 杨玉华．国际贸易对就业的影响——中国 1978～2005 年对外贸易与就业关系研究［M］．北京：经济管理出版社，2007：160.

$$Q = E \times L \Rightarrow \quad L = Q \times E^{-1} \Rightarrow \quad L_t - L_0 = Q_t \times E_0^{-1} - Q_0 \times E_0^{-1} \Rightarrow \quad \triangle L = \triangle Q \times E_0^{-1} \qquad (5-1)$$

$$L = Q \times E^{-1} \Rightarrow \triangle L = L_t - L_0 = (E_t^{-1} - E_0^{-1}) \times (Q_t - Q_0) \qquad (5-2)$$

$$L = Q \times E^{-1} \Rightarrow \quad L_t \div L_0 = Q_t \times E_0^{-1} \div (Q_0 \times E_0^{-1}) \Rightarrow \quad L_t = Q_t / Q_0 \times L_0 \qquad (5-3)$$

$$\triangle L = L_t - L_0 = L_0 \times (Q_t / Q_0 - 1) \Rightarrow L = Q \times E^{-1} \Rightarrow \triangle L = L_t - L_0 = Q_t \times E_t^{-1} - Q_0 \times E_0^{-1} \qquad (5-4)$$

假定劳动生产率不变，可以通过（5－3）式进一步求出产值增长对就业结构变化的影响，当然在经济发展过程中，劳动生产率由于技术进步而不断提高，产值在整个国民经济中的比重也会发生变动和调整，可以运用（5－2）式，通过起终点劳动生产率和产值的变化求出劳动生产率提升所带来的就业影响，最后通过（5－4）式，考察在劳动生产率和产值均发生变化情况下，科技进步对就业综合影响。

（二）实证分析的结果

1. 劳动生产率的提高对就业的直接影响

劳动生产率的影响总体上是减少就业，只有在极个别的年份是增加就业的。从年均变化来看，是波动加强的。从当初的年均减少就业 42 万人增加到 2000～2005 年的年均减少就业 467 万人。但最近三年内，情况有所改观，减少就业逐步降低，到 2008 年只减少就业 100 万人。从各个行业来看，农业减少就业最多，第二产业和服务业也十分明显。从不同时期的变化趋势来看，各个行业波动趋势与整体就业趋势相一致。农业 20 世纪 80 年代前期、2000～2005 年是减少就业最多的两个时期，年均分别达到 118 万人和 138 万人，其余几个阶段则减少就业相对较少。最近两年，情况有所改观，年均减少只有 23 万人。第二产业，20 世纪 90 年代以前，对就业影响很小，20 世纪 80 年代还是略微增加就业的。20 世纪 90 年代以来，表现为显著排斥就业，90 年代前期和 2000～2005 年年均减少就业较为强烈，年均分别达到了 82 万人和 95 万人，2005～2007 年形势有所好转，减少就业降到只有年均 39 万人。第三产业情况不同，总的趋势是逐期加强，2005～2007 年，年均减少就业 40 万人，为三大产业之最（如表 5－5 所示）。

表 5-5 劳动生产率、产值扩张对就业的影响（年均） 单位：万人

项目 年份	劳动生产率对就业的影响				产值规模扩张对就业的影响			
	总影响	农业	二产	三产	总影响	农业	二产	三产
1978～1980	-42	-39	-4	-5	476	417	44	47
1980～1985	-152	-118	2	-18	463	328	39	67
1985～1990	-21	-5	1	-7	206	89	23	51
1990～1995	-276	-51	-82	-20	688	198	191	85
1995～2000	-113	-28	-31	-30	521	239	99	122
2000～2005	-467	-138	-95	-53	1004	341	231	166
2005～2007	-215	-23	-39	-40	928	153	254	209
2007～2010	-100	—	—	—	843	352	271	125

资料来源：根据历年《河南统计年鉴》计算。

2. 产值规模扩张对就业的间接影响

产值的扩张影响是增加就业，但由于劳动生产率差异，产值扩张过程就必然表现为产值结构和就业结构的不断调整的现象。总的趋势是波动攀升的，到2000～2005年达到峰值年均1004万人，随后有所回落，但也处于较高水平，年均增加就业仍在840万人以上。可见产值的扩张是抵消生产率提高的负面影响，增加就业的主要动力。从三大产业来看，农业是波动减少，最近两年，已经减少至年均153万人。第二产业则是波动提升的，从当初的年均44万人增加至年均254万人。第三产业总的趋势是逐期增加的，从当初的年均47万人增加至目前的年均209万人。目前，第二、第三产业的产值扩张成为拉动就业增长的主要动力。

3. 产值结构的调整对就业的间接影响

产值结构调整对就业的影响总的趋势是增加就业，而且逐期递增。从总的趋势来看，除改革之初是减少就业之外，其余均是增加就业，而且是递增态势，从20世纪80年代前期的年均80万人，增加到2005～2007年的年均2144万人，成为拉动就业增长的主要动力之一。其中农业是减少就业，而且趋势是增强的。从20世纪80年代前期的年均减少13万人，增强至近年的年均减少88万人。第二产业除改革初期和20世纪80年代前期是减少就业之外，其余均为增加就业，而

且增势强劲。从20世纪80年代的年增27万人增至2005~2007年的年均2323万人，成为吸纳就业主要动力。第三产业形势较为复杂，改革初期至20世纪80年代末期均为增加就业，但90年代以后，波动较大，90年代前期减少就业，而且年均达到196万人，后期则转为增加就业，年均恢复到91万人，进入21世纪，则是减少就业，不过趋势逐步放缓（如表5-6所示）。

表5-6　产值结构变化和科技进步对就业的（综合）影响（年均）

单位：万人

项目 年份	产值结构变化对就业的影响				科技进步对就业的影响			
	总影响	农业	二产	三产	总影响	农业	二产	三产
1978~1980	-31	12	-81	38	61	58	4	1
1980~1985	80	-13	-19	112	118	39	44	35
1985~1990	142	-25	27	140	113	52	30	31
1990~1995	390	-76	662	-196	85	2	52	37
1995~2000	200	-23	132	91	213	144	10	53
2000~2005	857	-57	1047	-133	18	-85	55	48
2005~2007	2144	-88	2323	-91	56	-110	118	47
2007~2010	1648	—	—	—	56	—	—	—

资料来源：根据历年《河南统计年鉴》计算。

4. 科技进步对就业的综合影响

劳动生产率的提高、产值规模的扩张和产业结构调整的综合影响反映着整个就业趋势的发展与变化。总的趋势是：20世纪80~90年代较高，21世纪较低，近来有所提高，但也只有20世纪80年代的50%、90年代后期的20%左右。从三大产业来看，农业在20世纪80~90年代还是吸纳就业的主渠道，第二产业紧随其后。进入21世纪，农业由吸纳就业转为排斥就业，而且排斥的力度呈强化趋势，目前年均减少就业已达110万人。第二产业，1995年以前，吸纳就业呈增长趋势，到20世纪90年代前期，年均达到52万人，远超其他产业，成为吸纳就业的绝对主力。20世纪90年代后期受国企改革影响，年均吸纳就业只有10万人，不足前期的1/5。进入21世纪，进入大跨越时期，2000~2005年超过前期峰值，年均达到55万人。2005~2007年再创辉煌，年均高达118万人，比

2000~2005 年增长一倍。第三产业，增长较稳定，20 世纪 80 年代，只有年均 31 万~35 万人，20 世纪 90 年代增长至 37 万~53 万人，21 世纪虽有所回落，但也处于历史高点，年均为 47 万人、48 万人。第二产业和第三产业成为目前乃至今后相当长的历史时期内吸纳就业的主要领域。

（三）结论

从科技进步对河南省就业的影响来看，总的影响是增加就业，但增加就业的增势在逐步降低。其中，产值扩张和产值结构的调整成为拉动就业增长的主要动力因素，而劳动生产率的提高则是减少就业，但近年来趋势有所放缓。

科技进步不仅可以通过扩大产值规模增加就业，而且通过结构调整优化就业结构。本书结论否定了科技进步会减少就业的传统观点，肯定了科技进步对促进就业增长的积极意义。

非农业产值的扩张一直是增加就业的最主要的动力因素。但近年来，产值扩张的就业效益在逐步减弱，其内在原因就是信息化的高速发展，极大地提高了劳动生产率，虽然近年来产值增速很高，但其就业影响还是有所减少。

结构调整的就业影响不断增强，已经成为拉动就业增长的最重要动力。长期以来，经济结构不合理成为制约我国经济发展方式转型和扩大就业增长的主要因素，近年来，随着科技进步和新兴产业的崛起，产业结构转移速度加快，经济结构得到一定程度的优化，主要表现在就业上，就是结构调整增加就业的影响不断增强。目前，结构调整已经成为拉动就业增长的最大的动力因素。

科技进步的直接影响是减少就业。特别是 21 世纪以来，势头很强，因此，在推动科技进步的同时，必须注意政策的导向。自 21 世纪以来，我国重化工业发展加快，技术进步的劳动替代效应逐步显现，一方面，资金、资源密集型产业的快速发展严重脱离了我国人多资源相对贫乏的基本国情；另一方面，也违背了我国劳动力资源十分丰富且水平快速提升的发展趋势。21 世纪以来，我国高等教育高速发展，人力资源的素质和结构得到了前所未有的提高和改善。目前，我国已经拥有 5160 万人科技人力资源①，R&D 投入已经达到 3710.2 万元，位居世界强国之列，SCI 和 IE 引文数量已经连续五年位列世界前茅，高素质劳动力资源

① 吴晶晶．我国科技人力资源总量达 5160 万人［EB/OL］．新华网，2009-07-10.

已经足以支持技术密集型进步路线，因此，大力发展技术密集型产业，走资源、资金替代性的技术进步路线已经成为扩大就业、提高就业水平的明智之举。

四、对外开放对中原经济区就业的影响

改革开放近40年来，中原经济区不断加大对外开放力度，到今天，对外开放水平已经日益接近沿海各省份对外开放水平。在对外开放不断深入的同时，对外开放也对中原经济区就业产生了日益深远的影响。

（一）对外贸易对中原经济区就业影响的实证分析

改革开放以来，河南省对外贸易发展迅速，进出口贸易总额从1978年的1.18亿美元，外贸依存度为1.22%，发展到2000年的22.75亿美元，外贸依存度为3.73%，进出口总额不断上升，外贸依存度不断提高。在2001年“入世”后，对外贸易进入了全面、深入的发展期，2001年进出口总额27.93亿美元，外贸依存度为4.18%，发展到2008年进出口总额175.28亿美元，比上年增长37.1%，总额相当于“入世”前夕2000年的7.7倍，改革开放初期1978年的148.5倍，外贸依存度达到6.78%。在“入世”短短的8年时间里，河南省对外贸易总额有了显著的提高，八年来年均增长30%，外贸依存度不断上升，同时也带动对外贸易就业人数不断增加。

河南省2007年进出口总额128亿美元，其中出口84亿美元，进口44亿美元，两者相差近1倍。在出口商品分类中，出口数额最大的是贱金属及其制品，出口额23亿美元，位于第一梯队，占出口总额的27.38%；其次是机器、机械、电气设备及其零件，录音机及电视图像及附件，出口额10亿美元，与其同等规模的还有纺织原料及纺织制品，出口额9亿美元，化学工业及相关工业的产品，出口额亦为9亿美元，仅次于这三类产品的是鞋帽伞杖鞭及其零件、已加工的羽毛及其制品、人造花及人发制品，出口额6亿美元，车辆、航空器、船舶及有关运输设备，出口额5亿美元，塑料及其制品、橡胶及其制品，出口额4亿美元，食品、饮料、酒、醋以及烟草和烟草代用品的制品，出口额3亿美元，石料石膏

水泥石棉及类似材料的制品和陶瓷、玻璃及其制品，出口额3亿美元，天然或养殖珍珠、宝石或半宝石、贵金属及其制品仿首饰、硬币，出口额3亿美元，这些共同组成第二梯队，总出口额52亿美元，占出口总额的61.9%；位于第三梯队的是矿产品，出口额2亿美元，植物产品，1亿美元，杂项制品，1亿美元，其他类别产品出口额均未超过1亿美元。第一梯队和第二梯队出口总额75亿美元，占出口总额的89.28%。位于这两个梯队中的出口产品类别均属于劳动密集型行业，就业系数比较高，在大量出口的同时必然可以带动大量就业。

本书以河南省对外贸易历年出口额（E）、进口额（I）为变量，以河南省总的从业人员（L）为因变量，建立数学模型，对外贸易对就业影响进行实证分析。河南省对外贸易历年进出口总额按当年汇率折算成人民币，并按2000年不变价格，进行价格平减。因为所用数据为时间序列数据，容易产生自相关和异方差现象，故取数据的自然对数为计量数据；为消除时间序列可能产生的伪回归现象，先对数据进行单位根检验，以确定数据之间是否存在长期稳定的协整关系。如果数据存在着长期的稳定关系，再对数据关系进行协整关系检验，建立协整方程（如表5－7所示）。

表5－7　变量（自然对数）单位根检验结果

变量	检验类型（C，T，P）	ADF值	临界值（1%）	临界值（5%）	临界值（10%）	D. W. 值	平稳否
DDLnl	C，0，1	－5.171242	－3.6959	－2.9750	－2.6265	2.070303	平稳**
DDLne	C，0，1	－8.390977	－3.6959	－2.9750	－2.6265	2.095407	平稳**
DDLni	C，0，1	－7.203797	－3.6959	－2.9750	－2.6265	1.904237	平稳**

注：检验类型中，C表示截距项，T表示含趋势项，P表示滞后阶数，检验结果由EViews 3.1计算，变量加D表示一阶差分，变量加DD表示二阶差分，*表示显著水平为5%，**表示显著水平为1%。

通过对该组自然对数的水平数据进行单位根检验，发现该组数据均是非平稳序列，不能直接进行回归分析，再对一阶差分进行单位根检验，仍为非平稳序列，然后再进行二阶差分单位根检验。检验结果表明，该组数据的二阶差分均为平稳序列，平稳性检验均超过了0.01的显著水平。所以该组数据系列是二阶单整关系，故可以对该组数据进行回归分析。

根据赤池信息值（AIC）最小准则并参考施瓦茨值（SC），确定该组数据各

个变量的最佳滞后阶数，结果显示均为2，然后对该组数据进行格兰杰因果关系检验（如表5-8所示）。

表5-8 Granger因果关系检验

零假设	观察数	F统计量	相伴概率	因果关系结论
LnE不是lnL的原因	29	0.63148	0.54041	否
LnL不是lnE的原因	29	3.72355	0.03905	96.1%概率
LnI不是lnL的原因	29	0.55562	0.58092	否
LnL不是lnI的原因	29	4.68092	0.01921	98.1%概率
LnI不是lnE的原因	29	0.13038	0.87838	否
LnE不是lnI的原因	29	1.15467	0.33206	否

注：检验结果由EViews 3.1给出。

格兰杰因果关系检验验证了河南省对外贸易进口额、出口额与河南省从业人员的因果关系：进口、出口均会导致就业人数变动，进口额和出口额之间没有因果关系，所以可以以河南省对外贸易出口额（E）、进口额（I）为自变量，以河南省总的从业人员（L）为因变量，进行最小二乘数（OLS）回归分析。在分析过程中，采取从一般到特殊的方法，对一些不显著的变量予以舍除，直到变量的影响符合要求为止，如果在分析中遇到变量自相关性问题，将在分析方程中添加一阶自回归AR（1）或者一阶平滑回归MA（1）进行处理，以消除变量的自相关现象。

1978~2015年回归结果如下：

$$Ln(L)=1.523924963+0.1452784324\times Ln(E)+0.08879600395\times Ln(I)+$$

$$(0.004393)\quad(0.000521)\qquad\qquad(0.028553)$$

$$[MA(1)=0.9898842264, BACKCAST=1978]$$

$R^2=0.978691(0.976322)$ D. W. $=1.27878$ T $=3.159005, 3.268863$

F $=413.3499$

从回归分析的效果来看，$R^2=0.98$，回归方程拟合优度比较高，包括修正拟合优度都达到了98%。对于T统计量，$t>t_{0.025}(29)=2.045$，拒绝原假设，表明对外贸易出口和进口均对就业人员人数有着显著性影响。从影响系数来看，河南省对外贸易出口每增加1%，就可以拉动就业增长0.145%，而进口每增长

1%，可以拉动就业增长0.089%。河南出口、进口额分别从1978年的17188万美元和2708万美元增长到2015年的2684亿美元和1916亿美元，分别增长了1561倍和7075倍，年均增长率分别21.35%和26.27%，分别拉动的就业增长也应该是十分可观的。从出口来看，如前文所述，由于出口中占90%大额商品均属于劳动密集型产品，在大量出口的同时，必然会带来大量就业。对进口而言，2007年河南省进口额最大的是矿产品，进口额14亿美元，占总进口额的31.82%，其次是机器、机械、电气设备及其零件，录音机及电视图像及附件，进口额8亿美元，贱金属及其制品，进口额6亿美元，这三者合计进口额28亿美元，占总进口额的63.64%，由于这三者中矿产品、贱金属均为工业原料，而机器、机械、电气设备及其零件则为各种不同的加工企业提供了加工设备，这些物资、设备的进口不仅不会冲击河南省内就业，而且由于其间接效应，反而会带来大量就业。对于其他进口产品，如化学工业及相关工业的产品，进口额4亿美元，植物产品，进口额3亿美元，塑料及其制品、橡胶及其制品，进口额3亿美元，纺织原料及纺织制品，进口额2亿美元，这些进口对河南省就业的影响与前三者相似，至于其他容易对河南省就业造成冲击的产品的进口由于进口额都很小，影响有限，而且在前者的正面影响下，目前并没有反映。但也必须看到2000年以前，河南的对外贸易增长缓慢，且进出口差距变化不大，出口略大于进口，但进入21世纪以来，对外贸易步入快速增长时期，进出口增长几乎同步，出口大于进口格局保持至今，到2015年，对外贸易顺差已经达到700多亿美元（如图5-5所示）。

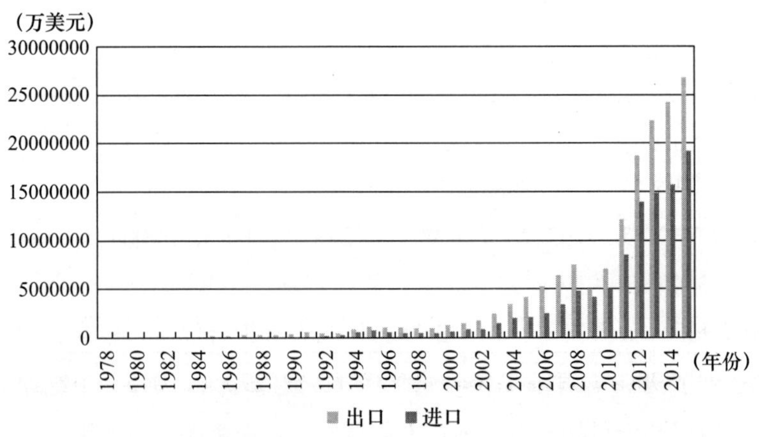

图5-5　中原经济区进出口贸易变化情况（1978~2015年）

（二）外资投资对中原经济区就业影响的实证分析

改革开放以来，如图5-6所示，河南省实际利用外资额从1985年的565万美元增长到2015年的160.86亿美元，累计引进外商直接投资944.92亿美元，30年来年均增长33.07%。外商直接投资就业人数也从1993年的4.71万人增长到2008年的24.08万人，达到1993年的五倍，外资投资就业人数占城镇就业人员百分比也由1993年的0.54%增长到2008年的2.44%。由此可见，外商直接投资对河南省就业影响正在逐步扩大，从就业人数到就业人数所占比例都在逐步上升，一方面，反映了河南省在逐步增强引进外商投资的力度；另一方面，也反映了外商投资对于缓解河南省就业压力起到了不小的作用，在未来发展中可以好好利用优秀外商投资，带动就业不断增长。

改革开放以来，河南省累计引进外商直接投资近1000亿美元。2015年全国实际利用外资1662.7亿美元，同比，河南占同期全国实际利用外资额12.74%，相当于同期河南省GDP占比的两倍以上，处于全国前列。比2008年河南省实际利用外资额40.33亿美元，增长了三倍，占同期全国实际利用外资额比重的4.36%，提高了一倍多，已经改变河南在全国对外引资中落后的尴尬局面。从图5-6中也可以看到，2002年以前，河南引进外资增长缓慢，远远落后于沿海地区，但2004年以来，对外引资增速不断加快，已经开始赶上并最终走在引进外资前列，虽然引进外资总量仍然低于广东、浙江、江苏等沿海省域，

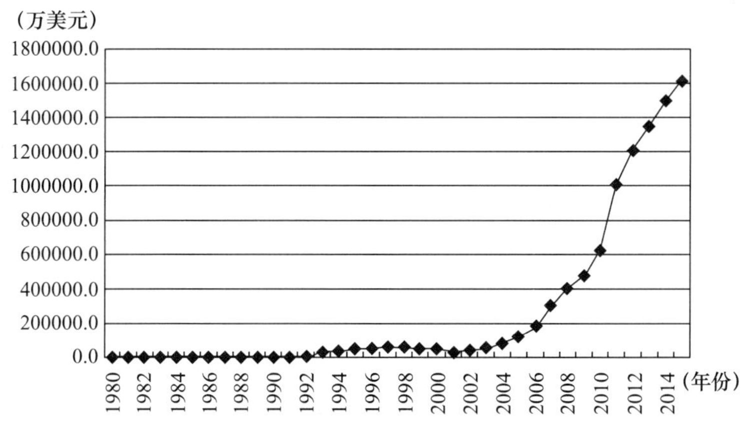

图5-6　中原经济区实际利用外资变化情况（1980~2015年）

但增速已经实现反超，由此反映了河南省吸引外商直接投资不断加大的实际，对外开放力度不断加大。

改革开放以来，河南省对外经济贸易不断扩大，已同140多个国家和地区建立了贸易关系和经济往来，已有中国香港、中国台湾、美国、日本、新加坡、泰国、德国、英国、法国、意大利、西班牙、韩国等90多个国家和地区来河南投资。外商投资领域不断拓展，目前外商投资主要投向制造业、农业、畜牧业、房地产、电力、交通、采掘业等行业。金融、保险、旅游、会计、法律、咨询、商业零售等服务贸易领域正在对外商投资开放；跨国公司在河南投资日益增多，目前已有日本的日产、日立、松下、伊藤忠、东芝、味之素，美国杜邦、可口可乐、哈斯曼，法国里昂水务，英国糖业，中国香港长江集团、华懋集团，泰国正大，新加坡丰隆集团等十几家世界著名的大跨国公司来河南投资。目前，河南省特别支持第三产业、农业、基础设施、高新技术产业、环保产业的发展。经过改革开放以来近40年的发展，河南省吸引外商直接投资不仅在数量上有了长足的进步，质量上也逐步提高，已经由初期的吸引一切外商投资变动为吸引优秀外商直接投资，从外资中挑选适合河南省本土特色的，可以促进经济增长、就业增加、环保的外商，同时鼓励这样的外资前来河南考察、投资。

改革开放以来，河南省实际利用外资额从1985年的565万美元增长到2008年的40.33亿美元，累计引进外商直接投资167.67亿美元，24年来年均增长33.07%。其中从起步开始经历了近20年的徘徊前进，直到加入世贸组织后，特别是自2003年以来，实际利用外资额较以前相比有了巨大的进展，年年迈上新台阶。这些不仅反映在引进外资投资额上，在外商投资项目上，河南省新近外商投资大多集中在制造业和服务业上，最明显的便是服务贸易领域，家乐福、沃尔玛、麦德龙、家得宝、百思买等世界500强商业巨头和汇丰银行等部分知名外资商业企业都加快了在河南省的投资步伐，反映了河南省对外商投资的吸引力正逐步增强，一方面是有着丰厚的人力资源，另一方面又有着广阔的市场，从而在吸引外资投资增长的同时带动就业不断增长。到2008年，外商直接投资吸引就业人数已经达到24.08万人，占同期从业人数比例达到0.413%，占城镇就业人数比例也达到2.438%。

外商直接投资就业人数也从1993年的4.71万人增长到2015年的76万人，增长了近15倍。外资投资就业人数占历年从业人员比例也从1993年的0.107%增长到2015年的0.413%，占城镇就业人员百分比也由1993年的0.54%增长到

2008 年的 2.44%。从 1994 年开始，河南省外商直接投资企业就业人员占城镇就业人员比例达到 1.10%，2010 年以前，增长缓慢，之后，增长较为强劲，到 2015 年，外商投资吸纳总就业达到 76 万人，占到城镇就业的 4.13%，其中，港澳台投资经济新就业 57 万人，占到城镇就业的 3.10%，外商投资经济吸纳就业 19 万人，占到城镇就业的 1.03%。由此可见，伴随着外商直接投资额增长、外商投资质量水平提高，外商直接投资企业就业人数也在不断增长，有力地缓解了河南省就业压力。与此同时，同比其他省份，亦可找出河南省的差距，需要在以后更加努力，提高外商直接投资额和质量水平，以期带来更多就业（如图 5 – 7 所示）。

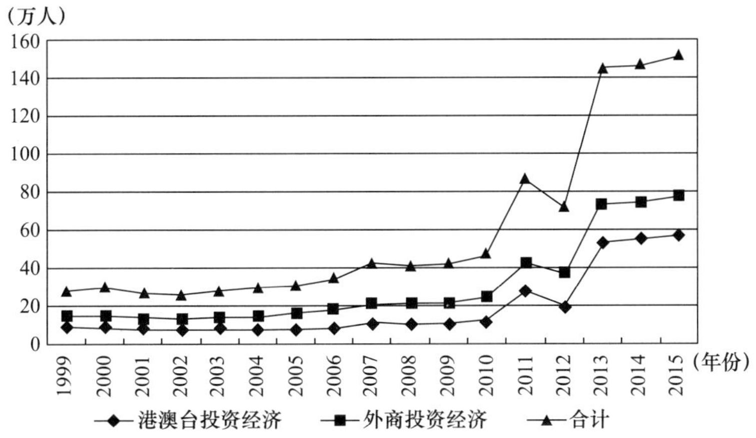

图 5 – 7 中原经济区外商直接投资企业就业变化情况（1999 ~ 2015 年）

（三）入境旅游对河南省就业的影响分析

1949 ~ 1978 年，我国入境旅游业初具雏形，但尚未形成产业，此时我国的国际旅游基本属于外事接待型，各个接待单位，没有进行相应的经济核算。在这一阶段，也没有专门的对于国际旅游外汇收入的统计。1978 年改革开放以后，我国入境旅游业迅猛发展，1978 ~ 2015 年，中国入境旅游人数年均增长 12.21%，外汇收入年均增长 16.09%。在 1978 ~ 2015 年的 38 年中，我国国际旅游业累计接待国际旅游者 20.27 亿人次，为国家创汇 4360.1 亿美元，为我国外汇储备的大幅度增加做出了积极贡献，同时也促进了中国的对外开放。1978～2015年，河南省接待入境国际旅游者人数从1.2万人次发展2015年的125.0万人次，年均增长13.38%，高于全国12.21%的年增长水平约1.2个百分点，累计接待入境国际旅游者人数1550万人次，占全国0.76%。从纵向来看，河南省入境国际旅游者人数一直处于增长状态，只是在2003年上半年因受“非典”疫情影响，旅游业遭到严重的损失。特别是从1999年以来，河南省入境国际旅游者人数呈现出近乎直线型增长，到2013年达到峰值191万人次，年均增长18.24%，远高于同期全国16.68%的年平均增长率，表明21世纪以来河南省入境国际旅游业有了长足的进步，取得了前所未有的成就。然而，从横向来看，河南省接待入境国际旅游者人数尚不到全国的1%，最高年份的2013年也仅为1.44%，而且在38年中，所占比例一直处于波动中曲折上升，直至从2003年波谷处的0.21%增至2013年波峰处的1.44%，随之下降，到2015年，占比只有0.97%，这也与河南文化资源大省的地位极不相称，因此，迫切要求提高入境旅游的游客人数及其旅游消费，推动相关就业人数不断增长。

由于数据统计原因，本书采取1982～2008年河南省和中国国际旅游外汇收入。从1982年到2008年的27年，河南省国际旅游外汇收入从242万美元发展到2008年的37444万美元，年均增长21.40%，远高于同期全国16.09%的年平均增长率，累计创汇23.67亿美元，占同期全国的0.70%。从纵向来看，特别是1994年由于国家外汇管理体制变化，国际旅游（外汇）收入统计方法也做了相应的改革之后，到2008年，河南省国际旅游外汇收入呈现出大幅增长，年均增长16.33%，高于同期全国13.05%的年均增长率，表明21世纪以来河南省入境国际旅游业有了长足的进步，取得了前所未有的成就。然而，从横向来看，河南省国际旅游外汇收入尚不到全国的1%，最高年份的2008年也仅为0.92%，而且在27年中，所占比例一直在震荡中曲折前进，从1985年波谷处的0.16%发展到2008年波峰处的0.92%，即使如此，这也与河南文化资源大省的地位极不相称，迫切要求在提高入境旅游的游客人数的同时，促进国际游客旅游消费，以此来推动相关就业人数不断增长（如图5－8所示）。

对旅游就业的分析一般有三种方法：第一种方法是在得到旅游业直接就业人数后，利用1个旅游直接就业能带动五个旅游间接就业的比例关系（韩颖、周黎明，2002；孙天厌、侯仁民，2004）计算出旅游间接就业人数。限于数据统计条件，目前该法多用于针对整体旅游业的测算。第二种方法是运用世界旅游组织所

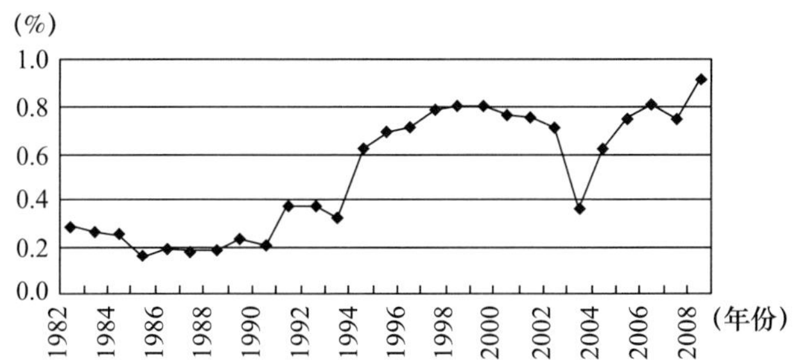

图 5 - 8　中原经济区入境旅游占全国的比重变化情况（1982 ~ 2008 年）

推荐的旅游卫星账户（TSA）来进行统计分析，然而目前国内 TSA 的编制工作尚处于起步阶段，暂时不能用于实证分析。第三种方法是从每个入境游游客带动旅游就业来计算旅游综合就业人数（左冰，2002；DirkBelau，2003；厉新建，2009），然后从旅游直接就业与间接就业关系看，一个旅游直接就业将带动两个间接就业来计算出入境游带来的旅游直接就业和间接就业人数（如表 5 - 9 所示）。

本书采取第三种方法来测算河南省入境游对河南省旅游综合就业的影响，并结合河南省入境国际旅游人数和外汇收入分析旅游综合就业状况。

表 5 - 9　中原经济区入境游及其带动的就业情况（1978 ~ 2015 年）

项目 年份	入境游人次（万人次）		带动就业（万人）	入境游（%）	
	河南	全国	河南	全国	河南比重
1978	1.2	180.9	0.07	10.6	0.66
1980	1.5	570.3	0.09	33.5	0.26
1985	6.4	1783.3	0.38	104.9	0.36
1990	10.7	2746.2	0.63	161.5	0.39
1991	8.8	3335.0	0.52	196.2	0.26
1995	14.9	4638.7	0.88	272.9	0.32
2000	32.5	8344.4	1.91	490.9	0.39
2001	36.6	8901.3	2.15	523.6	0.41
2002	41.0	9790.8	2.41	575.9	0.42
2003	18.9	9166.2	1.11	539.2	0.21
2004	45.0	10903.8	2.65	641.4	0.41

续表

项目 / 年份	入境游人次（万人次）		带动就业（万人）	入境游（%）	
	河南	全国	河南	全国	河南比重
2005	60.1	12029.2	3.53	707.6	0.50
2006	75.7	12494.2	4.46	735.0	0.61
2007	88.1	13187.3	5.18	775.7	0.67
2008	104.3	13003.0	6.14	764.9	0.80
2009	104.3	13002.7	6.14	764.9	0.80
2010	126.0	12647.6	7.41	744.0	1.00
2011	147.0	13376.2	8.65	786.8	1.10
2012	168.0	13542.4	9.88	796.6	1.24
2013	191.0	13240.5	11.24	778.9	1.44
2014	127.0	12907.8	7.47	759.3	0.98
2015	125.0	12849.8	7.35	755.9	0.97
年均增长率（%）	13.38	12.21	13.40	12.21	1.05

注：①本表中1978～1987年河南入境国际旅游者人数出自《新中国五十五年统计资料汇编》，中国统计出版社2005年版。1988～2015年河南省入境国际旅游者人数出自1988～2016年《河南统计年鉴》，中国统计出版社各年份出版。2008年河南省入境国际旅游者人数出自《2008年河南省国民经济和社会发展统计公报》。

②本表中1978～1998年中国入境国际旅游者人数出自《中国旅游业50年》，中国旅游出版社1999年版。1999～2015年中国入境国际旅游者人数出自2000～2016年《中国统计年鉴》，中国统计出版社各年份出版。

③本表中河南省接待国际旅游者人数1999年及以前年份不包括不过夜人数，2000年开始包括不过夜人数。

④入境国际旅游者人次是指来中国参观、访问、旅行、探亲、访友、休养、考察、参加会议和从事经济、科技、文化、教育、宗教等活动的外国人、华侨、港澳同胞和台湾同胞的人数。不包括外国在我国的常驻机构，如使领馆、通讯社、企业办事处的工作人员；来我国常住的外国专家、留学生以及在岸逗留不过夜人员。

根据历新建对每个入境游游客带动旅游综合就业的计算，得出历年河南省入境游带动的旅游综合就业人数（见表5－9）。河南省入境游所带动的旅游综合就业人数从1978年的不足1000人增长到2015年的7.35万余人，年均增长13.40%，略高于全国水平。然而，从全国范围来看，河南省入境游带动旅游综合就业比例只有全国的1%，最高年份的2013年也仅为1.44%，这与河南文化资源大省的地位极不相称，与河南经济在全国比重极不协调，需要加大旅游投资和宣传，扩大旅游规模，提高旅游收入，增加相关就业。

第六章

中原经济区人力资源变迁与人力资源配置问题

新中国成立近70年，河南省人力资源素质不断提高，结构不断优化，如表6－1所示。但由于河南省教育的底子薄，教育事业基础薄弱，虽经大力发展，但与发达地区相比，仍然十分落后。

表6－1　全国各省份2010年就业人员的受教育程度构成　　单位：%

省份＼类别	总就业	文盲/半文盲	小学	初中	高中	大专	本科	研究生及以上
全国	100	3.41	23.86	48.80	13.87	5.96	3.71	0.39
北京	100	0.48	4.82	34.20	21.52	14.73	19.17	5.08
天津	100	0.81	12.15	44.85	20.67	10.27	10.19	1.06
河北	100	1.61	19.50	58.71	12.50	4.95	2.56	0.17
山西	100	1.17	16.18	56.62	15.22	7.05	3.55	0.21
内蒙古	100	3.48	22.90	46.63	14.58	7.86	4.31	0.24
辽宁	100	0.71	17.50	53.93	14.29	7.62	5.48	0.47
吉林	100	0.90	22.56	50.35	15.55	5.99	4.31	0.34
黑龙江	100	0.91	20.68	53.37	14.77	6.34	3.65	0.27
上海	100	1.03	9.03	40.17	21.46	12.63	13.13	2.55
江苏	100	2.35	20.15	48.80	16.75	7.10	4.39	0.46
浙江	100	3.54	25.34	44.70	14.86	6.53	4.64	0.39
安徽	100	8.16	26.68	48.08	9.55	4.74	2.57	0.22
福建	100	1.56	27.00	47.14	14.33	5.69	4.00	0.28

续表

类别 省份	总就业	文盲/半文盲	小学	初中	高中	大专	本科	研究生及以上
江西	100	2.13	26.57	51.35	12.79	4.68	2.32	0.17
山东	100	3.58	21.17	52.35	14.05	5.36	3.23	0.26
河南	100	3.79	19.09	57.30	13.01	4.65	2.00	0.16
湖北	100	3.90	22.48	49.31	15.11	5.63	3.21	0.36
湖南	100	1.74	22.74	51.32	16.31	5.23	2.46	0.20
广东	100	0.87	15.69	53.12	19.59	6.46	3.86	0.41
广西	100	2.10	28.62	50.56	11.37	4.68	2.49	0.18
海南	100	3.17	17.60	54.49	15.70	5.66	3.15	0.23
重庆	100	3.99	34.56	38.74	12.33	6.13	3.90	0.34
四川	100	5.40	35.17	42.68	9.74	4.45	2.35	0.21
贵州	100	10.98	39.64	35.85	6.45	4.46	2.49	0.12
云南	100	6.95	46.49	32.86	7.21	3.86	2.47	0.16
西藏	100	36.63	38.57	13.58	4.12	4.04	2.87	0.19
陕西	100	3.33	21.55	50.28	14.36	6.65	3.46	0.38
甘肃	100	10.03	33.82	37.12	10.91	5.15	2.77	0.20
青海	100	13.66	34.45	30.60	9.79	6.89	4.40	0.22
宁夏	100	6.81	26.54	41.56	12.36	7.91	4.60	0.23
新疆	100	2.00	26.51	46.07	11.56	9.17	4.43	0.26

资料来源：根据国家统计局第六次人口普查有关统计数据计算。

一、中原经济区人力资源的变迁及其趋势

新中国成立近70年来，河南省人力资源整体素质提高很多，结构不断优化。特别是改革开放以来，河南省人力资源开发进入了稳定高速发展的新时期，高等教育人口增长很快，比重大幅提高，中等教育人口稳定提高，逐步普及，小学学历人口逐步减少，文盲/半文盲基本扫除。统计资料显示，河南省人力资源1964～2010年的变化趋势是“两慢三高一减”，即人口增长较慢，46年人口增加

只有 96%，年均只有 1.58%，小学文化人口只增长了 1.17 倍，年均增长 1.82%；大学学历人口增长了41.91 倍，年均增长了9.14%，高中学历人口增长了27.63 倍，年均增长 8.11%，初中学历人口增长了 22.03 倍，年均增长 7.57%；文盲和半文盲人口不断减少，绝对数减少了 66%，年均减少 2.46%。随着河南省教育的不断发展和教育结构的不断优化，河南省人力资源整体素质不断提高，结构不断优化，中高级人力资源的比重大幅攀升，河南省人力资源结构严重不合理、整体素质不高的整体面貌，逐步得到改善。数据显示：河南省高中及以上的学历人口从有统计的1964 年的 1.5%提升至2010 年的近 19.8%，提高了 18 个百分点，比重提升了 16 倍，达到 1844 万人，其中大学学历人口 602 万人，占 4.74%，高中学历 1242 万人，占 12.77%。初中人口从 1964 年的 4.14%，提升至2010 年的57.30%，达到3992 万人，比重提高了13 倍，提升了 53 个百分点，小学人口持续下降，到2010 年已经只有2267 万人，比2000 年少了700 多万人，比重下降到19.09%。

从表6－2 可知，1964～1982 年，河南省人口从5032.6 万人增长到7442.3 万人，增长了 48%，年均增长 2.2%，占全国人口的比重也从 7.25% 增至 7.38%，提升0.23 个百分点；大学及其相当学历的人则从 9.3 万人，增加至 24.5 万人，增加了 1.63 倍，年均增长 5.53%，占全国比重也由 2.24%提升至 3.98%，提升了1.74 个百分点，比重几乎增长了80%；高中及相当学历的人口，从44 万人增至470.1 万人，增长了9.68 倍，年均增长 14.06%，占全国的比重由3.34%，提高至6.93%，提高了3.59 个百分点，增加了一倍多；初中人口从 208.5 万人增长到 1427 万人，增长了 5.84 倍，年均增长 11.28%，比重从 4.46%增长至 7.98%，提高了 3.52 个百分点，提升了几乎 80%；小学人口从 1229.6 万人增长至 2321.8 万人，增长了 89%，年均增长 3.59%，比重也从 4.34%提升至6.59%，提高了 2.25 个百分点，提高了 50%以上；文盲/半文盲从当初的2146.8 万人减少至2015.0 万人，减少了6%，年均减少0.35%，比重从9.20%减少至8.76%，河南省的初中、高中教育发展迅速，高等教育、初等教育稳步推进，河南省教育严重落后局面初步改观。表现为：初高中学历人口比重迅速攀升，河南省各级学历教育人口比重与全国水平的落差均大幅减小，人力资源整体素质低下的面貌初步改善，劳动力结构由原来以文盲/半文盲为主体提升为以小学、初中教育为主体，基本适应了河南省初步工业化的基本要求。

表6-2　中原经济区人力资源的变迁及占全国的比重　　单位：万人,%

类别	1964年		1982年		1990年		2000年		2010年	
	总数	比重	总数	比重	总数	比重	总数	比重	总数	比重
人口总数	5032.6	7.25	7442.3	7.38	8553.4	7.54	9256	7.25	9402	7.02
大学及相当	9.3	2.24	24.5	3.98	72.6	5.11	247.5	6.85	602	4.74
高中	44.0	3.34	470.1	6.93	606.1	7.54	928.4	8.33	1242	6.56
初中	208.5	4.46	1427.0	7.98	2269.8	9.72	3646.0	10.74	3992	8.22
小学	1229.6	4.34	2321.8	6.59	2971.9	8.02	3072.6	8.61	2267	5.60
文盲/半文盲	2146.8	9.20	2015.0	8.76	1395.8	7.75	543.2	6.39	399	7.76

资料来源：1964~2000年数据来自五次人口普查数据，2010年数据根据2010年全国人口变动情况抽样调查数据推算。

从表6-3中看出，1982~1990年河南省人口增速进一步回落，高等教育快速推进，中等教育、初等教育稳步发展，文盲/半文盲人口大幅减少，人力资源整体水平较快提升，结构较大幅度改善。

表6-3　中原经济区人力资源变迁趋势　　单位:%

类别	1964~1982年		1982~1990年		1990~2000年		2000~2010年	
	增长倍数	增速	增长倍数	增速	增长倍数	增速	增长倍数	增速
人口	0.48	2.20	0.15	1.75	0.08	0.79	0.07	0.92
大学	1.63	5.53	1.96	14.54	2.41	13.05	0.61	7.06
高中	9.68	14.06	0.29	3.23	0.53	4.36	0.36	4.46
初中	5.84	11.28	0.59	5.97	0.61	4.85	0.32	4.01
小学	0.89	3.59	0.28	3.13	0.03	0.33	-0.13	-1.97
文盲/半文盲	-0.06	-0.35	-0.31	-4.49	-0.61	-9.01	0.35	4.43

资料来源：1964~2000年数据来自五次人口普查数据，2007年数据根据2010年全国人口变动情况抽样调查数据推算。

该阶段，大学学历人口由24.5万人提升至72.6万人，增长1.96倍，年均增长14.54%，是前一阶段的近三倍，占全省人口的比重由0.33%提升至0.85%，与全国水平相比，由落后0.28个百分点扩大至0.41个百分点，占全国大学学历人口的比重有所提升，由3.98%提高到5.11%，差距进一步缩小。高中阶段教育的人口由470.1万增加至606.1万，增长了29%，年均增速降到只有3.23%，占全省人口的比重由6.32%提升至7.09%，与全国水平的差距由-0.4到与全国水平持平，占全国高中比重由6.93%，提升至7.54%，与人口比重持平。初中教育人口由1427.0万增至2269.8万人，增长了59%，年均增速降到了5.97%，占全省人口的比重由19.17%增至26.54%，占全国水平的比重也由7.98%提升至9.72%，约高于人口比重2个百分点，占比差由1.43个百分点扩大至5.95个百分点。小学教育人口由2321.8万增至2971.9万人，增长了28%，年均增长3.13%，占全省人口的比重由31.20%提升至34.75%，由原来低于全国水平的3.75个百分点，到高于全国2.06个百分点，占全国的比重也由6.59%，低于人口比重提高至8.02%，高于人口比重。文盲/半文盲人口该期减少加速，由2015.0万减至1395.8万人，占河南人口的比重也由27.07%减至16.32%，由原来高于全国水平4.27个百分点减至0.44个百分点，占全国同类人口比重由8.76%降至7.75%，基本与人口比重持平。总之，该阶段河南省大力扫除青壮年文盲，大力普及初等教育、中等教育，发展高等教育，人力资源整体水平大幅提高，结构进一步改善，高等教育的差距进一步与全国水平缩小，中等教育和小学教育的水平甚至已经赶超了全国平均水平。

从表6-4中看出，1990~2000年河南省人口比重有所降低，年均增速只有0.79%，低于全国水平。大学文化人口从72.6万增至247.5万，增长了2.41倍，年均增长13.05%，是仅次于20世纪80年代的第二高增长时期，增速高于全国平均水平，与全国平均水平的差距进一步缩小，比重提升至2.67%，略低于全国平均水平0.18个百分点，占全国的同类人口的比重也从5.11%提升至6.85%，与人口比重差距进一步缩小。高中文化的人口从606.1万增至928.4万，增长了53%，年均增长4.36%，比重提升至10.03%，高于全国水平1.23个百分点，占全国同类人口的比重进一步提升至8.33%，超过人口比重0.8个百分点。初中文化人口从2269.8万增至3646.0万，增长了61%，年均增长4.85%，比重提升至39.39%，高于全国平均水平12.56个百分点，占全国同类人口的比重从9.72%扩大至10.74%，高过人口比重3个多百分点。小学文化人口从2971.9万提至3072.6万，增长了3%，年均增长0.33%，比重提升至33.20%，高于全国平均水平4.99个百分点，占全国同类人口的比重从8.02%提升至8.61%，高于人口比重1个多百分点。文盲/半文盲人口从1395.8万减至

543.2 万，人数减少了 61%，年均减少 9.01%，比重下降至 5.87%，低于全国平均水平 0.85 个百分点，占比从 7.75%，降至 6.39%，低于全国水平。

2000～2010 年，河南省人口比重进一步下降，年均增速略低于全国平均水平。大学文化人口增至 602 万人，增长了 143%，年均增速为 9.30%，占全省人口的比重提升至 6.79%，但与全国水平的差距拉大了，低于全国平均水平 3.25 个百分点，只占全国同类人数的 4.74%，低于人口比重约 2.3 个百分点。高中文化人口比重增至 1242 万人，增长了 33.8%，年均增速 2.95%，略低于全国水平，占全省人口比重提升至 13.01%，低于全国平均水平 0.86%。初中文化人口增至 3992 万人，增长 9.5%，年均增长 0.91%，占全省人口比重提升至 57.30%，高于全国平均水平 8.50 个百分点。小学人数降至 2267 万人，减少 26%，年均减少 3.00%，比重下降至 19.09%，低于全国平均水平 4.77 个百分点。文盲/半文盲人口降至 399 万人，占全省人口的比重降至 3.79%，比 2000 年减少了 140 万人，但高于全国平均水平 0.38 个百分点。

表 6－4 中原经济区人力资源结构的变迁及与全国的差距 单位：%

类别	1964 年		1982 年		1990 年		2000 年		2007 年		2010 年	
	比重	差距	比重	差距	比重	差距	比重	差距	比重	差距	比重	差距
大学及相当	0.18	－0.41	0.33	－0.28	0.85	－0.41	2.67	－0.18	4.04	－2.51	6.79	－3.25
高中	0.87	－1.02	6.32	－0.41	7.09	0.00	10.03	1.23	12.77	－0.64	13.01	－0.86
初中	4.14	－2.59	19.17	1.43	26.54	5.95	39.39	12.56	48.65	8.43	57.30	8.50
小学	24.43	－16.35	31.20	－3.75	34.75	2.06	33.20	4.99	27.08	－4.72	19.09	－4.77
文盲/半文盲	42.66	9.07	27.07	4.27	16.32	0.44	5.87	－0.85	7.46	－0.56	3.79	0.38

资料来源：1964～2000 年数据来自五次人口普查数据，2007 年数据根据 2007 年全国人口变动情况抽样调查数据推算，2010 年数据根据 2011 年第六次人口普查结果整理计算。

总的来看，河南省中高级人力资源比重偏低：大学学历人口虽然增长较快，但在进入 21 世纪以来，虽与全国平均水平差距有所缩小，但差距依然十分显著，到目前仅只有全国平均水平的 2/3。高中学历教育改革开放以来，发展较快，高中学历人口比重 20 世纪 90 年代初期已经达到全国平均水平，到 20 世纪 90 年代，其比重超过全国平均水平 1.23 个百分点，进入 21 世纪，增速低于全国平均

水平，到2010年已经略低于全国比重。初中及以下人力资源比重偏高，虽然在进入21世纪比重下降较多，但目前仍高达66.57%，其中初中学历人口比重高达42.46%，远高于全国平均水平。从就业人员的学历结构来看，河南省劳动力资源的学历结构极不合理，整体学历水平偏低：初中、小学学历人员比重偏高，大学及以上学历的比重偏低，只有6.40%，位列全国倒数第五，与先进省区差距巨大，也远低于全国水平。国家统计局的有关调查统计资料显示，在2010年全国的就业人员中，大学学历以上比重已经达到了10.05%，其中本科比重占36.89%（占全部人口的3.71%），研究生及以上比重占3.84%（占全部人口的0.39%），而在河南省就业人口中，大学学历只占6.40%，只有全国平均水平的64%，其中大专文化就业人员只占全省就业人口的4.65%，相当于全国平均水平的85%，本科文化学历就业人员只有2.00%，不足全国平均水平的60%，研究生及以上学历就业人员只有0.16%，只有全国平均水平的40%。也就是说，教育层次越高，河南与全国平均水平差距越大。在接受高等教育就业人口结构中，河南专科比重偏高，占到高等教育就业人口比重的68.27%，高出全国平均水平近10个百分点，大学本科占29.31%，比全国平均水平低7.6个百分点，研究生及以上学历就业比重只有0.16%，低于全国平均水平60%。

二、中原经济区人力资源配置现状、趋势

改革开放近40年来，河南省人力资源配置效率不断提高，配置结构和配置质量提升很快，特别是21世纪以来，河南省人力资源配置的结构和质量与全国差距开始缩小，但总的来看，河南省人力资源总体配置率较高，但配置结构不合理、配置质量较低。与全国平均水平相比，河南省城镇就业水平太低，不足15%，农村就业比重偏高，仍高达83.6%；个私经济和其他经济就业虽然增长很快，但比重仍偏低；农业就业比重偏高，服务业就业比重偏低。从就业的薪资水平来看，河南的水平远低于全国平均水平，而且差距不断拉大，目前人年均相差高达4000元，每月相差300余元。其中，国有经济年人均相差4200余元，其他经济年人均相差3700余元。

（一）人力资源配置的数量分析

从河南省人力资源的配置的数量即就业数量关系来看，如表 6－5 中得知总体好于全国水平。这可以从就业和失业两个不同角度分析。从就业方面来看，河南就业的总量和比重总体是不断攀升的。从改革开放初期的 2807 万人，占全国就业的 6.99%，低于人口比重，提升至 2015 年的 6636 万人，就业规模扩大了 1.36 倍，年均增长 2.29%，就业比重也攀升了 1.58 个百分点，2015 年达到全国就业比重的 8.57%，高于同期人口比重 1.55 个百分点。从失业方面来看，河南失业情况也好于全国平均水平。1980 年以来，河南省城镇失业人数由于就业人口增长总体规模呈现不断攀升的态势，失业人数从 1978 年的 15.7 万人，提高至 2015 年的 42.46 万人，38 年增加了近两倍，但失业率总体低于全国水平。失业率总的趋势是波动下降的。从 1978 年的失业率 3.6% 下降至 2015 年的 3.0%，下降了 0.6 个百分点。1978～1995 年，失业率是波动下降的，1980 年失业率攀升至 5.0%，高于全国平均水平，之后波动下降，1985 年下降至 2.5%，只有全国平均水平的 50%，1990 年有所上升，达到 3.3%，高于全国平均水平 0.8 个百分点，1995 年下降至 2.1%，只有同期全国水平的 80%，1995～2015 年，河南省失业率均低于全国同期水平 0.5～1 个百分点左右。河南就业总体趋势不断改善，就业人口从低于人口比重开始超过人口比重，失业率从高于全国平均水平到低于全国平均水平，特别是最近几年，这一趋势更加显著。

表 6－5　中原经济区城镇登记失业人数、登记失业率与全国的比较（1978～2015 年）

单位：万人，%

类别＼年份	1978	1980	1985	1990	1995	2000	2001	2005	2010	2014	2015
中国城镇失业人数	530	542	542	383	520	595	681	839	908.0	952.0	966.0
河南城镇失业人数	15.7	24.4	16.1	25.1	20.1	21.4	23.1	33.0	38.16	40.01	42.46
河南就业/全国就业	6.99	6.91	7.06	6.31	6.62	7.73	7.55	7.47	7.94	8.44	8.57
中国城镇失业率	5.3	4.9	4.9	2.5	2.9	3.1	3.6	4.2	4.1	4.1	4.1
河南城镇失业率	3.6	5.0	2.5	3.3	2.1	2.6	2.8	3.5	3.4	3.0	3.0

资料来源：根据历年《中国统计年鉴》和《河南统计年鉴》计算。

从总的就业变化来看，表6－6中河南省就业率是逐步攀升的，但增长的速度在逐步下降。从1978～1985年的年均就业3119万增长至2010～2015年的年均就业6406万，1986～1990年、1991～1995年、1996～2000年、2001～2005年和2005～2010年年均就业依次为3810万、4332万、5047万、5565万和5864万，五个时期的增速分别为22.15%、13.70%、16.51%、10.26%和5.37%，除1991～1995年增速有所提高外，其余均是依次下降的，但近五年就业增长明显。从就业结构来看，河南省就业结构不断调整，但调整较慢。首先表现为，乡村就业居高不下。20世纪80年代和90年代前期，比重是趋于下降的，但之后有所反弹，2001～2005年反弹至历史高点，占比达到年均84.61%，之后又开始下降，到2010～2015年，已经降至历史低点，年均75.78%，但与全国50%左右的水平相比，比重仍然太高。然而城镇就业比重与此相反，前三个阶段是攀升，进入20世纪90年代中期以后，比重出现下降，经过1996～2005年徘徊之后，比重开始回升，到2010～2015年已经提升至年均24.22%，与全国超过50%的比重相比，严重偏低。在不同所有制经济就业结构中，城镇就业质量趋于劣化。表6－6中显示，城镇就业中，在1978～1995年，国有经济就业，不管是绝对量还是比重都是逐期提高的，而后期则是逐期下降的，进入21世纪以来，国有经济就业无论是绝对量还是比重均下降显著。国有经济吸纳就业已经从1996～2000年高峰时期的年均就业576万人，下降至2010～2015年的年均就业383万人，就业比重也从历史高点1996～2000年的13.30%，下降至近五年的年均5.98%，比重低于个私经济和其他经济。集体经济比重较低，在高峰期间1986～1990年也只有年均4.17%，从20世纪80年代中期以后，其就业就显示下滑的趋势，2010～2015年已经下降至1.05%，成为最小的城镇就业领域。与之相反，个私经济则是逐期攀升的，就业人数从20世纪80年代有统计的年均15万人发展到2010～2015年的年均545万人，比重也由微不足道的0.48%提升至8.51%，成为河南省的第一大就业领域。其他经济从无到有，发展迅速，到2010～2015年，年均就业已经达到441万人，比重达到了6.88%，成为仅次于个私经济、高于国有经济的第二大就业领域。从三大产业结构来看，河南省就业结构不断调整和优化，第二产业和服务业已经成为吸纳乡农村劳动力转移主要渠道的地位越来越强化。就业则显著表现为向第二、第三产业转移的趋势。农业就业虽然绝对量上依然十分庞大，比重也十分高，但总的趋势是逐年减少和降低的。在1978～2005年长达近30年的时间内，河南农业就业的规模不断扩大，这是因为该地区作为农业大省和城市化起点较低，工业和服务业发展相对滞后，对劳动力吸纳能力比较薄弱，虽然农业就业比重在不断下降，但由于下降速度很慢，其就业规模仍然表现为扩大。从改革开放初期年均2696万人，增加到2001～2005年的年均3319万人，就业比重则由当初的年均83.55%下降到2001～2005年的年均59.63%，共下降了23.92个百分点，近30%。2010～2015年，农业就业规模开始出现绝对下降，年均就业下降至2620万人，相当于改革初期的规模，比重下降开始加速，已经下降至年均40.90%，十年下降了近10个百分点。第二、第三产业则发展迅速，从20世纪80年代年均就业344万人和305万人，增加到2010～2015年的年均就业1969万人和1817万人，就业人口扩大了近60倍，就业比重也分别从当初的年均11.03%和9.78%提高至30.74%和28.36%，提升了两倍左右。第二产业和服务业已经成为该省扩大就业、转移农村劳动力主要渠道。

表6－6 中原经济区就业结构及其变迁（均量）（1978～2015年）

单位：万人，%

类别 年份	总就业	国有	比重	集体	比重	个私	比重	其他	比重
1978～1985	3119	400	12.82	98	3.14	15	0.48	—	—
1986～1990	3810	494	12.97	159	4.17	36	0.94	—	—
1991～1995	4332	576	13.30	167	3.86	77	1.78	13	0.30
1996～2000	5047	530	10.50	152	3.01	160	3.17	92	1.82
2001～2005	5565	415	7.46	102	1.83	151	2.71	122	2.19
2005～2010	5864	392	6.68	112	1.91	288	4.91	190	3.24
2010～2015	6406	383	5.98	67	1.05	545	8.51	441	6.88

类别 年份	城市就业	比重	乡村就业	比重	一产	比重	二产	比重	三产	比重
1978～1985	498	15.97	2606	83.55	2469	79.16	344	11.03	305	9.78
1986～1990	654	17.17	3121	81.92	2634	69.13	626	16.43	550	14.44
1991～1995	756	17.45	3499	80.77	2883	66.55	781	18.03	668	15.42
1996～2000	774	15.34	4113	81.49	3109	61.60	970	19.22	967	19.16
2001～2005	856	15.38	4709	84.61	3319	59.63	1102	19.81	1144	20.56
2005～2010	1014	17.29	4849	82.70	2859	48.75	1566	26.70	1439	24.54
2010～2015	1551	24.22	4854	75.78	2620	40.90	1969	30.74	1817	28.36

资料来源：根据历年《河南统计年鉴》计算。

（二）人力资源配置的质量分析

河南省就业的质量可以从就业结构和工资水平两方面考察。河南省就业结构总的来看是不利于提高经济增长方式转型和提高就业质量的。首先，城镇就业比重提升缓慢，比重偏低，说明河南省城镇化的水平较低，城镇化的基础不牢。其次，农业就业偏高，农业劳动力转移速度偏慢，说明河南省工业、服务业发展严重滞后，拉动农村劳动力转移力度不强，发展水平和速度有待大力提升；工业产值比重偏高，而产值就业比值偏离太大，说明河南省工业发展严重依赖资源性和资金密集型产业，而这些产业往往是资源性、高能耗、高污染、低附加值的初级产业，对提高就业质量和水平的帮助十分有限。第三产业就业比重偏低，发展缓慢，说明河南省缺乏现代服务业发展的良好环境，由于缺乏现代服务业大力发展的强力拉动和发展支撑，所以，服务业难以做大做强。河南省产业结构的不合理和产业发展的方式问题也显著地表现为就业职工薪资水平较低。河南省就业的总体薪资水平是较低的。如表 6 - 7 所示，与全国人均工资相比，改革之初就远低于全国水平，随着改革的深入，河南省职工人均工资并没有缩小与全国水平的人均工资差距，而是逐步拉大，从当初的相差 20 多元扩大至目前的 13000 元以上，低于全国平均水平的 30%。其中其他经济差距最大，到 2015 年达到 17000 余元，国有经济的差距也较大，但高于平均水平，达到了 15000 余元，城镇集体经济差距最小，2015 年只有 5000 元。2007 年差距最小时，与全国平均水平持平，2007 年以来差距不断扩大，2013 年差距扩大至 5770 元，比其他经济差距小了一半。从动态来看，河南省人均工资 1978 ~ 1985 年、1985 ~ 1990 年、1990 ~ 1995 年的工资增长水平分别只有年均 4.77%、2.17% 和 5.01%，只有同期地区生产总值增长的不足 50%，甚至 1/5，均低于全国人均工资的增速，与全国水平的差距逐步扩大。1995 年以来，河南省人均工资增速才有较大幅度的提升，特别是进入 21 世纪以来，增速一度超过了产值增长，1995 ~ 2000 年和 2000 ~ 2007 年，年均增速分别为 8.71%、14.47%。与全国水平差距不断缩小，成为河南工资水平增长最快的历史时期。1995 ~ 2000 年增速接近全国水平，所以与全国的工资水平基本保持同步增速，但由于河南省前期拉大的差距和基数较低，所以工资差距的绝对额还是在持续扩大。进入 21 世纪，河南省工资的增速高出产值增速约 50%，也大大高于全国薪资增速，所以，不仅与全国的工资水平相对差距开始缩小，而

表 6-7 中原经济区城镇就业人员与全国人均工资的差额（1978~2015 年）

单位：元

类别 年份	平均工资	国有经济	城镇集体经济	其他经济	平均工资差额	国有经济差额	城镇集体经济差额	其他经济差额
1978	590	609	496	—	-25	-35	-56	—
1980	730	759	597	—	-32	-44	-62	—
1985	1015	1080	804	1014	-133	-133	-163	-422
1990	1825	1997	1288	2128	-315	-287	-393	-859
1995	4344	4677	3007	4644	-1156	-948	-924	-2819
1996	4924	5265	3485	5197	-1286	-1015	-817	-3064
1997	5225	5643	3797	5209	-1245	-1104	-715	-3580
1998	5781	6204	4258	5976	-1698	-1464	-1073	-2996
1999	6194	6594	4639	6384	-2152	-1949	-1135	-3445
2000	6930	7453	4913	7212	-2441	-2099	-1349	-3772
2001	7916	8573	5726	7889	-2954	-2605	-1141	-4251
2002	9174	9864	6664	9335	-3248	-3005	-1003	-3877
2003	10749	11397	7894	11160	-3291	-3180	-784	-3414
2004	12114	12701	8686	12588	-3910	-4028	-1128	-3671
2005	14282	14877	10383	14852	-4082	-4436	-900	-3392
2006	16981	17886	12483	17088	-4020	-4226	-531	-3667
2007	20935	22345	15850	20333	-3997	-4275	255	-3725
2008	24438	26222	16873	23721	-4460	-4065	-1230	-4831
2009	26906	28503	18006	26330	-5338	-5627	-2601	-5020
2010	29819	31470	20385	29272	-6720	-6889	-3625	-6529
2011	33634	35386	24220	33054	-8165	-8097	-4571	-8269
2012	37338	39344	27682	36508	-9431	-9013	-6102	-9852
2013	38301	42270	33135	36393	-13182	-10387	-5770	-15060
2014	42179	46604	37601	40100	-14181	-10692	-5141	-16385
2015	45403	49978	41511	43254	-16626	-15318	-5096	-17652

资料来源：根据历年《中国统计年鉴》和《河南统计年鉴》计算。

且绝对数额也有所缩小。从不同所有制经济来看，国有经济增长态势与全省人均工资基本相同，几个时期的年均增速分别为 5.23%、2.74%、4.67%、8.68% 和 14.34%，均十分接近全省水平。城镇集体经济有所不同，1978~1985 年均高于河南省国有经济的增资速度，分别达到 7.39%、5.37% 和 3.20%，前两时期也

高于全国的增资速度，所以，该阶段，与全国人均工资水平的差距由原来的500余元，迅速缩小至130余元，1985～2000年由于增速低于全国水平，差距有所扩大，1995～2000年增速均低于全省水平，分别达到8.12%和13.34%，前者接近全国水平，后者高于全国水平，所以，该阶段，绝对差距扩速减弱，2000～2007年，与全国水平差距迅速缩小，到2007年，反而高出全国水平250余元。其他经济，1985～1990年，工资扣除物价因素，实际是负增长，年均降低0.17%，之后，增长较为迅速，逐期加速增长，1995～2005年三个五年时期依次增速为4.60%、9.23%和15.55%，除第二期与国有经济水平相当之外，其余时期均略高于全省增资速度，所以，前两个时期，其他经济与全国人均工资水平的差距也是逐步拉大的，但到后两期，先逐步减弱扩大趋势，后迅速缩小差距。2008～2015年，河南薪资水平增速基本与地区生产总值增速持平，但由于基数小，与全国工资水平的绝对差距反而迅速拉大。其中，其他经济由于基础最小，虽然该阶段，增速并不低，但与全国水平绝对差距却最大；国有经济工资水平次之，差距扩大至15300元，但低于全省平均差距；城镇集体经济差距最小，差距刚过5000元。

三、中原经济区人力资源配置的问题

河南省人力资源配置的问题与河南省人力资源的素质和结构紧密相关。河南省经济增长的就业弹性不高，就业结构不合理，科技进步路线严重偏离省情，对外开放影响还较小。

（一）经济增长与人力资源配置问题

经济增长就业弹性下降迅速，目前只有0.19，只有20世纪的1/4；经济增长结构不合理，资源性、高能耗、高污染、资金密集型的重化工业增长快，2010年河南省上半年工业增长贡献率最大的前三名均为此类产业①，而人力资源密集

① 河南社会科学院．河南改革开放30年［M］．郑州：河南人民出版社，2008：123.

型、高附加值、低能耗、低污染的高技术、创意产业发展严重滞后，作为拥有全国最丰富的文化资源的河南，2008 年文化产业的比重只有 2.6%，远低于其他文化大省。过高的工业产值比重却未能拉动就业比重的大幅攀升，两者的差距过大。

（二）产业结构与人力资源配置问题

城乡就业结构严重失衡：城市就业比重偏低，农村就业比重过高；三大产业就业极其不合理：一产比重偏高，三产比重偏低，二产产值比重与就业比重偏离度过大；个私经济和其他所有制经济就业比重偏低。

（三）科技进步与人力资源配置问题

科技进步偏重人力资源替代，资金密集型发展导向严重。21 世纪以来，劳动生产率提升很快，特别是二、三产业，减少就业趋势过于强烈，技术进步路线严重偏离了河南省人多资源相对贫乏的基本省情，高速发展的工业和服务业却没有带来就业的合理增长，就业结构的调整落后于全国水平，趋于劣化。

（四）对外开放与人力资源配置问题

河南省的对外开放虽然扩大了就业，但由于河南省对外开放水平不高，2007 年对外依存度只有 6.3%，只有全国水平的 1/10，就连资源优势十分突出的国际旅游业也不到全国的 1%。因此，对外开放带动的就业增长也是十分有限的。

总体来看，河南省人力资源配置效益是十分不理想的，主要表现为：结构十分不合理、配置的质量偏低以及与全国差距拉大。这与河南省人力资源的水平、结构息息相关。从根源上看，这是由于河南省较低的人力资源开发水平严重制约了河南省就业的城市化增长、制约了河南省就业结构调整和优化，也制约了河南省科技进步和新产业的发展和开拓。

四、提高人力资源配置效率，促进就业的对策分析

经济的发展不仅推动就业规模的提升，而且不断调整和优化着就业的结构。经济发展方式转变会深刻影响到就业结构、就业水平和就业的质量，经济发展质量和效益的提高不仅体现在经济效益和质量，而且充分体现在就业结构的优化和就业水平和质量的提升上。经济发展与就业关系问题，其实就是人力资源的配置效率和水平问题。河南省经济发展的速度和效益的提升有力地推动了就业的增长、就业结构调整和优化，但与全国水平相比，河南省就业结构调整还较滞后，结构还十分不合理，就业的质量还差强人意，一方面，由于中原经济区经济发展质量和效益不高，经济发展方式转型还十分不理想；另一方面，说明中原经济区人力资源素质和结构还不适应经济发展方式转型需要，严重制约了经济发展的质量和效益的提升。为了更好地统筹经济发展与就业增长，提高经济发展的效益和质量，必须从以下七个方面做好文章。

其一，大力发展教育事业，尤其是大力发展高等教育和职业技术教育，彻底改变河南省教育落后的面貌，增强人力资源的开发力度，不仅在增量上改善河南省人力资源结构，提升人力资源的整体素质，而且要下大力气不断提升劳动力存量的整体素质、改善其内部结构，为经济发展方式转型、提升经济发展的效益和质量提供人力资源支撑。

其二，保持经济的适度高速增长态势是目前解决就业问题的最主要手段。经济增长较低弹性就要求我们必须保持一定的增长速度才能保持就业的适度增长。

其三，调整和优化产业结构。带动就业结构调整，是优化就业结构、提高就业质量，进而提高经济发展质量和效益的基本途径。

其四，立足河南省人力资源优势，大力扶持人力资源密集型的技术进步，不断推进科技创新。一方面，形成人力资源型的技术进步路线，就可以彻底改变严重脱离河南省实际的产业发展方式，提高就业弹性；另一方面，科技创新不仅是企业提高价值链区位、形成产品竞争优势的不二法宝，也是改善河南省产业结构，变矿产资源和人力资源优势为产业优势，提升产业水平的战略举措。科技创

新不仅可以推动企业做大做强原有产业和品牌，而且是创造新产业、新产品的孵化器，因此，要形成市场化的比较优势，就必须立足河南省的人力资源优势，依托科技创新才能造就新的国际化的竞争优势。

其五，提高对外开放水平。对外开放不仅要靠良好的市场环境，更需要一定的产业优势和企业优势。没有一定的产业优势和企业优势，走不出去，引不进来；没有较高的产业优势和企业优势，即使“走出去”“引进来”了，也做不大做不强产业和企业。因此，利用资源优势，整合企业资源，努力培育一大批产业集群和企业集团，以优势产业和企业作为载体，努力打造高水平对外开放的主要平台。

其六，充分利用区位优势和金融危机所形成发展机遇，抓住国内产业梯度转移契机，高水平承接沿海发达地区的产业转移和其他国家的产业转移。

其七，立足河南省文化资源优势，顺应消费升级和产业融合的历史机遇，大力发展现代服务业，着力在新型旅游业、创意文化业、文艺休闲业、信息技术服务业等方面取得重大突破。

第七章

中原经济区高校毕业生就业问题与对策研究

在大幅扩招的后续影响下，21 世纪以来我国高校毕业生数量逐年大幅攀升，年均递增 23.8%。2002～2004 年，年均增速达到 30% 以上；2004～2007 年，年均保持在 20% 以上；近两年有所下降，但到 2009 年也保持了 9% 以上的增速。相应地，毕业生也从 2000 年的 107 万人增长到 2009 年的 611 万人，2010 年增长为 631 万人。2010～2015 年有所下降，但也保持了年均递增 20 万～30 万人的规模。与毕业生的强劲增长形成强烈反差的是：高校毕业生的初次就业率连年持续下滑，从 2001 年的 83% 下降到目前的 68%①，共下降了 15 个百分点，年均下降 2 个百分点以上。在我国，长期被视为天之骄子、从来不曾被就业困扰的大学生，却出现了大量的失业，而且失业的范围和规模在逐步攀升。21 世纪的中国，连年的高校扩招在提供更多的受教育机会、使高高在上的精英教育降落为大众化教育的同时，也把越来越严重的大学生失业问题带进了社会的视野（如图 7－1 所示）。

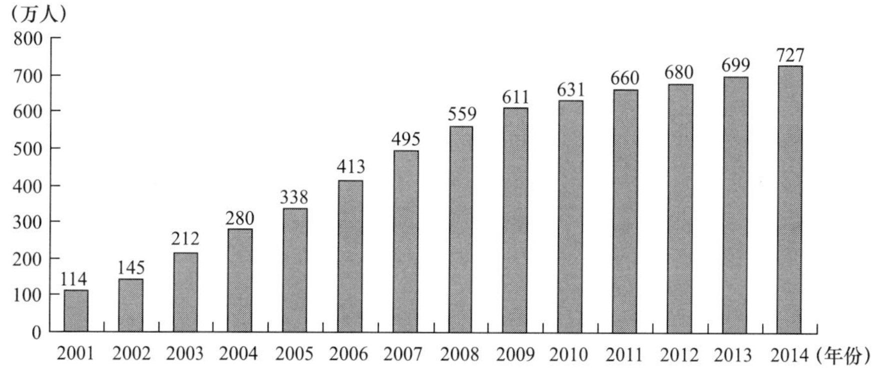

图 7－1　中国高等教育毕业生人数增长情况（2001～2014 年）

① 吴晶. 教育部高校毕业生就业率达 68% 就业形势仍严峻［EB/OL］. 新华网，2009－07－09.

一、高校毕业生的就业现状与趋势分析

当前，高校毕业生就业形势十分严峻：初次就业率持续走低，求职时期延长，求职成本攀升；就业的结构性矛盾更加突出：高等教育与市场需求错位、脱节，就业信息不畅；市场结构性分割严重，就业机会不公；就业期望与实际需求落差较大，体制内外就业、地域差距悬殊。随着金融危机负面影响进一步蔓延和扩散，未来1~2年内，大学生就业形势仍不容乐观。

（一）大学生就业的一般特点和趋势

高校在经历近15年的扩招之后，我国适龄青年毛入学率已经提高了1.5倍，达到了25%，完成了由精英教育向大众教育的转型，基本达到了世界中等发达国家的平均水平。但随着高等教育大众化的迅速发展，高校毕业生就业也出现了与精英教育时期很不相同的趋势和特点。

1. 高校毕业生增速较高、规模巨大

21世纪以来，我国高校毕业生增速较高，年均高达23.8%，约为同期GDP增速的2.5倍，虽然近两年增速有所降低，但仍高于当年GDP的增速。从毕业生规模来看，从100多万人增长到700多万人，增长了6倍，从占新增就业人口的10%增长到60%以上。每年新增绝对量为40万~70万人，近五年稳定在25万人左右。

2. 就业区域严重不平衡

大学生就业区域不平衡表现为：区域就业率不平衡、生源地与人口比重不平衡、就业区域流向过分集中于东部沿海地区和中心城市。《麦可思—2008届大学生就业调查》显示：大学生就业率的高低与地区经济活力息息相关。东部和沿海地区就业率最高，为88%，高出中西部不发达地区10个百分点，分别高出中西部中等发达地区和东部、沿海地区中等发达地区2个、6个百分点。从大学生生源地来看，东部、沿海地区占47%，高于其人口比重约9个百分点；而中西部地

区占了53%，低于其人口比重约9个百分点。与大学生就业地形成鲜明对照的是：东部沿海地区占67%，高于其生源比重20个百分点；中西部地区只占33%，低于其生源比重20个百分点，大学生就业区域显示出突出的“西才东输”的特征。净流入的省份主要集中于沿海发达地区：北京（170%）、广东（152%）、上海（128%）、浙江（54%）、福建（17%）、云南（16%）、山东（14%）、江苏（14%）、内蒙古（6%）和天津（4%）；而净流出的省区则集中于中西部：江西（70%）、湖南（63%）、湖北（62%）、黑龙江（55%）、吉林（54%）、陕西（45%）、安徽（39%）、河北（36%）、甘肃（29%）和河南（29%）等。从就业城市来看，首先，就业前10名城市基本为一线城市，北京、上海、广州、深圳、杭州、天津、成都、南京、济南和苏州分居前十位。其次，是经济发达地区二线城市和中西部地区的中心城市，特别是区域性中心城市，如重庆（第11位）、西安（第13位）、武汉（第14位）、郑州（第15位）、沈阳（第17位）、昆明（第19位）和合肥（第20位）（如表7－1所示）。

表7－1　各省区2008届大学毕业生流入率与流出率　　单位：%

省份＼类别	净流入率	流入率	流出率	省份＼类别	净流入率	流入率	流出率
广东	152	155	4	山西	－20	27	47
北京	147	170	23	贵州	－21	26	47
上海	128	136	9	重庆	－26	32	57
浙江	54	65	10	河南	－29	17	45
福建	17	36	20	甘肃	－29	19	48
云南	16	45	30	河北	－36	20	57
山东	14	31	17	安徽	－39	10	49
江苏	14	40	26	陕西	－45	15	60
内蒙古	6	45	40	吉林	－54	10	63
天津	4	45	40	黑龙江	－55	6	60
广西	－14	21	36	湖北	－62	10	72
辽宁	－16	23	39	湖南	－63	8	70
四川	－16	22	39	江西	－70	6	76

资料来源：麦克思—中国2008届大学毕业生求职与工作能力调查［EB/OL］. http：//www. mycos. com. cn.

3. 就业具有明显的挤压现象

大学生就业表现出明显的挤压现象，即重点大学毕业生就业情况好于普通本科毕业生，而本科生好于专科生，不同层次的大学之间表现出明显的层级和替代关系。表 7 - 2 显示专科生除就业能力指数外，其余各项指数均逊于本科生，特别是低于重点大学学生。非失业率和人均收入情况明显低于本科生。在重点大学中，“985”院校就业能力指数、人均收入和工作能力略好于“211”院校，毕业半年后非失业率和求职接受程度没有差别。而普通本科院校毕业生就业的各项指标均明显比重点院校差，但明显好于高职高专毕业生。麦可思的调查还发现：不论是重点院校、普通本科院校还是高职高专，大学生的个人收入情况与该生入学时的考试成绩显著呈正比关系，即入学成绩越好，毕业后的报酬越高，个人收入从重点院校到高职高专依层次而递减。① 不同层次的大学之间存在着明显的就业挤压现象。

表 7 - 2　2008 届大学毕业生就业能力的比较　　单位:%，元

项目 校别	就业能力指数	毕业半年后非失业率	毕业半年后月均收入	离校掌握的工作能力	求职接受程度
“985”院校	81	94	3315	53	35
“211”院校	78	94	2949	52	35
普本院校	76	90	2282	51	31
示范高职（专）	82	90	1788	49	33
普通高职（专）	80	86	1730	49	30

资料来源：王伯庆．2009 年中国大学生就业报告［M］．北京：社会科学文献出版社，2009：31 - 53.

4. 就业受经济因素影响明显

从近四年的就业情况来看，大学生就业水平和质量与经济增长关系密切。2006 ~ 2009 年是中国经济从高涨到急速下滑、剧烈波动的三年。在金融危机的冲击和影响下，2001 年以来保持持续高速增长的经济，在 2008 年开始出现快速的下滑态势。经济增长的剧烈波动也深刻影响到大学生就业，图 7 - 2 显示，不同层次的大学生就业无论是数量还是质量都明显地受到经济危机冲击的影响。从就业的数量来看，2007 年的经济高速增长使不同层次的就业都达到了峰值。随之而来的经济危机的冲击使失业率迅速攀升，但对不同层次的学生就业的冲击有所不同：层次越高受影响越小。最新调研资料也表明：2007 ~ 2009 年，2007 届、2008 届、2009 届三届毕业生毕业时的全职工作签约率依次是递减的，分别为 55. 8%、

① 王伯庆．2009 年中国大学生就业报告［M］．北京：社会科学文献出版社，2009：109 - 110.

52%和51%，说明危机的影响还在持续升级。从就业的质量来看，随着经济增长，就业薪资水平会随之水涨船高。2006～2007届，本科毕业生的收入有显著增加，但2007～2008届，本科毕业生的收入有较为明显的下降，2009届，很多大学生就业起薪甚至低于民工工资，但随着经济的复苏，到2009年7月，应届本科生平均月薪达到了2154元①，显著低于2007届，基本与2008届持平，但显著高于2006届。高职高专毕业生的收入2007～2008届略有下降。可见大学毕业生的收入受到金融危机的影响是不同的（如图7－2、图7－3所示）。

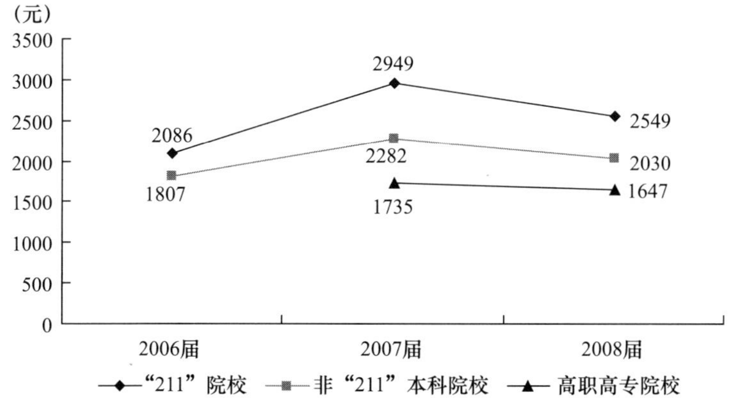

图7－2　2008届、2007届、2006届各类院校大学毕业生毕业半年后的月收入情况

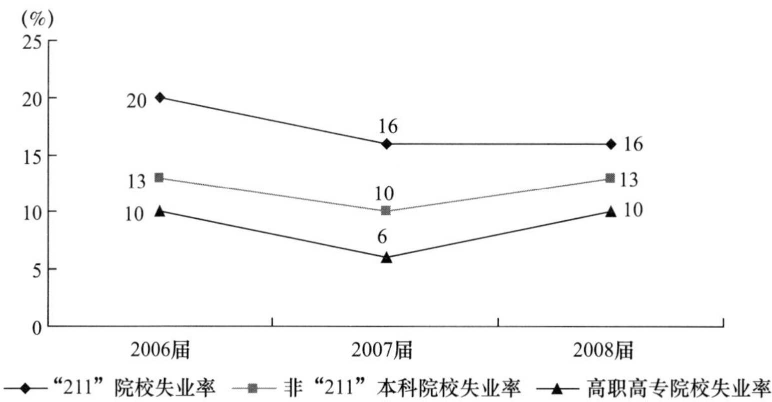

图7－3　2008届、2007届、2006届各类院校大学毕业生毕业半年后的失业情况

资料来源：麦可思—中国2008届大学毕业生求职与工作能力调查［EB/OL］. http：//www. mycos. com. cn.

① 应届本科生平均月薪2154元北京上海广州居三甲［EB/OL］. 四川在线，2009－08－01.

5. 民营经济、服务业是就业的主渠道

从大学生就业渠道来看，服务业和民营经济是其就业的主渠道。从行业来看，本科生、专科生分别占制造业的27%和31%，分别占建筑业的8%、8%，采掘业的2%、2%，农业均为2%，共计39%和43%；服务业分别占到61%和57%。制造业和服务业依然是就业的主要领域，其中，服务业本专科生占比在5%以上行业分别是文化体育教育和娱乐业（13%、6%），电信和电子信息服务业（9%、8%），金融、保险、房地产行业（9%、6%），医疗、维修及个人服务（5%、7%），零售业（5%、8%）。也就是说，现代服务业占据就业的主要领域，本科生从事现代服务业的比重明显高于专科生；而专科生从事传统服务业的就业率远高于本科生。

从所有制结构来看，民营企业/个体经济依然是大学生就业的主渠道。重点院校、普通本科和高职高专的比重依次为34%、44%和60%。其次是国有企业和三资企业，三者的比重分别为：32%、24%和17%，19%、17%和17%。从从业质量来看，重点院校明显高于普通本科，而高职高专最低。主要表现为：重点院校进三资企业、政府机构/其他事业单位机会明显高于一般院校，而一般院校显著高于高职高专。而这些单位，无论是工作环境、福利待遇和薪资水平都明显好于民营和个体。而民营和个体经济则是高职高专主要就业领域，远高于其他毕业生。

6. 自主创业比例低

创业可以更好地解决就业问题，但我国高校毕业生自主创业的积极性很低。《麦可思—中国2008届大学毕业生求职与工作能力调查》显示，如表7－3所示，中国2008届大学生自主创业占大学毕业生总数的1%，与2007届大学毕业生1.2%的自主创业比例接近。其中，“211”院校为0.54%，非“211”本科院校0.73%，高职高专院校为1.36%。2008届大学毕业生自主创业的主要地区是就业比较困难的中西部地区，主要城市类型是地级及以下城市。总体而言，越是经济发达地区、越是大城市，就业比例越高，自主创业的比例越低。[①] 我国大学生

① 王伯庆.2009年中国大学生就业报告［M］.北京：社会科学文献出版社，2009：197.

创业比率不仅严重低于发达国家20%的比率，也低于我国目前的全员创业比率11.5%。① 说明很多创业活动具有被动的特征，也就是说就业相对困难的地区创业的积极性较高。

表7-3 2008届大学毕业生不同省份的创业比重 单位:%

省份	贵州	吉林	甘肃	山西	陕西	湖北	宁夏	内蒙古	湖南
平均*	3.1	2.55	2.45	1.9	1.85	1.75	1.55	1.5	1.45
高专	5.4	3.4	3.9	2.5	2.9	2.6	1.6	2.1	2.1
本科	0.8	1.7	1	1.3	0.8	0.9	1.5	0.9	0.8
省份	辽宁	重庆	云南	广西	河南	江西	四川	浙江	全国平均
平均*	1.35	1.35	1.3	1.25	1.2	1.1	1.1	1.1	1.00
高专	1.9	1.7	0.7	1.8	1.4	1.1	1.6	1.5	1.36
本科	0.8	1	1.9	0.7	1	1.1	0.6	0.7	0.68

注：*表示为简单平均数。

资料来源：王伯庆.2009年中国大学生就业报告［M］.北京：社会科学文献出版社，2009：198.

（二）高校毕业生就业形势仍十分严峻

当前大学生就业形势十分严峻：初次就业率持续走低，求职时期延长，求职成本攀升；就业的结构性矛盾更加突出：高等教育与市场需求错位、脱节，就业信息不畅；市场结构性分割严重，就业机会不公；就业期望与实际需求落差较大，体制内外就业、地域差距悬殊。随着金融危机负面影响进一步蔓延和扩散，未来1~2年内，大学生的就业仍不容乐观。

1. 就业率持续走低，求职时期延长，求职成本攀升

当前就业形势仍然十分严峻，表现为就业率持续走低、求职时期延长和求职成本不断攀升方面。一是就业率持续走低。有关统计资料显示，大学生初次就业率呈现出明显的逐年走低趋势。而麦可思的有关调查则显示，毕业生半年后就业率则是变化不太明显。但近两年，由于金融危机的冲击和影响，就业市场明显萎

① 杨玉华.创业：一项复杂的系统工程［J］.科技创业月刊，2006（10）：37-28.

缩，就业形势十分严峻。首先，毕业生半年后就业率2008届要差于2007届毕业生，但要好于2009届。2007届就业率为87.5%，2008届就业率为86%，约降低了1.5%，预期2009届就业率为85%[①]。二是求职期明显延长。主要表现为求职期前提和后延，大约1/3的就业是在毕业半年内找到的。求职期延长主要表现为：①整个求职时期延长；2008届毕业生半年后就业率是86%，而2007届大学毕业生半年后就业率是88%。②毕业后求职越来越重要，毕业后半年甚至一年内都将是毕业生越来越重要的求职期间。约1/3的毕业生就业是在毕业后半年内完成的，2007届、2008届、2009届毕业时（7月）全职签约率分别为56%、52%和51%，而半年后就业率分别提升至88%、86%和85%，分别提升了32%、34%和34%。三是求职成本不断攀升。随着求职期间延长与求职频率和强度的不断增强，大学生的求职成本趋于提高，而其求职成本具有明显的地理区位差异。求职成本具有如下特点：①2008届大学毕业生求职成本人均在1000元左右，其中本科生高于高职高专生。②从就业地来看，首先，越是沿海发达地区求职成本越低，越是经济不发达地区求职成本越高。其次，东部沿海发达地区，本科生求职成本人均不足1000元，而中西部不发达地区求职成本则高达人均1251元，高出前者25%。最后，从求职生源地省份分布来看，内陆高于沿海；交通便利省份低于交通不便省份；距离沿海发达地区越远成本越高。

2. 就业的结构性矛盾十分突出

到2008年，我国大学文化的劳动人口总数约6500万人，约占劳动力人口的8%，低于世界中等发达国家的平均水平，只相当于发达国家水平40%左右。人口普查的资料显示，到2005年，我国25～65岁人口中大学文化的比重只有7.2%，只相当于20世纪90年代中期中下等国家的平均水平，只有中等收入国家的80%。中央教育科学研究所国际比较教育研究中心最新公布研究成果显示：2009年我国大学适龄青年毛入学率达到25%，但仍不足53个样本国家均值（54.5%）的50%，我国每百万居民中在校大学生人数为1.6万人，在53个国家中仅排名第47。从人均教育年龄来看，我国2008年人均8.5年，低于世界同期均值12年，2006年，我国国民预期受正规教育年限达到11年，但仍低于世界主要国家（53个）国民预期受正规教育年限的平均值（14.9年），近4年，在

① 李东．人保部：2009年高校毕业生就业率为87%［EB/OL］．中国网，2010－01－22.

53个国家中排名第49。[①] 就我国大学文化的人口比重来说，仍然偏低，我国高等教育仍有一定的发展空间。目前我国高等教育的规模与经济发展的需要是基本相适应的，之所以会出现越来越严重的就业问题，不是总量过剩，而是结构性过剩。就大学生就业本身来说，无论发达国家还是发展中国家，在高等教育大众化时期，失业都是司空见惯的现象。以美国为例，2001年12月大学文化的劳动力失业率为3%，2003年1月为4.8%，而2002年有近一半的大学毕业生一毕业就加入到失业的行列。[②] 而高等教育适龄入学率只有8%的印度，目前的大学生失业率也超过了17%[③]。在我国，大学生失业之所以备受关注主要与高等教育严重短缺条件下形成的精英教育观念和扩招前后的就业情况反差巨大有关。

（1）大学毕业生过快增长与劳动力市场扩容和结构调整不相适应。虽然每年劳动力的增量大致保持平均1200万人，每年城镇的新增就业岗位也达到1000万人左右规模，总体来看是相适应的，但从新增劳动力的结构来看，问题就很突出了。大学生年均增长高达24%，最高年份超过30%～45%，2010年其规模扩大到631万，近几年每年新增大学毕业生都占到新增就业的50%以上。中国劳动力市场信息网监测中心2007年第四季度对全国94个城市的劳动力市场职业供求信息的统计分析表明：从行业需求来看，79.1%的企业用人需求集中在制造业、批发和零售业、住宿和餐饮业、居民服务和其他服务业、租赁和商务服务业、建筑业，以上各行业的用人需求比重分别为30%、16.2%、11.8%、9.1%、7.5%和4.5%。从用人单位对求职者文化程度的要求来看，约87.8%的用人单位对求职者的文化程度有要求。要求高中（包括职高、技校、中专）文化程度的用人需求占总体需求的39.5%，对初中及以下文化程度求职者的需求比重为24.8%，两者合计占64.3%；对大专及以上文化的需求只占23.6%。其中，对大专文化程度求职者的需求比重为15.9%，对大学及以上文化程度求职者的需求比重为7.7%[④]。也就是说，就业的文化结构与新增劳动力的文化结构存在着26%的巨大反差。急剧扩张的大学生就业队伍，必然对原有劳动力市场和就业结构带来严重冲击。集中表现为对低端劳动力市场的挤压和对原有就业结构的洗牌和调整：

---

① 中国的教育竞争力提升速度最快教育投入居末位［N］．中国教育报，2009－11－28．

② 黄紫华，李雪如．美国大学生就业状况及其启示［J］．黑龙江高教研究，2005（1）．

③ 乔·约翰逊（Jo Johnson）．印度大学生失业率逾17%［N］．国际金融报，2006－07－25．

④ 2007年第四季度部分城市劳动力市场供求状况分析［EB/OL］．http：//w1.mohrss.gov.cn/gb/zwxx/2008－01/22/content_222087.htm，2010－02－08．

大学生就业低端化、边缘化和学历高消费现象。当然，如果从长期劳动力的需求和总的劳动力结构来看，我国高素质劳动力仍然严重缺乏，高校扩招是经济发展的必然要求。

（2）计划招生与市场就业的矛盾。一方面，由于读大学的社会需求十分旺盛，大学招生仍然是卖方市场，高校扩招再多仍然是一学难求，市场对高校招生的配置和优化机制难以有效发挥作用，实际造成了沿袭几十年的计划招生体制无法从根本上彻底打破。另一方面，大学生就业早就实现了市场化。在精英教育下呈现出的特殊形象——学历的人才甄别功能已经逐渐削弱，取而代之的是市场化的能力优选和淘汰机制。其一，大学生就业表现出计划赶不上变化，很多当年的热门专业和冷门专业在就业时常常出现戏剧般变化：当年最热门的专业常常是失业最多的专业，冷门专业则较好。其二，专业冷热不均。以2007年为例，如图7－4所示：本科毕业生就业行业更为集中，占行业数4.6%的五个热门行业其毕业生就业人数就占本科毕业生就业人数的32.5%。对本科生需求量最大的行业是教育业，需求量高于20万人，而排在第五名的软件业需求量也接近9万人。这五个行业数量只占本科所在行业数的4.6%，可是就业人数达65.8万，占本科总就业人数的32.5%。高职/专科毕业生也表现出同样趋势：在就业行业上比较集中，五个热门高职/专科就业行业人数达到61.4万，占高职/专科就业人数的28.2%。热门的专业不仅基业规模大，往往也意味着较高的薪资水平；相反，冷门专业不仅就业容量小，而且薪资水平普遍较低。从半年后薪资水平来看，热门专业除教育业偏低之外，其余专业薪资水平普遍在2600元以上，而冷门专业除非储蓄的信贷业达到2984元之外，其余皆低于热门。其三，学历没有技术、经验重要。近几年，高校毕业生普遍不如中专职校生，甚至不如一般的农民工。中专职校生就业率一直保持在95%以上，而农民工自2003年以来就相对短缺，除金融危机影响出现的大面积返乡外，2009年10月，随着我国经济复苏，珠三角、长三角等地开始出现民工荒。其四，专业与职业相关度较低。《麦可思—中国2007届大学生求职与工作能力调查》显示：本科毕业生就业专业与本人所学专业相关度最高的前五个行业：法律服务、林业、软件业、医疗健康服务、重型建筑承建业相关度达到82.4%～85.1%。高职高专前五个行业：建筑和安装装饰业、医疗健康服务、教育和水上运输业专业相关度只有78%～82%。本科最低前五个行业：餐饮、保险销售、人力资源管理、其他党政机关、食品业，相关率只有39.7%～46.9%。高职高专最低前五个行业：其他党政机关、保险销售、证券

业、餐饮、保险承险业，只有32.5%～36.3%。也就是说，大学生就业有相当部分从事的职业与所学专业无关，如图7－4、图7－5所示。①

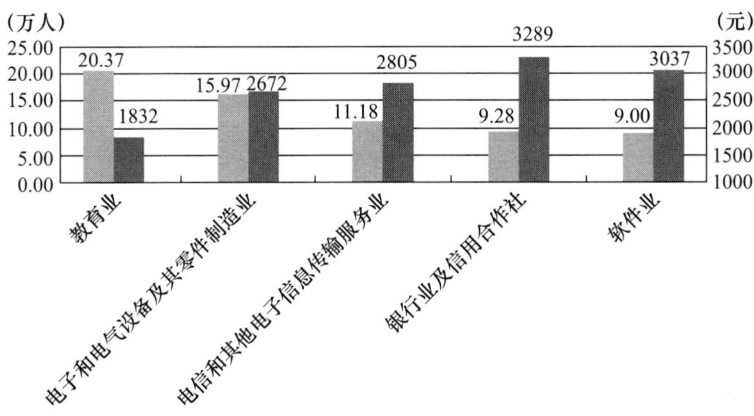

图7－4　中国大学毕业生就业最热门的专业

资料来源：麦可思—中国2007届大学毕业生求职与工作能力调查［EB/OL］.http：//www.mycos.com.cn.

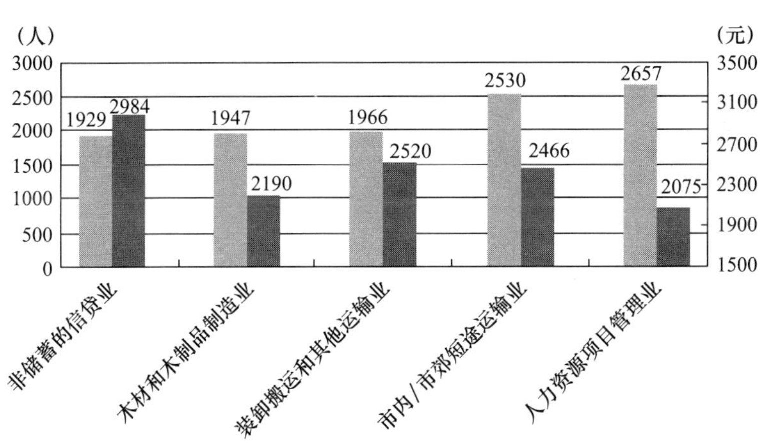

图7－5　中国大学毕业生就业最冷门的专业

资料来源：麦可思—中国2007届大学毕业生求职与工作能力调查［EB/OL］.http：//www.mycos.com.cn.

① 麦可思—中国2007届大学生求职与工作能力调查［EB/OL］.http：//www.mycos.com.cn.

（3）学识教育与能力导向的矛盾。当前大学生就业问题凸显了学识教育与市场化就业的矛盾。传统的精英教育注重学识、理论教育而忽视实践能力的培养。这种问题在精英教育时代被掩盖起来，而在大众化教育时代，由于大学生就业的结构性过剩而凸显出来。现在就业市场，一方面，大学生就业率直线下降；另一方面，中高级技工、管理人才、营销人才严重短缺，“月薪8000元也难求一名合适的技工！”[①]。大学毕业生缺乏必要的技术和实践经验越来越成为妨碍其顺利就业的主要问题。有关调查显示，在中国各专业领域的大学毕业生当中，真正适合外企工作需要的不足10%[②]，与欧美大学生相比，中国大学毕业生缺乏实际工作经验和国际化沟通能力差，是大学生国际化就业的最大障碍。

（4）经济结构的快速调整与教育结构、专业结构的矛盾。劳动力需求结构的变化最终还是经济结构演进和调整的结果。长期以来，我国形成了依赖低端劳动力的经济增长模式，经济发展对低端劳动力需求旺盛，特别是随着我国工业化进程的加速，职业化技能型人才需求攀高。近几年，中等专业学校毕业生一直保持供需两旺的态势也很好地说明了这一趋势：2008年我国中等职业学校毕业学生数为589.1万人，就业学生数为564.24万人，平均就业率为95.77%，高于同期高校就业率28个百分点[③]。然而随着我国经济发展水平的提升，工业化迈入了中期阶段，比较优势逐步向较高层次技术、资金优势转移，传统的经济结构和产业结构转型和升级造成了现代服务业人才需求急剧升温，高级技术人才、管理人才、营销人才以及研发人才需求增多。而我国高等教育却没有完成相应的调整和变革。高校毕业生就业出现突出两极化：市场紧缺的技能型高级人才缺口很大，而一般学识型人才却一职难求。

（5）多元、多变的需求模式与僵化、大一统的管理体制之间的矛盾。高等教育结构不合理，发展路径单一，内部学科设置严重雷同，缺乏特色，也是造成大学生就业难的一个原因。根据《2009年大学毕业生就业报告》整理计算的数据来看，2008年失业率最高的专业往往是入学时最热门的专业，前七位依次为计算机科学与技术5.93%、法学5.74%、英语4.99%、国际经济与贸易3.69%、工商管理3.11%、汉语言文学2.46%、电子信息工程2.19%。这些专业毕业生

① 姚有林．月薪8000元为何难解“技工荒”［EB/OL］．新华网，2009-10-22.

② ［美］戴维拉盖．在中国寻找人才越来越难［N］．国际先驱论坛报，2006-04-24.

③ 2008年我国中职毕业生就业率95%以上加工制造类就业率高达97.56%［EB/OL］．互联网，2009-09-03.

在被调查的 17 个省份中失业率位居前十位的专业出现的概率分别为 94.12%、88.24%、88.24%、82.35%、70.59%、58.82%、58.82%。专科也表现出同样的趋势。据河南、湖北、湖南、江西、广东、四川六省的调查资料计算，失业率最高的七个专业依次为：计算机应用技术（6.03%）、数控技术（4.83%）、计算机网络技术（3.75%）、电子商务（3.65%）、机电一体化技术（3.57%）、物流管理（3.17%）和电子信息工程（3.07%），这些专业毕业生失业率位于前十位的概率分别为：100%、83.33%、83.33%、83.33%、66.67%、66.67% 和 66.67%（如图 7－6、图 7－7 所示）。

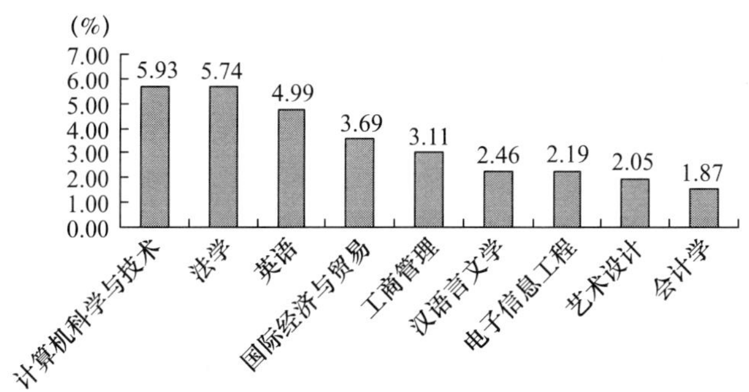

图 7－6　2008 年本科生专业失业率排名

资料来源：王伯庆 . 2009 年大学毕业生就业报告［M］. 北京：社会科学文献出版社，2009：113－114.

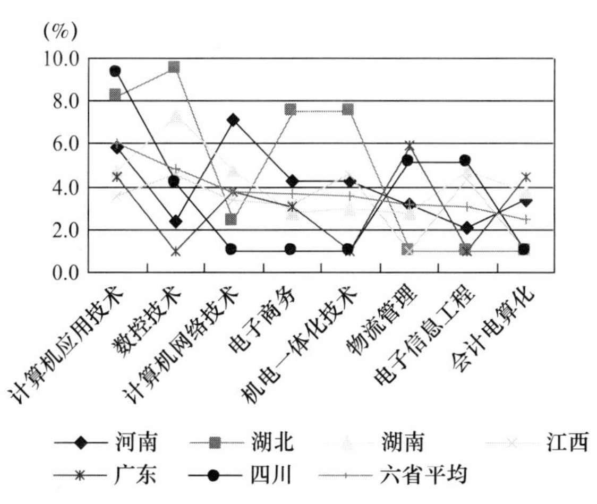

图 7－7　2008 年专科生专业失业率排名

资料来源：王伯庆 . 2009 年大学毕业生就业报告［M］. 北京：社会科学文献出版社，2009：113－114.

改革开放以来，高等学校基本沿着“一般高校⇒综合大学⇒研究性大学”这样一个单一的发展模式发展，这样就造成了偏重于知识传授和理论研究的高等教育培养模式：一般大学模仿研究性大学，大专、高职教育照搬大学，必然造成高等教育内容设置严重重叠，层次、分工不明确，特色不明显，而过分趋同的高等教育模式和教育内容，就必然造成大学层次定位不清，分工不明，造成培养的劳动者千人一面，同质化竞争严重，大学教育的不同层次和特色就失去了劳动力市场的定位功能和甄别功能，在劳动力供大于求的条件下，必然造成人才的高消费倾向和人才的严重浪费①。作为发展中大国，不仅廉价劳动力的短缺威胁着我国制造业的发展，而且缺少合格大学毕业生会进一步破坏我国转变经济增长方式的努力，阻碍我国贸易增长方式向高附加值的制造业和服务业转型的长期发展。

（6）就业期望与实际需求落差较大。高等教育日益大众化、普及化，而很多大学毕业生还没有走出精英心态，与劳动力市场需求产生严重的错位。供需错位主要表现为：大学生就业意向集中在沿海发达地区、大中城市以及福利待遇优厚的政府部门、外企等单位，而广大中西部地区、中小城镇以及福利待遇较差的民营企业则备受冷落。有关的调查统计显示，大学生在就业区域选择、就业单位性质选择上都存在着较严重的趋同现象，“经济发达地区、高薪酬、外企或政府机关”仍然是大多数大学生的就业首选。调查显示，高达 29.85% 的毕业生表示会把外企作为自己就业时的首选；其次为国企，有 25.80% 的毕业生把国企作为自己就业时的首选单位；政府机关排名第三，所占比例为 15.20% 。选择前三类就业单位的毕业生比例接近 70% 。② 麦可思的有关调查显示：2008 届大学毕业生在直辖市和省会中心城市就业的意愿居高不下，“211”院校、一般本科院校和高职高专毕业生期望在直辖市工作比例分别是 81% 、74% 和 69% ，在省会中心城市工作的意愿分别为 86% 、85% 和 81% ，而在区县工作的意愿只有 26% 、34% 和 41% 。③ 图 7 – 8 则反映 2007 年“211”院校毕业生就业期待与实际就业巨大反差：直辖市相差 50.5% ，副省级城市相差 50.9% 。

---

① 杨玉华．大学生就业难的结构性矛盾分析［J］．商业时代，2007（15）：10 – 11.

② 大学毕业生就业发展 2006 年度调查报告白皮书［EB/OL］．中国人力资源开发网，2006 – 06 – 21.

③ 王伯庆．2009 年中国大学生就业报告［M］．北京：社会科学文献出版社，2009：141.

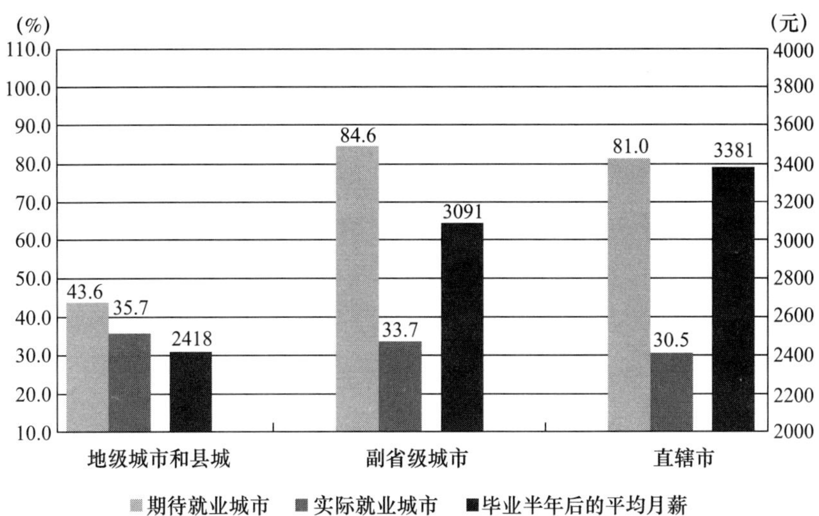

图7－8　中国重点院校毕业生就业城市与期待就业城市比较

注：省会城市包括了副省级城市如大连、厦门等。

资料来源：麦可思—中国2007届大学毕业生求职与工作能力调查［EB/OL］. http：//www. myoos. com. cn.

二、造成高校毕业生就业问题的社会经济原因分析

（一）高校毕业生就业问题的直接根源在于经济发展问题

金融危机冲击所形成的经济发展困难，放大了传统的经济发展方式长期累积的负面影响，形成了国际国内经济发展周期叠加的共振效应，推动了经济结构调整、经济发展方式的被动转型，对原有的就业结构和就业增长格局形成了较大的冲击和影响。而经济发展方式和企业的加速转型、经济结构的调整必然进一步加剧就业的结构性矛盾，延长大学生求职和就业的调适期（如图7－9所示）。

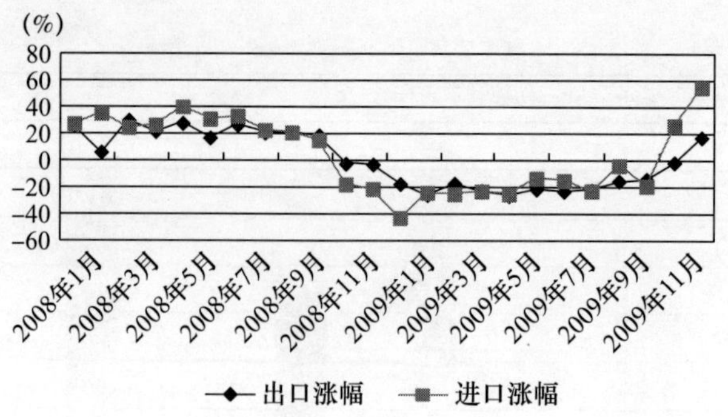

图7－9　金融危机对我国对外贸易冲击和影响（2008～2009年）

自2008年美国金融危机爆发以来，金融危机对我国经济社会的冲击越来越显著。由于美国经济与欧洲、日本联系密切，金融危机率先影响到美、欧、日的实体经济。而对美欧的出口又占到我国对外出口约40%，欧美外需的变化对我国的影响十分明显。所以，随着美国金融危机影响的扩散，金融危机对我国经济的影响进一步显现。统计数据显示，2007年6月，美国华尔街投行过度投机导致的大宗商品价格疯涨时期就已经开始影响到我国出口。飞涨的生产成本使许多靠赚取微薄加工费的中小企业已经不敢接单生产了。到2008年金融危机爆发，美欧国内市场急剧萎缩，我国出口受到严重冲击。统计显示：自2008年10月以来，我国对外贸易，尤其是出口形势急剧恶化，对外贸易连续12个月负增长，直到2009年11月，我国出口才开始企稳回升。长期以来，我国已经形成了出口导向型的经济增长模式。据笔者对1978～2005年统计数据（2000年不变价）的回归分析显示：投资和出口几乎包揽了我国该时期的经济增长率的贡献份额，其中出口依存度贡献了45%以上经济增长率。所以，对外出口的波动对我国经济影响十分明显。国家统计局2010年2月4日公布的2009年三大需求（消费、投资和出口）对经济增长的贡献率数据显示：2009年最终消费对GDP的贡献率为52.5%，拉动GDP 4.6个百分点；资本形成（投资）对GDP的贡献率92.3%，拉动GDP 8.0个百分点；净出口对GDP的贡献率为－44.8%，拉动GDP－3.9个百分点。2008～2009年的GDP增长数据也显示，自2008年第一季度，我国GDP就逐季下滑，到2009年第一季度降至谷底，只有6.10%；随后开始回升，到2009年第四季度已经回升到10.1%。如果我国目前的GDP增长的就业弹性是0.1左右，而每年新增就业大约是1000万，所以，要保证充足就业率，经济增长

速度就要足够高，增速10%比较适合就业的速度，低于9%就会对就业产生很大压力，而低于8%就会造成严重失业（如图7-10所示）。

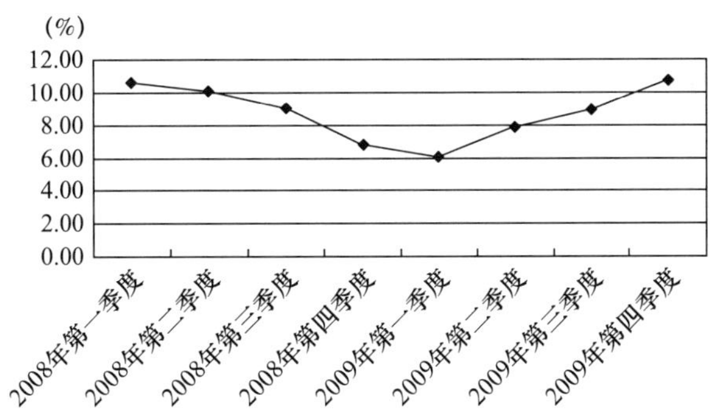

图7-10　金融危机冲击中的我国经济增长（2008~2009年）

金融危机对我国经济的影响主要表现为出口市场萎缩和出口企业减产甚至关门破产。长期以来，我国形成的出口导向型经济增长模式主要依赖于廉价劳动力、廉价资源和环境的产品出口带动。工业，特别是出口率在10%以上的出口导向型工业的高速增长是增加就业的主渠道，而这些行业基本属于劳动密集型行业，是我国发挥劳动力资源富裕优势的主要领域。① 而在对外贸易中，加工贸易又是我国对外出口的主要形式。加工贸易作为大多数发展中国家借助于跨国公司的分工体系参与世界分工，发挥比较优势的重要方式，在国际分工体系中的位置却是最低层次。在整个工业制造的价值链条中，加工组装环节处于成本最高、效率最低、附加值最低的环节。我国企业大多数就是借助于加工贸易参与国际分工。由于缺乏核心竞争力，这些企业常常被迫在国际市场上过分倚重于价格竞争，价格竞争就成为大多数企业获取市场份额，获取竞争优势的主要手段。有关资料显示，我国真正有自主知识产权的企业在全国只有3‰，就是在中关村这样一个高新技术比较集中的地方，拥有自主创新的企业也只有3%；我国企业自主品牌少，知名品牌更少，很多甚至就没有品牌，比如出口大省广东，自主品牌只占出口的10%左右，就是上海也不过20%。② 严峻的贸易竞争、不利的国际分工

① 杨玉华．国际贸易对就业的影响——中国1978~2005年对外贸易与就业的关系研究［M］．北京：经济管理出版社，2007：152.

② 孙冰．“技术黑洞”正在吞噬中国产业［J］．中国经济周刊，2006-06-05.

地位，不仅严重损害我国工业增长的质量，也限制了我国工业的进一步发展和贸易结构的优化和升级。所以，金融危机袭来，首当其冲就是从事加工贸易的企业，这些企业依赖劳动力的价格优势，赚取微薄企业利润。一方面，大宗商品价格攀升会挤垮它们；另一方面，市场的萎缩和过度竞争也会击垮它们。所以，我国珠三角地区加工贸易型企业受到严重冲击。冲击严重时，关门破产中小企业达到七八万户。大量出口企业的关门破产不仅严重冲击了农民工就业市场，而且冲击了相关的大学生就业市场。

在金融危机冲击下，原有的经济增长方式和经济结构长期积累的问题就凸显出来。据统计，除城镇下岗失业人员之外，2012 年全国有高校毕业生 610 万人，加上 2011 年未就业的毕业生约 100 万人，合计有 710 万大学生需要就业，再加上失业返乡的 2000 万农民工和滞留城市难以就业的农民工，三路就业大军形成“叠加”效应，使就业形势面临前所未有的压力。在经济危机冲击下，我国的经济发展方式和企业加速转型，经济结构调整步伐进一步加大。如很多省份文化产业异军突起，甚至成为替代工业吸纳新增就业的主要领域。但由于人才培养的周期性和滞后性，一方面，大学生就业受到原有经济增长方式和就业结构剧烈调整的冲击，就业难度加大；另一方面，也受到新兴产业和行业就业的挑战。因此，就业的结构性矛盾加剧，延长了大学生求职和就业的调适期。

（二）高校毕业生就业问题突出表现为结构性矛盾

社会经济发展不平衡和社会体制分割造成劳动力市场结构性分割，形成了严重的结构性供求矛盾：高校毕业生就业难与部分企业、行业、地区招工难以及基层、艰苦行业和落后地区留不住人才并存，高校毕业生的就业期待与就业市场落差较大，求职渠道不畅与政府的就业服务效率不高并存。

1. 我国经济发展不平衡导致就业机会不公和待遇相差悬殊

（1）从地区差距来看，如表 7-4 所示，2008 年经济发达的东部地区人均年收入达到 20965.49 元，分别比同期的中部、西部和东北地区高出 6903.76 元、7048.48 元和 6803.47 元，中部、西部和东北地区分别只相当于东部地区的 67.07%、66.38% 和 67.55%；人均可支配收入，东部发达地区年人均达到 19203.46 元，分别比中部、西部和东北地区高出 5977.58 元、6232.28 元和

6083.79 元，这些地区分别只相当于东部地区的 68.87%、67.55% 和 68.32%；人均消费性支出，东部发达地区年人均达到 13434.72 元，分别比中部、西部和东北地区高出 4185.7 元、3830.68 元和 3396.48 元，这些地区分别相当于东部地区的 68.84%、71.49% 和 74.72%。无怪乎“孔雀东南飞”。

表 7-4　我国地区收入差距（2008 年）　　单位：元

项目＼地区	东部地区	中部地区	西部地区	东北地区
人均全部年收入	20965.49	14061.73	13917.01	14162.02
人均可支配收入	19203.46	13225.88	12971.18	13119.67
人均消费性支出	13434.72	9249.02	9604.04	10038.24

资料来源：《中国统计年鉴（2009）》。

（2）从城乡收入差距来看，自 1985 年以来，两者的相对差距是波动拉大的，如图 7-11 所示，2002 年达到 3.11∶1，2007 年扩大到 3.33∶1，2008 年虽有所缩小，但也达到了 3.31∶1；绝对量的差距则是持续扩大，从 1978 年相差 209.8 元，扩大到 2008 年的相差 11020.2 元，扩大了 51.5 倍。虽然城乡的差距不是大学生就业环境的差距，但却能间接地反映大城市与中小城镇之间的差距。省份差距也是十分显著的。2008 年，上海、北京和天津的人均 GDP 分别达到了 72554 元、61876 元和 54034 元，在 1 万美元左右，接近发达国家水平；浙江、江苏和广东省，人均达到了 41967 元、39485 元和 37402 元，均超过了 5500 美元。

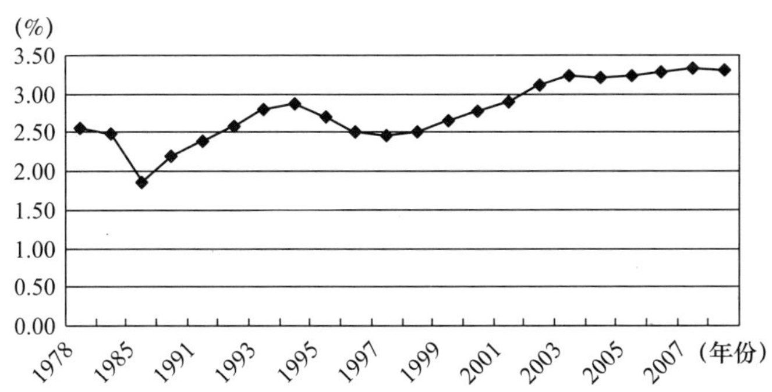

图 7-11　我国城乡收入对比变化（1978～2007 年）

经济不发达地区省份，如贵州，只有人均8788元，不足1500美元。后者只有前者的1/8～1/4。以河南为例，改革开放以来，该地区工资水平与全国水平的差距越来越大，最近几年绝对差距达到高峰，各类国有经济和其他经济的平均工资水平低于全国水平15000元左右。正是由于经济上的巨大落差，才形成大学生就业涌向沿海发达地区、大中城市的就业导向。所以，很多的大学生就业“宁愿要大城市的一张床而不愿要小城镇的一栋房”。

2. 社会事业发展不平衡和事实上的劳动力市场分割影响大学生就业导向

如表7－5所示，我国长期以来社会事业发展极不平衡，而且形成了与之配套的不平衡额制度化保障体系。就业市场在这些显性或者隐性制度隔离的背景下事实上形成了劳动力的隔离体制。主要体现在城乡体制隔离，把劳动力市场隔离为城市和农村劳动力市场。中国农村问题研究中心副主任项继权教授说，市场经济制度要求迁徙自由，而户籍制度还在通过人口登记区分不同的权利，企图用这些权利将人口绑定在出生地，由此带来的城乡就业、居住、税费、教育、医疗、社保、卫生、土地、参军、消费、人才、金融等诸多二元歧视制度或管理，阻碍了社会的良性运行。随着劳动力市场化进程不断推进，农村劳动力向城市流动的篱笆已经打开，但城市劳动力还被制度隔离在农村土地经营市场之外。随着中小城市户籍制度福利待遇的剥离和中小城镇户籍制度的逐步开放，城乡劳动力市场在中小城市的差距日益缩小，而在大城市由于户籍还没有放开，附着在户籍制度上的福利待遇还很多。2010年的调查显示：一个北京户口绑定利益超百万①。体制的隔离政策，也是造成就业市场差距的重要因素。随着我国新增劳动力市场化的改革，在不同的所有制经济结构中，我国城市劳动力市场事实上形成了新旧和内外两个体制不同、福利待遇差距巨大的双轨市场。一个是体制内正规劳动力市场化，劳动者合法权益能够很好地得到全面体现和保护；另一个是体制外的非正规市场，劳动者合法权益无法全面体现、劳动者权益也无法得到全面的保护。由于我国劳动力市场还基本上属于地方归口管理，劳动力市场的地方分割也十分严重，事实上就形成了体制内劳动力待遇层级化（都市好于中心城市，中心城市好于一般城市；大城市好于中等城市，中等城市好于小城镇）现象，体制外劳动力待遇的地方差异十分突出。一方面造成体制内劳动力无法合理流动，另一方面造

① 户籍制延缓城镇化一个北京户口绑定利益超百万［N］．经济参考报，2010－01－27.

表7-5　2008年人均GDP省份差距情况（贵州=1）　单位：元

类别 省份	人均GDP	倍数	类别 省份	人均GDP	倍数	类别 省份	人均GDP	倍数
上海	72554	8.26	福建	30031	3.42	海南	17087	1.94
北京	61876	7.04	吉林	23497	2.67	四川	15368	1.75
天津	54034	6.15	河北	23163	2.64	广西	14891	1.69
浙江	41967	4.78	黑龙江	21725	2.47	江西	14728	1.68
江苏	39485	4.49	山西	20342	2.31	安徽	14465	1.65
广东	37402	4.26	湖北	19840	2.26	西藏	13795	1.57
山东	32996	3.75	河南	19523	2.22	云南	12547	1.43
内蒙古	32153	3.66	重庆	17952	2.04	贵州	8788	1.00
辽宁	31197	3.55	湖南	17487	1.99	平均	23648	2.69

资料来源：根据《中国统计年鉴（2009）》整理计算。

成体制外劳动力无序流动。此外，区域差异也十分突出。由于社会事业的发展是靠地方经济实力直接保证和支持的，所以，经济发达地区有足够的财力办好社会事业。发达地区良好的社会保障条件，便利廉洁的公共服务，便利而高质量的医疗卫生设施，高质量的教育教学质量，以及较高就业的机会和接受高等教育的机会等，这些差距也是造成劳动力市场差异的主要因素。正是由于劳动力市场的巨大差异和体制分割，才导致大学生就业流向单一。所以，从表面上来看，大学生就业观念与市场要求不适应，企业用工信息与大学生就业要求对接不畅，但这些问题的背后却是社会经济发展不平衡，劳动力市场体制、地方分割，地方化分隔管理导致的社会体制问题。

3. 高校毕业生就业问题的症结是结构性相对过剩，突出表现为高等教育的“供”与劳动力市场的“求”之间的错位和脱位

目前，我国高等教育的规模与经济发展的需要是基本相适应的，之所以会出现越来越严重的就业问题，不是总量过剩，而是结构性过剩。就大学生就业本身来说，无论发达国家还是发展中国家，在高等教育大众化时期，失业都是司空见惯的现象。在我国，大学生失业之所以备受关注主要与高等教育严重短缺条件下形成的精英教育观念和扩招前后的就业情况反差巨大有关。

（1）高等教育超前发展与经济发展方式转型滞后的矛盾。高等教育的适度

超前发展是实施人才强国战略和科教兴国战略的重要举措，不仅满足了人民群众对高等教育的需求，也为我国经济发展方式转型和经济结构的调整提供了人才支持，但势必加剧高等教育与经济发展方式转型滞后的矛盾，形成了高校人才培养的总量、结构与劳动力市场的客观需求错位、脱位。首先，近几年大学生招生增长速度远超过 GDP 的增速，劳动力结构变化远大于实际就业学历结构的变化。其次，从供需结构来看，据笔者推算，2009 年大学招生 629 万人，占 6 年前初中生总数的 30.3%，高中阶段招生约 1250 万人，约占 74.5%，余下为未升入高中阶段学习直接进入劳动力市场的学生。高中阶段扣除读大学比例约 60%，约占 6 年前初中生的 41%，余下为初中劳动力，比重约占 28.7%。与 2007 年末的劳动力需求结构相比差距很大。大学毕业的劳动力比重高出实际需求近 7 个百分点，高中文化需求则略低于劳动力供给比重（考虑到该阶段招生三年后就业，劳动力比重基本是适合的）。初中及以下劳动力供给缺口达到近 4%。就目前而言，大学学历劳动力过剩，高中阶段基本适合，初中劳动力存在缺口。最后，从产业结构来看，目前我国产业结构还处于较低水平：农业就业比重偏高，服务业就业比重偏低，二产产值比重偏高，农业产值结构与就业结构偏离度太高。行业结构也反映了我国现代农业、现代工业、现代服务业发展迟缓，比重偏低的现象。也就是说，我国经济结构过度依赖低端劳动力，而对中高端劳动力的吸纳能力偏弱（见表 7－6）。

表 7－6　中国经济结构变迁（1978～2015 年）　　单位：%

项目 年份	就业结构			产值结构		
	一产比重	二产比重	三产比重	一产比重	二产比重	三产比重
1978	70.53	17.30	12.18	28.19	47.88	23.94
1980	68.75	18.19	13.06	30.17	48.22	21.60
1985	62.42	20.82	16.76	28.44	42.89	28.67
1990	60.10	21.40	18.50	27.12	41.34	31.54
1995	52.20	23.00	24.80	19.96	47.18	32.86
2000	50.00	22.50	27.50	15.06	45.92	39.02
2005	44.80	23.85	31.35	12.24	47.68	40.08
2006	42.62	25.16	32.22	11.34	48.68	39.98
2007	40.84	26.79	32.36	10.92	48.50	40.58

续表

项目 年份	就业结构			产值结构		
	一产比重	二产比重	三产比重	一产比重	二产比重	三产比重
2008	39.60	27.20	33.20	10.70	47.50	41.80
2009	38.10	27.80	34.10	9.80	45.90	44.30
2010	36.70	28.70	34.60	9.50	46.40	44.10
2011	34.80	29.50	35.70	9.40	46.40	44.20
2012	33.60	30.30	36.10	9.40	45.30	45.30
2013	31.40	30.10	38.50	9.30	44.00	46.70
2014	29.50	29.90	40.60	9.10	43.10	47.80
2015	28.30	29.30	42.40	8.80	40.90	50.20

资料来源：根据历年《中国统计年鉴》整理计算。

（2）教育体制改革滞后，与人才的市场化需求不相适应。高等教育快速从精英教育走向大众教育，从计划招生计划就业向计划培养市场就业转变，使高等教育自身的定位、运行机制、培养模式、培养内容以及教育结构发生了深刻的变革，而目前高等教育却沿袭了“计划—精英”教育的模式和体制，所以，就必然造成高校计划培养与市场需求的严重脱节。高等教育的趋同化、就业同质化竞争严重，人才浪费和人才短缺现象相当严重。中国以前由于处于计划经济之下，在高校里面实行的是“统包统分”，毕业生不愁毕业后没工作，长期以来，高校忽视了学科专业的设置必须与市场的需求相适应这一客观规律。当国家实行经济体制改革后，实行市场经济，将过去那种“统包统分”改变为“双向选择，自主择业”，在计划经济体制下形成的问题马上暴露出来：寻求市场和信息观念不强，就业指导观念落后等，学校专业设置、教学方式与社会经济发展不相适应。近年来出现的两种新现象也加剧了高校毕业生就业的问题。一种情况，有些学校盲目追求短时效应，不顾本校的实力，盲目开办一些热门专业，造成人才供求过剩；另一种情况，有些高校市场灵敏性不够，对一些冷门专业，社会需求少的专业，没有及时调整招生人数，改革课程内容、教学过程、教学方式，导致学生毕业未就业就先失业。

（3）教育方法、教学内容陈旧，无法适应能力取向的市场化要求。长期以来，在精英教育背景中，我国高等教育形成了重学识，轻实践和能力培养的教育传统。这种教育理念和教育方法的弊端在市场化就业过程中暴露无遗。同时，与这种教育传统相适应，形成了以单向度灌输知识为特征的教育教学方法。在教学过程中，学生是被动地接受现成的知识体系，而教师则成为课堂灌输的主体。特别是在大规模扩招后，授课班级规模普遍过大，一般基础课均在100人甚至200人左右，程序化的灌输知识体系就俨然成为流水线的生产过程。学生接受的是程序化已成定论的知识体系，缺乏必要的学识探究和互动，学生的思考过程无法再现，分析问题和解决问题的能力难以系统培养，而考评体系则偏重于对知识体系的记忆和重复，缺乏创新性和探讨性，形成统一的标准答案和评价标准，几乎不允许学生有自己的创新和不同的见解，扼杀了学生的创新性和主动性，难以形成有效地分析问题和解决问题的能力。缺乏必要的能力是造成大学生就业困难主要原因。即使能够就业，由于缺乏创造性工作的能力，就业岗位流失也会在所难免。据2007年北京高校毕业生就业指导中心面向近3000名高校毕业生的一项调查显示，大学生就业流失率居高不下，参加工作一年后，有近一半学生被企业淘汰。[①] 就业能力的严重缺失是当今大学培养方面存在的普遍问题。以工科教育为例，虽然我国已经培养出世界最大规模的科技队伍，但由于我国目前工科教育还存在着“重论文、轻设计、缺实践”的严重弊端，实际上，很难培养出符合市场需要和未来国际竞争发展需要的人才，所以真正适合国际竞争和市场化的人才十分匮乏。中国科协近期发布的调查显示，中国已拥有科技人力资源总量高达4200万人，居世界第一位，其中工程科技人才约占了1/3，但其中能够胜任未来发展需要的人才不足1/10。在瑞士洛桑国际管理开发研究院发布的2002年《国际竞争力报告》中一项“国内市场上是否有合格的工程师?”的调查显示，在参与排名的49个主要国家中，中国排在末尾。造成这一困境的具体原因：一是实践教育和工程设计环节缺失，重论文却轻设计、缺实践；二是学科老化，知识的融合与交叉欠缺，创新教育不足；三是基础教育中缺乏对工程科技与创新的兴趣培养以及动手解决问题的能力，导致与高等工程教育无法衔接；四是工科教师队伍的非工化趋向严重，工程背景不足。根据美国工程院提出的面向2020年工程师必备关键特征显示，分析能力、实践能力、创造能力以及沟通能力都是未来全球对工程科技人才的要求。中国工程院常务副院长潘云鹤认为：“中国工程科技未来的发展还迫切需要理论+技术实践+多专业知识交叉应用的技术集成创新人才、理论+技术实践+创新设计的产品创意设计人才以及

① 袁新文．大学不是“保险箱”［EB/OL］．人民网，2009-11-13.

理论＋技术实践＋创业市场能力的工程经营管理人才等三大类人才。”[①] 我国作为发展中大国，如果说廉价劳动力的短缺威胁着我国制造业的发展，那么缺少合格大学毕业生则会进一步破坏我国转变经济增长方式的努力，阻碍我国贸易增长方式向高附加值的制造业和服务业转型的长期发展。[②]

（4）管理体制僵化，还无法直接面向市场培养。管理体制僵化主要体现在高度统一的行政化管理、计划招生和培养、严进宽出的管理理念等方面。首先，高度统一的计划管理体制，无法发挥市场的淘汰和发现机制。由于大学生招生还处于卖方市场，学生读书还无法真正选择学校和专业，所以，即使是就业很差的专业，市场也无法淘汰；即使培养再差的高校，市场也无法优化资源配置。计划招生、培养的现象无法反映市场化就业的淘汰机制和发现机制，高度行政化而且统一的管理体制也无法有效地把市场信号及时传导至行政当局和高校管理部门，难以对市场信号进行及时反馈和反映。高度统一行政化管理体制，造成很多大学无法真正面向市场招生和培养；计划招生、培养，导致家庭和学生无法真正选择学校和专业；计划招生、统一管理，也导致市场难以发挥优化资源配置和淘汰机制，高校结构、专业结构难以进行有效调整和转型。其次，严进宽出的管理理念，导致高校无法实施优选和淘汰机制，无法真正培养和发现人才。长期以来，我国形成严进宽出的管理理念，缺乏激励和淘汰机制，学生入校之后缺乏必要压力和鞭策机制，大学生入校后常常缺乏学习动力和积极进取的精神面貌，甚至把谈恋爱作为大学的必修课、“学得好不如嫁得好”甚嚣大学校园，甚至“混毕业”成为大多数大学生的共识。正是由于缺乏必要淘汰和激励机制，大学生在校期间，普遍缺乏明确的学习目标，缺乏学习压力和动力，难以培养应有的素质和能力。一位从事人力资源研究的专家感叹道，毕业生就业高淘汰率的原因，是我们的高等教育缺少淘汰机制。若不是我们的大学太“宽容”，有些学生恐怕等不到毕业就会被“淘汰出局”。适当的淘汰率能够激发学生奋发学习和发现人才，确保优秀的学生获得毕业文凭，确保大学毕业生的培养质量和水平。以美国加州理工学院为例，该校每年只招收800名左右本科生，但最终能拿到学士学位的不过600人，平均每年要淘汰200名左右的后位学生，其中不乏世界各国的优秀学子。

---

① 魏艳．工程师“合格率”世界最末缺实践工科教育怎出人才？［EB/OL］．人民网—科技频道，2009－10－22.

② 杨玉华．大学生就业难的结构性矛盾分析［J］．商业时代，2007（15）：10－11.

三、高校毕业生就业问题的社会经济影响分析

高校毕业生就业困难会生产双重的社会经济影响。一方面是积极影响。有利于降低社会对求学和求职的期望值，有利于遏制社会对高等教育的盲目攀比，更加务实、理性地对待高等教育的职能和大学生就业问题；有利于纠正大学毕业生不切实际的心态，更加理性和务实地直面求职和择业；推动高等教育自身调整和改革，使高等教育规模、结构、教育内容以及专业设置更贴近社会经济发展的需要；推动政府和高校提供更加有效的就业指导和就业服务，提高大学生求职技能和信息沟通效率。另一方面是消极影响。增加了未就业家庭的经济负担和贫困生的还贷压力；造成了人才资源的浪费，影响学生的后续发展；降低了这部分家庭的收入和生活质量，不利于人才的培养和对人力资本的投资；影响经济结构的调整和经济发展方式转型，不利于社会和谐。

（一）高校毕业生就业困难对社会经济的积极影响

第一，有利于降低社会对求学和求职的期望值，有利于遏制社会对高等教育的盲目攀比，更加务实、理性地对待高等教育的职能和大学生就业问题。改革开放以来，我国高等教育发展速度前 20 年严重落后于经济增长速度。1978 ~ 1997 年，高校招生增长速度只有 7.14%，低于同期 GDP 增速约 2.5 个百分点，到扩招前的 1998 年，我国大学适龄青年毛入学率不足 10%，只有同期人均收入的 50%，印度毛入学率的 50%，相当于世界中等发达国家平均水平的 60% 左右。从人力资源结构来看，我国 1998 年大学文化比重只有 2.5%，甚至只有低收入国家的 50%（20 世纪 90 年代低收入国家 25 岁以上大学文化比重为 5.9%）。绝大部分适龄青年被排斥于大学教育的门外。1999 年扩招后，我国高招增速年均高达 17.15%，是 20 年前的两倍以上，高出同期 GDP 增速 70%。经过年增长 30% 左右的急速扩招，我国招生规模迅速从 100 多万人，增长到 2010 年的 630 万人，增长了近 5 倍，适龄青年毛入学率也达到了 25%，超过世界公认的大众化水平 15% 约 10 个百分点。10 年走过了一般国家要走几十年的发展道路。高校招生规

模的快速增长，一方面，满足了广大人民对高等教育的渴求，满足了社会经济高速发展的需要；另一方面，高校招生的急剧扩张也积累了越来越多的问题：精英教育向大众教育转型问题，扩招带来的质量控制问题，扩招累计的劳动力结构的变迁与市场需求的适配问题，计划招生向市场招生转型、学识教育向能力教育转型等。随着高教大众化广泛深入发展，问题逐渐浮出水面，而且越来越突出。愈演愈烈的高校毕业生就业问题其实就是这些问题积累的必然结果。近几年愈演愈烈的就业困难，有助于降低社会对高等教育的盲目攀比，更加务实、理性地对待高等教育的职能。一般而言，高等教育能够提高人力资源的素质和能力。欧美发达国家高等教育的经验告诉我们，高等教育有助于提高个人的就业能力和就业水平。我国的经验也说明，有序地提高教育年限、推动高等教育大众化发展，不仅有助于提高整个国民的个体素质和就业的质量，而且是实施人才强国战略和变人口压力为人力资源优势的必由之路。但大众化高等教育必然伴随着高等教育的痛苦转型，必然加重大学生就业竞争的压力，也必然出现大学生失业的现象。目前，我国高等教育出现的问题，集中反映在就业问题上，但深层次问题是教育转型问题，包括教育功能的市场化定位和大学生市场化培养和就业所暴露的问题。所以，高等教育大众化时代需要大众化的高等教育，也需要大众化时代的社会期待和就业市场。

第二，有利于纠正大学毕业生不切实际的心态，更加理性和务实地直面求职和择业。高校毕业生就业困难原因中，毕业生的就业期待与市场的巨大差异无疑是造成其就业问题的一个重要因素。毕业生过分追求到直辖市和地区中心城市就业、追求到发达沿海地区就业、追求到体制内就业，缺乏创业愿望和能力，无法直面缺乏实际经验和实际能力的缺陷，盲目追求高工资和大城市。也就是说，目前高校毕业生还普遍存在着精英心态，而大众化招生规模、培养和就业的现实，与他们的期待与心态存在一定的差距。正是这些不切实际的期待和心态构成了社会高等教育消费盲目攀比的社会基础。高校毕业生越来越困难的就业局面无疑给这些头脑发热的家庭和个人一服清醒剂：读大学未必就是每一个人走向成功和体面就业的保险箱，高校无法彻底解决所有人的就业问题。大学毕业生从高校到市场就业还有一个过渡时期，而高等教育培养产品的最终检验者只能是市场和社会，所以，丢掉幻想，直面市场需求，不仅是高校要做出的选择，也是每一个家庭和学生必须做出的选择和决定。正是市场的选择、淘汰和发现功能，才能使更适合的学生接受适合的教育，才能优化高等教育结构和布局，才能激励高校办出高水平、特色鲜明的高等教育，才能实现市场化人才资源的配置功能。因此，不仅大学生就业要实事求是面对大众化市场需求与职业要求，而且要求未来大学生的家庭和个人要慎重选择所接受教育和专业，选择最适合社会需求与自身优势和特点的教育，只有因材施教和学有所用的高等教育才是最好的教育。重点高校是培养优秀人才的摇篮，普通高校也是优秀人才脱颖而出的重要通道，职业技术学校同样也是培养我国高技术人才的康庄大道。关键是受教育者在高校获得了哪些能力，是否具备足够的学习能力，运用知识的实践能力、适应社会和发展的能力。一个人究竟怎样发展和发展得如何，不仅取决于初次学历和初次就业的情况，更取决于适应社会需求和发展的实践能力。所以，培养要以类、需求分，而不是以贵贱区分，“学”有专业、层次和特点区别，但没有高低贵贱的区别，条条大路通罗马，而不是以学校、初次就业定终身。因此，大学生要放下精英心态和对初次就业的过多期许，全身心投入到社会需要的每一个岗位，社会成才、市场化就业仍是每一个学生应有的心态。

第三，推动高等教育自身调整和改革，使高等教育规模、结构、教育内容以及专业设置更贴近社会经济发展的需要。愈演愈烈的大学生就业问题，不仅是扩招的速度问题，更是高等教育自身的问题。在高等教育急速扩张中，高等教育层级化管理的特征，必然形成培养产品的层级化特点，而过于雷同的发展路径、教育模式、培养目标以及专业设置，必然导致培养对象的同质化现象。千人一面的培养，不仅无法满足千差万别的市场化需求，而且必然导致大学生就业挤压和替代现象，必然形成社会职位对高等教育的盲目高消费。而导致这一现象的问题所在就是高度统一的管理体制以及严重行政化的层次管理、投资模式。前者导致高校的趋同化，后者导致高校的层级化定位。在卖方市场和计划招生体制下，市场的调节机制和淘汰机制无法正常发挥作用。目前，有效地解决这一顽症的条件日趋成熟：大学生就业问题带来的冲击有效地遏制社会高等教育消费的盲目攀比，卖方市场逐步饱和。所以，要解决高等教育问题，就应该发挥市场的淘汰、发现和选择机制，塑造真正的市场化导向办学的主体。首先，要打破高校大一统的招生、培养模式，真正落实高校在这方面的自主权；其次，打破层级管理、投资体制，形成以就业定招生、以发展拨经费的投资运行模式，形成相互平等、相互竞争而又相互补充的高校格局；最后，在市场化选择过程中和学校自身的发展和竞争中，形成各自的特色和定位，形成差异化竞争、特点鲜明而又互相合作的高等教育结构。

第四，推动政府和高校提供更加有效的就业指导和就业服务，提高大学生求职技能和信息沟通效率。高校毕业生就业信息沟通不畅和就业技能的缺乏，也是造成高校就业问题的一个原因。劳动力市场供求信息沟通不畅，是一个很突出的现实问题。造成这一问题的原因很多：培养单位与用人单位缺乏必要沟通与联系的平台，导致信息不对称；大学生跨区域就业，增加信息沟通困难和成本；集中求职模式，容易造成求职信息堵塞和延误；全国缺乏有序规范的就业市场的定位和分工，造成就业市场的无序和忙乱；政府的信息管理和信息沟通体系和平台建设滞后。所以，要解决这些问题，首先，要在全国范围内形成规范有序地位明确而又分工互补的就业市场格局和体系；其次，要形成全国统一管理和互通有无的高校与用人单位信息沟通的平台和系统；再次，改革培养模式，努力打通人才培养与用人单位的直接联系渠道，形成集中培养与分散需求相结合的连接模式，打破集中求职传统，形成为分散、分层、区域性、专业化求职模式；最后，校企合作，以市场需求定招生培养，采取订单式、委培式等定向培养模式。

第五，就业指导对提高大学生就业技能和求职的有效性也很显著。高校缺乏有效的就业指导机制也是造成大学毕业生就业问题的一个原因。许多高校的就业指导机构挂靠在学生管理部门，或者是刚从相关部门分离，其管理幅度相对较小，其工作人员业务能力欠缺，对毕业生的就业指导质量不高，就业指导课形式单调，有的只是在学生大四阶段开设，没有将就业指导贯穿于大学全过程。就业指导工作的目的就是促进毕业生充分合理地就业。所以，要将就业指导贯穿于大学生活的全过程，根据学生成长和发展规律，将大学教育过程分为几个阶段，分别确定工作重点，合理安排不同阶段就业工作的内容。根据学生的自身情况，加强对大学生的职业生涯规划设计，让他们知道为实现自己的目标要做好哪些准备。将就业指导渗透到教学中去，强化学生自学成才的意识，也让学生了解所学领域的发展前景，从而提高学生的实践能力。加强就业指导课程建设，在教材选择上，要充分考虑到理论联系实际，在教学形式上，要引入多媒体技术，生动形象，增强对学生的吸引力。同时，不要把就业指导课拘泥于课堂，要采用多种形式，如请一些优秀企事业人士做报告，开设模拟招聘活动，还应注意网络资源的利用，组建网上论坛，让师生可以在网上进行探讨。

(二) 高校毕业生就业困难对经济社会的消极影响

第一，直接增加了未就业家庭的经济负担和贫困生的还贷压力。读大学，有一个好的工作和收入，不仅承载着就读者的理想和期望，也承载着家庭对美好未来生活的希望和寄托，这是每一个家庭不惜财力投资学生读书的一个重要原因。以一个普通大学生就读成本来看，学费按每生每年 4000 元算，四年 16000 元，加上生活费 8000 ~ 15000 元；机会成本，按月收入 1500 元，则机会成本 72000 元，合计约 10 万元。相当于 2008 年农村全国平均四口之家 19000 元的五倍多，城镇三口之家可支配收入的 47300 元的两倍多。因此，被寄予厚望的高校毕业生不就业就会严重拉低家庭的人均收入水平。如果是借贷读书，则直接增加了贫困生还款的压力，特别是依靠亲戚借款和银行贷款读书的学子，不仅背负着沉重的人情债，而且面临着影响借贷信用的风险。

第二，造成了人才资源的浪费，影响学生的后续发展。失业，对于我国劳动者影响很大，大学生失业首先意味着我国最大的优势资源的流失和浪费。富足的劳动力资源是我国经济发展的第一大优势资源，而人力资源由于其特殊的特点：即使不用也要消耗大量的资源成本，不使用还会造成资源的萎缩，大量的劳动力资源得不到合理利用，说明我国经济增长方式不利于发挥我国的资源优势。这样的经济增长是通过大量使用各种人力资源的替代资源而实现的，因此，会加剧我国各类资源的短缺程度，加剧人力资源与物力资源的匹配矛盾，进而降低资源的总体利用效率。国内外的经济发展经验表明，充分就业是经济增长的重要源泉。1970 ~ 1995 年东亚的高速经济增长中，较高的劳动年龄人口比重是推动经济增长的首要因素。改革以来，我国经济快速增长中，充足的劳动力数量和劳动力配置效率的提高是推动经济增长的主要源泉之一（蔡昉、王德文，1999）。相反，失业超过一定的水平就意味着经济增长的损失。美国经济学家奥肯，通过对美国长期的经济增长经验研究提出了著名的奥肯定理，深刻地揭示了经济增长与就业的内在联系，认为就业增长 1% 可以拉动经济增长 3% 。① 人力资源还有一个特点，就是在不断使用中积累和自我增值。如果得不到有效利用和开发，人力资

① 杨玉华．国际贸易对就业的影响——中国 1978 ~ 2005 年对外贸易与就业的关系研究［M］．北京：经济管理出版社，2007：238 − 239.

源不仅不能得到有效积累和自我增值，反而有可能因长期闲置而耗费，所以，大量失业，尤其是高素质大学毕业生的大量失业本身就意味着大量人力资源的浪费。

第三，降低了未就业家庭的收入和生活质量，不利于人才的培养和对人力资本的投资。读书维系着家庭对未来生活的寄托和美好希望，如果高校毕业生毕业即失业，不仅不能抵补其读书形成的巨大投入，而且对毕业生家庭的现实生活改善造成严重拖累。同时，失业对于失业者的生存和发展带来严重的威胁。由于我国经济发展水平不高，社会保障水平很低且覆盖面很窄，加上我国市场经济起步较晚，个人的物质财富积累程度很低，绝大部分劳动力人口都是依赖于工资生存和提供部分社会保障的工薪族。因此，失业不仅是人力资源积累的中断和流失，而且也意味着生存状况的恶化和社会保障水平的降低。

第四，影响经济结构的调整和经济发展方式转型，不利于社会和谐。经济结构的调整和发展方式转型最终是由经济资源要素禀赋与经济的增长结构和现实结构推动的。由于高校培养的“产品”与生产严重脱节，一方面，造成了大批毕业生就业无门；另一方面，企业紧缺的高技能人才却严重短缺，特别是经济结构调整和结构转型所急需的人才严重匮乏，势必严重拖累新的经济生长点的培育和发掘，拖累企业的转型升级和整个经济结构调整和转型。而愈演愈烈的就业困难会积累成越来越严重的社会问题，影响社会的和谐和健康发展。所以，大学生就业问题不仅是高等教育的发展问题，也是关乎经济结构转型的战略问题，关乎人才强国的落实和推进，关乎社会的和谐安定，关乎每一个毕业生家庭生活的重大民生问题。

四、解决高校毕业生就业问题的对策分析

就业是民生之本，大学生就业问题是民生的重中之重。要解决大学生就业问题，必须“长短”结合，救急与解困结合。

（一）短期内促进就业的政策与措施

1. 扩内需、稳出口、调结构，确保经济较快增长

近年来，我国经济增长的就业弹性较低，不足0.2，而经济每增长8%吸纳就业不过1000万人而已，所以，若要保证每年1000余万人的充足就业，就必须保持足够高的经济增长水平。再从经济增长的动力结构来看，投资和出口始终是我国改革开放以来两大增长引擎。而消费不足始终是我国经济增长的最大制约因素。这样的增长结构是难以持续的，畸高的投资增长和严重偏低的消费率以及过度依赖于出口的增长结构，一方面，说明经济增长的投资效率低下，人民得到实惠很有限；另一方面，严重依赖于外需的增长，最容易受制于世界市场波动的影响。2008年以来逐步显现的金融危机的影响，无疑严重冲击了我国长期以来形成的出口拉动型经济增长方式。长期以来，出口增长对经济增长的贡献率几乎占到了50%，2009年猛降为－44.8%。我国之所以能够在这样困难的经济形势下仍完成了增加就业人口1100万人的骄人成绩（其中大学生就业率依然达到了87%）[①]，主要原因是高达15.45%消费增长率以及30.29%的固定资产投资增长率，极大地抵消了出口大幅度下降引起的经济增长下滑态势，经济增长依然保持了8.7%的增长率。所以，在调整增长结构基础上，保持经济健康、持续的较高增长速度，仍是保持就业增长的不二法门。在金融危机的冲击下，我国相继推出了4万亿元的投资计划和十大产业振兴规划，保增长、稳出口、保民生成为一切工作的重中之重，但这些措施也在一定程度上掩盖了长期以来形成的经济结构和增长方式问题。随着经济好转和复苏，扩内需、调结构，推动经济增长方式转型将成为未来一段时期的中心任务。

2. 鼓励和扶持毕业生自主创业

创业不仅可以有效解决大学毕业生自身的就业问题，还能够以创业带动其他人就业，以小型创业为例，1∶5～1∶10的带动率还是可以期待的。目前我国大学毕业生创业人数每年约为6万人，可以带动30万～60万人就业。如果大学生创

① 人保部：2009年高校毕业生就业率为87%［EB/OL］．中国网，2010－01－22.

业比重达到我国全民的创业比重，则可以带动300万人以上的就业，大学生就业问题便可以迎刃而解。与其他国家相比，大学毕业生创业比例偏低仍是制约我国就业的重要因素。2007～2008年我国大学毕业生创业的比例只有1.0%～1.2%，不仅远低于世界发达国家20%左右的比例，也远低于我国全民创业的比例。从创业的人群分布来看，就业越困难的地区，层次越低的高校，创业的比例越高，而且创业受到家庭影响很大。在2008届大学毕业生中，来自私营企业主、企业经理人员和个体工商户家庭的创业比例最高。说明创业人群中很多人是因为就业困难而被迫创业，一部分人群是因为有了创业经验和社会资源才会去创业。[①] 制约大学生创业的原因主要有以下两方面：

（1）缺乏创业教育和培训。大部分学生缺乏创业知识和经验准备，缺乏必要的创业素质，不敢贸然从事创业活动。实践证明，有效的创业教育和培训可以大大提高创业的成功率，所以，要对大学毕业生进行创业教育和培训，创业经验的必要积累可以提高创业意愿和创业的成功率。

（2）创业环境不够宽松。特别是中西部落后地区，创业资金来源不畅、管理不规范、法制不健全，管理部门吃拿卡要层出不穷，创业环境异常恶劣。虽然这些地区创业比重较高，但不说明该地区创业环境就宽松，恰恰是这些地区就业环境恶劣，很多人不得不创业谋生；较高创业比例之所以会出现在私营企业主、企业经理人员和个体工商户家庭中，是因为他们的家庭已经积累足够社会资源和人脉关系，这恰恰是创业环境严重不公的又一证明。所以，为大学毕业生回家乡创业营造宽松的创业环境也是提高创业水平的重要因素。

在应对这次金融危机的冲击过程中，为确保解决就业问题，党中央、国务院和各地政府高度关注大学生创业问题，各地相继出台了减免税费的优惠措施，还针对大学生创业问题出台了各种扶持措施。但仅这些措施还是不够的，要在政策的执行和落实环节下功夫，要在公平执法和公平执政方面做足文章，才可能为创业者创设宽松而公平的市场环境。

3. 加强高校的就业指导和政府的就业服务

大学生就业技能的缺乏和就业服务的不到位也是导致部分大学生就业失败一个因素。首先，加强就业指导和就业教育可以提高求职的效率。麦克斯的有关调

---

① 王伯庆.2009年中国大学生就业报告［M］.北京：社会科学文献出版社，2009：200.

查说明，就业辅导可以有效提高求职的针对性和效率。在高校开展创业教育，引导鼓励毕业生自主创业；引导学生客观、理性、辩证地认识就业形势，合理调整就业期望值，积极主动地就业；对就业困难毕业生实施“一对一”帮扶，开展个性化的就业指导和服务，通过专项培训、重点指导、优先推荐，切实帮助他们解决经济上、心理上和求职过程中的实际问题，帮助他们实现就业目标；开展就业安全教育，及时排查并消除安全隐患，防范传销陷阱，确保就业安全和校园稳定。所以，对学生进行适时的全方位的就业教育和就业辅导，可以有效地提高学生的求职技能，增强求职针对性和实效性。其次，利用政府的管理职能优势，为毕业生提供权威的信息服务，降低供求信息的不对称性，减少求职的盲目性、无序性，从而减少求职成本，提高求职的针对性、实效性。针对大学毕业生就业供求信息问题，各地高校和政府均加大了对劳动力市场的信息的收集和发布投入，初步形成了区域性人才市场和定期大学毕业生招聘会，努力提高信息供给水平。再次，由中国教育部、商务部与人力资源和社会保障部等国家有关部门主导，通过网络信息平台，积极创新就业指导和信息发布体系，在全国范围内已经初步建立了涵盖全国各企事业单位包括高校在内的信息发布平台和就业招聘渠道，为大学生就业开辟了统一的就业信息沟通平台。例如，2009 年，中国教育部、商务部与人力资源和社会保障部联合举办中国国家级经济技术开发区高校毕业生网络招聘会，为应届高校毕业生提供数千个就业岗位，涉及 30 多个专业。最后，政府还应加强对高校招生的指导，在宏观上加强人才预测和对专业设置的调整，以及对各类人才培养规模的调控，指导高校的改革，避免高校招生和培养的盲目性。

4. 鼓励和引导大学生基层就业、中西部就业、中小企业和民营企业就业

大学生之所以不太情愿到最缺乏人才的基层、中西部就业，首先，是这些单位和地区的工资待遇、生活环境以及个人发展的平台缺乏足够吸引力。其次，体制内外的社会劳动保障制度和福利待遇的差异也是很重要的原因。所以，在美国金融危机的冲击下，在当前就业形势严峻的情况下，国家可以此为契机，加强经济调控手段，对去中西部薄弱地区和条件艰苦的一些重点单位和行业就业的大学生，在工资、待遇和生活条件上给予较大的优惠，采取措施引导和鼓励毕业生面向基层、条件艰苦的地区和部门就业。国家可以在原有政策基础上，扩大大学生志愿服务西部计划、“三支一扶”计划、农村教师特岗计划、选调生、选聘毕业

生到村任职计划等国家和地方项目的规模，并完善后续相关政策。实际上，有关部门已经在着手这样做。教育部为鼓励毕业生面向基层就业，已经出台了具体政策。“教育部当前高度重视2009年高校毕业生的就业工作，其中很重要的一条，就是要以更大的力度来鼓励高校毕业生面向基层就业。要做好几个项目的工作，包括大学生志愿服务西部计划，‘三支一扶’计划（支农、支教、支医和扶贫），以及农村教师特岗计划招募高校毕业生到农村任教，服务期满后可优先被当地学校录用，招募10万人去农村任教，还有各地区自己实施的各类项目的招募工作。”① 最后，越落后的地区，体制内就业竞争越激烈，也是造成大学毕业生难以在基层就业的又一重要原因。所以，要改革落后地区基层单位的用人机制，创新用人机制，促进人员交流和更新。

5. 鼓励和支持企事业岗位培训与人才储备计划

大学毕业生是经济社会发展的最宝贵资源，用好大学毕业生是实施人才强国战略的基本要求，各级政府应高瞻远瞩，在当前就业形势严峻的情况下实施人才储备战略，培养和锻炼人才，为今后社会和经济发展储备力量。长期以来，我国形成的出口导向型的经济增长模式，其依靠的市场主体主要是加工贸易型企业，而这类企业主要是中小企业、民营企业和三资企业，它们用工往往采取急功近利的方式，采取短期用工体制，尽可能地规避长期用工带来的社会保障成本，发展方式也基本依赖价格优势。在精英教育时代，这些体制主要面向农民工，而在高等教育大众化时代，该体制迅速向大学毕业生蔓延。特别是在金融危机影响肆虐的时期，短期用工成为这些企业规避长期用工的社会成本，降低生产成本主要手段。因此，要适应经济结构调整和经济转型的发展趋势，就应该鼓励企业由短期用工向长期用工转变，为企业长期发展和后续发展积累和储备人才。针对金融危机冲击带来的市场萎缩和岗位流失，政府要采取措施支持和鼓励企业稳定现有岗位；充分利用危机带来的机遇，实行岗位培训计划，适时地储备和培训人才，为企业转型升级和迎接经济复苏后的发展做准备。在金融危机影响最严重时期，各地政府纷纷出台了鼓励企业稳定岗位的各项具体政策和措施。例如，河北、河南对2009年不裁员的企业，给予一定数额的稳定岗位奖励；江苏全面落实鼓励企业吸纳就业的政策：吸纳困难人员就业的企业，企业缴费部分可享受全额社会

① 姚毅婧．中国采取多项举措助大学生顺利就业［N］．国际在线专稿，2009－01－05.

保险补贴。对连续五年足额缴纳失业保险费，在经济困难时期不裁员，集中开展技能培训的企业，给予职业培训补贴。山东将就业资金与就业目标任务完成情况相结合，加大就业资金在目标责任考核中的分量。对于缴费情况好，稳定职工、减少失业的企业，给予一定社会保险补贴、培训补贴、生活补贴或促进就业奖励。湖北适度提高职业介绍和职业培训“两项补贴”的补贴和使用比例，对按规定参加失业保险并足额缴纳失业保险费、连续两年未向社会推出失业人员的单位，按单位内部富余职工转岗培训和转岗安置人数给予适当补贴。

6. 强化高校的实习教学环节，鼓励毕业生参加职业技术培训

首先，针对高校普遍存在的实习教学环节投入不足、忽视实践的问题，有关教育主管部门和政府有关部门应该及时出台相应政策和措施，加强高校教学实习环节，鼓励和支持社会、企业事业单位积极提供大学生实习岗位和基地，以强化在校大学生实践教学和技能培养。我国大学生的理论知识偏多，实践能力不足，实践活动基本处于自发分散的状态。不少高校为提高“教育就业率”，采取各种手段为大学生找工作，不少大学生对自己的第一份工作不满意，离职率偏高。如在大学实行“见习制”，应该把“社会实践”作为一项重要课程，列入大学阶段关键性教育任务，制定“社会实践”的标准、制度、流程，建立“社会实践”档案。可以考虑在大三、大四期间实行“见习制”，学生抽出六个月的时间到社会实习，企业提供见习条件，进行岗前培训、见习管理，同时建议政府进行适当的财政补贴，每名大学生财政补贴 1000 ~ 2000 元给见习企业。其次，针对目前大学毕业生学校教育、职业技能与就业市场实际需求脱节的实际，支持和鼓励企事业单位、社会组织实施各种形式的岗前培训、岗位实训计划，弥补高等教育的缺失。例如，为弥补高校毕业生就业技能的缺陷，教育部 2009 年已经推出了大学生“准就业”方案。该方案以高校和经济技术开发区为核心进行实践培训，通过国家标准让大学生在“准就业”岗位有个过渡期，缓解大学生就业压力。据报道，中国的一家社会机构也将于 2009 年 2 月启动一项大学生“准就业”项目。根据该项目规划，中国将有 40 多所高校的 IT 专业毕业生，前往全国 50 多家高新技术开发区进行岗位实训。最后，把就业困难的大学毕业生纳入职业技能培训计划之列，与其他社会青年一样享受各种职业技能培训的减免待遇。这样，通过职业技能培训，提高学生的职业能力，既缓解了当下的就业压力又培养了一批高素质的技能型就业队伍。

7. 实施高技能人才培训和储备计划

长期以来，高速增长的经济掩盖了我国经济发展方式累积的严重的结构问题，金融危机的冲击在给我们带来严重影响的同时，也为我们经济结构调整和经济发展方式转型提供了客观条件。因此，我们应该在国家层面上针对世界产业发展趋势和我国新兴产业发展的实际需要实施高技能人才的培训和储备计划，以满足国家在经济结构调整和经济转型方面的人才需要。就我国目前而言，我国经济结构调整急需国际化、信息化、市场化的高级服务型人才：高级管理人才、国际市场营销人才、国际资本运营人才、国际法律事务人才、国际财会人才、高级研发设计人才等。未来我国工业化转型与升级需要大批国际化的产品研发设计、市场调研和开发、企业并购战略评估人才，现代服务业崛起紧缺的金融服务人才、知识产权服务人才、文化产业创新人才等。而这些人才的短缺正是我国企业“走出去”“请进来”战略性的制约瓶颈，所以，在就业形势严峻的形势下，推进高技能的人才培训和储备计划既可以有效缓解就业压力，又可以以较小的代价实现最大的战略雄心。

8. 实施毕业生失业救助和保障计划

中国社会科学院发布的2009年《社会蓝皮书》显示，2007届、2008届大学生的失业率均超过12%。据最新报道，2009届毕业生失业率也达到了13%，三届累积下来，未实现就业的大学毕业生就达到200万人。这样庞大的未就业群体不仅是每一个未就业大学生的家庭负担问题，也是一个日益严重的社会政治问题。因此，要确保这部分群体的家庭生活不受严重拖累，确保大学生毕业的基本生活权益，建议国家建立大学生失业保险制度，将大学生纳入失业保障管理体系，采取财政拨款方式，在大学生进校时，政府帮助大学生购买失业保险，缴纳失业保障金，毕业半年后不能就业的大学生，可进行失业登记，享受失业保险待遇。

9. 多层次、多渠道解决大学毕业生社会出口问题

在社会保障制度不完善的条件下和老龄化快速发展的今天，社会服务工作还亟待加强。因此，一方面，可以开发公益性岗位，以解决社会服务的缺失和大学毕业生就业岗位的不足；另一方面，我国长期以来，采取军地高校人才培养两条

线政策，而地方应征入伍社会青年长期没有把地方高校的学生纳入服役的主体，在信息化知识化军事革命条件下，单靠军队高校培养人才已经无法满足我国国防军事现代化建设实际需要，因此，开通高校入伍直通车，不仅是我国国防军事现代化建设的客观要求，也是解决大学毕业生就业的新天地。正是基于如此考虑，我国在2009年出台鼓励大学毕业生参军各项优惠政策。2009年冬天我国就有13万大学毕业生应征入伍。

（二）中期促进就业的政策与措施

第一，抓住机遇，推动经济结构调整和发展方式转型，推动企业转型和升级，推进比较优势转型和升级，优化就业结构，提高就业质量。目前的大学毕业生就业问题主要是结构性矛盾，而根源在于经济结构不合理，产业转型严重滞后。我国产业结构不合理，农业就业比重太高，二产产值比重偏高，重工业比重上升太快，三产比重偏低，特别是现代农业和现代服务业发展严重滞后。经济增长偏重于依赖于出口和投资，以2006年为例，我国消费增长只贡献了37.7%，不足世界均值77.4%的1/2，投资增长贡献率则高达41.33%，相当于世界均值的23.5%的1.76倍。[①] 企业竞争过度依赖于价格竞争，而且国内竞争严重过度。具体表现：

首先，产业集中度和资源配置效率不高，同业竞争有余，而分工协作严重不足，上下游一体化经营还不多见，产业战略联盟远未形成，领航企业十分缺乏。在国际市场上，处处受制于内部竞争和外部垄断带来的诸多问题；从新兴产业来看，单兵作战与重复建设并存。在新材料、新能源、航空航天、信息技术、生物技术等多个领域，我国已产生了不少居世界前列的成果。各地根据个别技术大上项目，搞单兵作战，但由于缺乏系统性和配套能力，技术成果难以转化为产品产业优势。从全国范围看，存在高水平重复建设现象。

其次，传统产业规模扩张有余，但受资金、人才、品牌等要素制约，产业转型和升级滞后。农业领域发展路径单一，产业化缺少资金投入，现代农业服务与基础设施建设严重滞后，信息化管理严重不足；重化工领域高层次管理人才和技术人才稀缺；消费品领域缺乏普遍认可的品牌。

---

① 杨玉华．中部地区经济增长动力结构的比较分析［J］．工业技术经济，2009（2）：127－132.

再次，区域分工协作不强，产业梯度布局不协调。一方面，从东部沿海、中部西部发展态势来看，已经形成由东而西不同层次的产业梯度分布，但这一格局区域分工不协调，相互衔接和协作不足；另一方面，各地同质布局现象严重，区域分工不够明晰，像电子信息、汽车板材、动漫等在众多省份均有大项目上马。

最后，从组织结构来看，行业垄断与过度竞争并存。受金融危机冲击，在电力、石化、煤炭、民航等行业，国有企业因财政扶持闯过难关，不少民营企业却折戟沉沙。行业垄断性进一步增强，资源性产品价格弹性降低，企业生产成本调控空间受限。同时，因市场萎缩，纺织、电器、电子、钢铁、机械制造业等行业过度竞争态势加剧，利润率普遍下降。所以，要从深层次解决大学生的就业问题，就要针对经济结构和经济布局等重大问题，着手调整经济的结构，优化产业布局，推动发展方式转型和企业升级，才能解决就业的结构与质量问题。

第二，推动高等教育结构调整和教学内容改革，推动高等教育培养目标的市场化、差异化、层次化，提高毕业生的就业技能和适应能力。要从源头上解决高等教育培养与劳动力市场需求之间的结构性矛盾。

首先，要解决高等教育结构的行政化层级分布和同质化竞争问题。要解决同质化竞争问题，必须打破高等教育管理的行政化的等级体制。高等教育在行政管理和投资主体上十分明确地划分为中央与地方两个不同的层级，同时，根据投资力度和学术影响力的大小又可以划分为："985"高校、"211"高校、一般本科高校和一般专科高校四个等级，实际上形成等级分明的金字塔结构：位居塔顶的是"985"高校，位居第二等级的是"211"部属院校、省属"211"院校，位居第三等级的是部属一般院校和非"211"省属重点本科院校，第四等级是一般省属本科院校，第五等级是专科院校。这些层次既反映了一所高校所拥有或者能够动员的学术资源和经济资源的等级差异，也反映了招生生源素质的等级差异。在高度行政化管理条件下，形成了激烈的以分数为标准的同质化招生竞争。高度趋同的培养目标体系，必然形成毕业生就业的同质化竞争和高等级人才挤压低层级人才的替代问题。所以，只有形成差异化招生、差异化培养的不同层次和不同定位的特色，才能避免高等教育出口的拥堵和替代现象。

其次，调整普通院校与高职院校结构与比例，提高高职院校的层次。从近几年的就业情况来看，高职毕业生事实上形成了就业市场夹心饼现象，高比不过本科，低比不过中专，最主要的问题有两个：一是高职是高等教育金字塔的底层，生源素质明显低于其他院校，所以，在缺乏特色和明确定位的条件下，必然是同质化竞争问题的最大受害者；二是特色定位不够明确，造成了培养上向本科看齐而丢掉自己的职业技能培养特色。中职中专毕业生走俏现象说明，高级技能人才还是十分缺乏，特别是具有高级技能的高级人才。所以，加大投资，办出清华北大级的高职高专，在提高高职高专培养质量的基础上，大幅度地提高高职高专的招生比例，才能满足不断提升的高级技能型人才需求。

再次，调整高等院校培养目标和教育教学内容的结构，强化技能和实践环节教学，明确各自的市场定位和培养特色，形成适应不同市场、不同层次而又各具特色的高等院校培养目标体系。

最后，强化人才市场的预测和宏观管理，提高高等院校人才培养的针对性和有效性。在拓展大学生服务基层渠道的同时，国家还应从源头上解决人才培养过程中的结构性矛盾。建议国家经济发展宏观管理部门加强人力资源中长期需求的研究、预测和发布，引导和调控高等学校的招生规模、专业设置和人才培养模式。在宏观上加强人才预测和对专业设置的调整，以及对各类人才培养规模的调控，指导高校的改革，避免高校盲目的专业设置。高校要主动适应市场，适时地调整专业结构，加强基础学科、应用学科的建设，不断更新教学内容，重视教学方式的改革，提高教学质量，培养出高素质的毕业生；同时还要根据市场需求，开设新专业，灵活地调整专业设置。

第三，推进劳动、社会保障体制改革，建设公平、公正、机会均等的就业竞争机制，消除阻碍劳动力有序流动的制度障碍，消除地域、行业部门、体制、户籍等形成的就业保护和就业歧视。目前我国的高校就业工作是由教育部门管理，户口是由公安部门管理，而人才市场的管理又是由人事及劳动部门管理。而这些部门相互之间沟通不够，再加上一些地区还有地方保护主义，对本地生源的毕业生大开绿灯，而对一些外地毕业生则利用各种条件加以限制。一个真正公平、竞争、择优、有序的就业市场尚未建立，服务保障体系还未健全，体制性障碍还未真正消除。所以，在条件成熟时，拆除户籍制度的藩篱，彻底剥离附着在户籍上的各种社会福利，消除社会保障的城乡地域差异和各种就业歧视，形成全国统一的劳动力市场，才能形成公平、公正、机会均等的就业竞争体制，才能逐步消除就业市场的地域、城乡和所有制差异，才能形成分工协作而又分布均衡的劳动力市场，才能形成劳动力合理有序的流动秩序，才能真正实现就业机会面前人人平等。

第四，努力消除经济社会发展的地域差异、城乡差异、行业部门差异，推动

就业格局的均衡化发展。就业观念的问题究其根源在于经济发展问题。就业的结构性矛盾的根源在于经济社会发展的不平衡导致的地域、行业、城乡以及所有制之间的巨大的社会经济利益的差距。所以，要想从根源上消除就业的结构性矛盾，就必须消除经济社会发展的差距。

首先，加大对中西部的政策倾斜和投资，支持和鼓励沿海发达地区和国外企业向中西部投资，支持和鼓励中西部地区的优先发展，逐步消除区域经济发展的巨大差距。

其次，加大财政、金融的转移支付力度，支持和鼓励中西部社会事业加快发展，逐步缩小与发达地区的差距。教育是解决社会发展差距的最好抓手，因此，在全面支持中西部普及义务教育的基础上，优先发展中西部高等教育，是解决这些地区社会发展落后的根本之策。

最后，加大中西部改革力度，以改革推动这些地区优先发展。中西部地区发展落后的一个重要原因就是体制和观念落后，所以，只有通过强力改革和创新，才能彻底打破积重难返的恶习和陋俗，才能树立与现代市场相适应的管理理念和服务理念，才能打破权力本位、特权思想的痼疾，才能树立以人为本的服务理念，才能形成廉洁、高效、公正、公平的政府管理体制，才能为企业发展和个人发展创造宽松、公平而有序的成长环境。

（三）解决大学生就业问题的根本政策与措施

解决高校毕业生就业问题的根本出路：高等教育的转型与改革。高校毕业生就业难的实质是结构性过剩，所以，推进高等教育转型，适应人才培养市场化需求的客观需要，提高人才培养的适配率、胜任度才是解决问题的关键。大学生就业问题是伴随高等教育大众化发展的社会现象，短期的措施和政策可以短期内扩大就业，但不可能解决深层次的结构性矛盾，大学生就业难的实质是结构性过剩：由经济结构、产业结构调整和技术进步带动的劳动力市场的结构调整和洗牌，加剧了劳动力市场的结构性矛盾和摩擦性失业；由高等教育大众化快速发展所形成的市场挤压和替代效应，恶化了地方高校的就业环境，地方高校毕业生面临着“好市场”难进、“坏市场”不愿进的两难境地；应试教育和偏重知识、理论教育的教育模式，难以适应能力导向的市场需求；由卖方市场形成的计划招生模式越来越赶不上市场需求结构的变化；高度趋同的学科、专业设置，大而全、小而全的办学模式，越来越不适应分层次、专业化的市场需求；高度行政化的管理体制、培养体制和评价体制越来越无法适应多样化、快节奏的市场变化。所以，要解决大学生的就业问题，高校尤其是地方高校要实现由计划招生、计划培养向市场化招生、市场化培养转型，由精英教育向大众化教育转型，由同质化教育向多层次、合理分工、特色化转型，由行政化管理向自主管理转型，由层级投资、管理、招生向动态、平行投资、管理和招生转型，由垄断、封闭型管理、办学向竞争、开放型转型。因此，要大力推动高校改革，推动高校市场化转型，适应人才培养市场化的客观需要，提高人才培养的适配率、胜任度，从根本上解决高校“产品”与市场需求的对接问题。

第一，要全面落实高校办学的自主权，变高校对政府负责为对市场和学生负责。20 世纪 90 年代起，我国对高等学校进行了大规模合并重组，优化了高等教育资源配置；同时对计划经济时期形成的条块分割的高校管理体制进行了调整，基本形成了中央和省（直辖市、自治区）两级管理、以省级统筹为主的宏观管理机制。但是，在政府与高校的关系方面，目前我国高等教育管理体制在很大程度上仍然沿袭了计划经济时期的管理体制。政府在学校招生计划、专业设置、课程设置、教学内容、人事安排等方面都对高校有严格的限制，高等学校的办学自主权仍然没有落实到位。由于诸多因素的制约和影响，我国高校办学自主权还未能取得理想中的最佳效果，某些权利还没能得到相应的落实。如在招生权方面，教育部批准拥有自主招生权的高校已由 2002 年的首批 6 所增加到 2010 年的 76 所，但这毕竟还仅仅是一部分试点高校，占我国高校总数的不足 5%，而且它们都属于教育部直属的“211”学校。对于占大多数的地方高校来说，其招生计划、招生比例、生源分布等均掌握在相应的教育行政部门手中。即使高校有可调整的比例权限，其范围也是比较小的，面对高校发展的实际所需，学校可控的自由度还远远不够。当前政府在对高校的管理中过多注重的是自己的行政管理权，《高等教育法》也只是从高校角度作了自主权的权限规定，而对政府如何履行应有的权责、监督检查等内容却没有明确规定。一些教育行政部门直接插手高校内部事务管理，而不是履行其宏观管理职能，高校始终不能摆脱被动从属的地位，在一定程度上阻碍了高校办学自主权的有效落实。

从 20 世纪 80 年代开始，随着我国经济社会的发展和改革开放的不断深入，大学生分配制度开始不断改革，逐步走向了市场化：由“统包统分”发展到了“双向选择”，再到 90 年代末开始了“自主择业”。从 1986 年起，国家教委逐步提出了《高等学校毕业生分配制度改革方案》，并于 1989 年予以实施。在该方案中，提出高等学校毕业生分配制度改革的目标是：在国家就业方针政策指导下，逐步实行毕业生自主择业，用人单位择优录用的“双向选择”制度，逐步把竞争机制引向高等学校。

1993 年，中共中央、国务院颁布了《中国教育改革和发展纲要》，以此确定的毕业生就业制度改革的目标是：改革高等学校毕业生“统包统分”和“包当干部”的就业制度，实行少数毕业生由国家安排就业，多数由学生“自主择业”的就业制度。高等学校作为就业工作的中介，主要为“自主择业”的毕业生提供服务。

这样，一方面，高校的终端“产品”——毕业生已经完全面向市场、面向社会自主择业；另一方面，高校“原材料”或“半成品”的产前供应和“加工制作”过程仍然受到政府多方面限制，这就形成了尖锐矛盾。解决之道就是政府继续转变职能，放弃对高校不必要的干预，落实高校自主权。只有这样，高校才能真正面向市场，根据社会需求的变化趋势，不断调整招生规模、专业结构、课程设置、教学内容、培养模式，以提高人才培养的适配率和胜任度。

第二，地方高校要形成自己的科学定位、办出各自特色，形成既合理分工又相互协作的高校格局。如果说教育部所属的全国重点高校由于有较多的办学自主权，因而毕业生就业难的问题还不那么突出，那么，地方所属高校就业难的问题就是一个非常突出的问题。究其原因，一是由于地方高校自主权比较少；二是由于地方高校没有科学定位和办出自己的特色。20 世纪 90 年代末，在我国高等教育大规模扩招的形势下，多数地方院校向全国重点综合性大学看齐，片面追求大而全、小而全，专业设置雷同的现象十分明显，丢掉了自己的特色，淡化了自己的优势学科专业。

在我国高等教育宏观管理体制改革基本完成、高等教育快速发展进入大众化阶段的过程中，地方高校要转变观念、调整思路，坚持为地域经济和社会发展服务的办学方向。地方高校应立足地方，培育地方经济社会发展所急需的人才，优化地方人才资源配置，为加速科技成果向地方转化，形成地方特色优势产业等方面做出应有贡献。

地方高校办学特色应该主要体现地方特色，即体现本区域支柱产业发展的需要，体现区域经济新兴产业的发展方向，体现地方社会经济发展对人才素质的综合要求。地方特色是地方高校办学的重要依托。我国地域广袤，各地之间无论是地理气候等自然环境，还是经济、文化、习俗等方面的人文环境都各有特点。作为地方高校，在很大程度上是所在地方的自然、人文环境的产物，是地方社会大系统中的一个子系统。因此，地方高校要创建办学特色，必须立足地方特色，凸显地方特色，服务地方特色。就河南高校来讲，安阳、洛阳等地高校在中国古代史、文物鉴别方面应该发挥自己的得天独厚的学科专业优势。而焦作、平顶山等地方高校则应该在煤炭化工等学科专业建立自己的优势。

第三，引进竞争机制，打破高等教育资源的封闭化管理体制，推动高校资源的合理有序流动和优化组合，提高高校资源的配置效率。高等教育资源通常被界定为投入高等教育活动的一切人力、物力及财力的总和，而宽泛的界定还应包括高等院校所处的文化环境、知识、信息、教育技术、管理技术、管理制度等。我国是一个发展中大国，教育资源的有限性与人民对高等教育的要求无限提高的矛盾始终是我国高等教育面临的主要矛盾。在我国高等教育大众化的今天，这一矛盾更加突出。

我国高等教育资源是一种稀缺资源，但同时我国高等教育资源浪费仍比较严重。从微观领域来看，高校高等教育资源没有得到最优化利用，突出表现在：前几年的扩建潮造成大量土地闲置；学校经费投入于楼房等硬件建设的比重大，用于图书、仪器设备等软件建设的比重小；用于教学科研的比例小，用于人头费的比例大；公办高校专业教师比例低，非教学人员比重大。从宏观领域来看，虽经20世纪90年代的高校合并重组，资源配置效率明显提高，但是计划经济年代形成的高等教育资源的封闭化管理体制仍然没有彻底破除，影响了高校之间教育资源的合理流动和优化配置。主要表现在：一些高校人才挤压，而另一些高校人才奇缺；一些高校生源爆满，却空间拥挤，另一些高校则生源不足，场所闲置严重。

在现代市场经济条件下，资源的稀缺性和需求的无限性要求人们将有限的资源在不同的需求之间进行分配。当今世界有两种资源配置方式：计划方式和市场方式。资源配置方式的选择直接取决于资源（产品）的性质。私人产品由市场提供与配置，公共产品由政府提供与配置，准公共产品兼有二者的性质，由政府和私人混合提供与配置。

高等教育是介于私人产品和公共产品之间的准公共产品。一方面，作为非义务教育具有排他性。在高等教育机会有限的情况下，一个人受高等教育，可能就排斥了另一个人受高等教育的机会，从这一点来看，它具有私人产品的特点。另

一方面，它还具有外在的社会效益，一个人受到高等教育，不仅本人可以受益，而且其他人甚至整个社会都可以不支付成本而受益，从这一点来看，它又具有某种公共产品的特性。鉴于高等教育的准公共产品性质，其投资资源的配置就不能简单地采用单一的计划方式或市场方式，而应采取计划和市场相结合的方式。

现在我国高校管理体制仍然是计划管理色彩浓，市场调节成分少，竞争机制发挥不充分。因此，必须打破封闭化管理体制，引入竞争机制，让高校师资人才能够顺畅地跨校、跨区域流动；高校之间要优胜劣汰，通过高校之间的兼并重组、合作办学等，使得有限的教育资源得到充分利用。为形成有效的市场竞争格局，当然还要进一步改变单一化高等教育投资办学模式。除国家和地方一部分高校仍实行公办之外，要大力发展民办高校，原来的一部分公立高校也可以改为国有民营的方式。

第四，改变单一的办学模式、管理模式和评价模式，形成差异化、多样化的办学、管理模式和评价机制。高校办学模式是在一定办学理念支配下，并受一定社会历史条件制约而形成的，包括办学目标、投资方式、办学方式、教育结构、管理体制和运行机制在内的操作式样。从不同视角，可以对高校办学模式进行不同的分类。从学科专业结构来看，高校可分为单一学科专业的学院、多学科专业大学和综合性大学；从办学职能来看，可分为教学型、教学科研结合型、研究型高校；从融资渠道来看，可分为政府投入为主型、个人投资为主型、社会团体投入为主型、以社会捐款和学费收入为主型；从学校管理体制来看，可区分为集权型、分权型、集权与分权结合型；从培养人才的层次来看，可区分为短期培训学院（如职业技术学院、成人教育学院）、普通本科院校和研究生为主的大学。每一个高校办学模式都是以上分类的系统组合体。

我国高校，特别是地属普通本科院校的办学模式总的来看比较单一，从学科结构来看，大多追求“大而全”“小而全”，追求向综合型院校发展；从办学职能来看，大多向研究性大学看齐，对教学有所忽视，学校职能定位不合理；从融资体制来看，以政府投入为主，其他融资渠道少；从管理体制来看，大多实行党委领导下的校长负责制，行政主导集权制色彩浓厚，学术民主和师生民主参与不够；从办学层次来看，以普通本科院校为主体，专科层次的短期培训学院偏少。

我国高校评价模式单一，教育部五年一次的本科教学评估和民间的大学综合实力排名，相当程度上采用综合型、研究型大学的评价标准。

受以上因素影响，我国高等教育所培养的人才种类、层次结构趋同，难以适应多样化的社会和市场需求，这也是造成大学毕业生结构性失业的主因之一。为改变这种状况，必须改革高校办学模式，形成差异化、多样化的办学、管理模式和评价机制。从学科及专业来看，除少数教育部直属全国重点大学应办成综合性大学之外，绝大多数高校，特别是地方高校应突出自己的地域特色和专业优势；从办学职能来看，除全国重点高校应办成研究性大学之外，多数普通高校应保持教学为主型或教学与科研结合型；从办学层次来看，要在稳定研究生和本科生规模的前提下，大力发展专科层次的职业技术教育；从管理体制来看，高校要淡化行政色彩，增加学术民主，不同高校根据自身特点形成多样化的管理模式。

第五，调整高等教育结构、改革教育内容、改进教育和教学手段，形成适应社会发展需要、结构合理的高等教育结构体系和以能力为本位、通识教育与专业教育相结合、集学识教育与能力培养于一体的教育、教学模式。大学生结构性失业的重要成因是高等教育结构不合理，包括教育布局结构、层次结构和专业结构的不合理。由于各种原因，我国的高校，特别是重点高校集中于北京、上海、武汉、西安等大城市，而广大中西部地区重点高校严重不足，造成高等教育资源分布的不均衡。在市场经济条件下，虽说已经形成全国统一的人才市场，但大学生就业的地域性特征仍客观存在。北京等大城市人才严重过剩，而中西部地区和农村、基层却面临人才缺乏的局面。所以，国家应该通过加大对中西部地区高等教育扶持和鼓励各地高校联合办学等，进一步调整高等教育布局和优化高等教育资源配置。

我国目前的高等教育层次结构不合理。高等教育一般分为研究生教育、本科教育和专科教育三个层次，其中研究生教育以培养学术型、研究型精英人才为主要目标，本科教育以培养应用型专门人才为主要目标，专科教育以培养职业技能型专门人才为主要目标。高等教育的层次结构是呈宝塔型的，其中专科是塔基，本科是塔身，研究生是塔顶。高等教育承担着培养拔尖创新人才和高级专门人才的职能。当高等教育处于精英阶段时，大学生数量很少，所有大学培养的都可视为精英；当高等教育发展到大众化阶段，精英已经上移到硕士研究生；当高等教育发展到普及化阶段后，精英则是博士生和博士后。随着高等教育从精英阶段到大众化阶段再到普及化阶段的发展进程，精英也随之向上位移。无论是从经济社会发展的需要还是从人的身心发展的需要来看，精英永远是少数，高精尖的专门人才也是少数。

伴随着高等教育大众化进程，本科和研究生层次的教育必然会有相应的扩

展，但专科层次的高等职业教育无疑是大众化的主力，因此扩大专科层次的高等职业教育是高等教育大众化的必由之路。从世界各国高等教育大发展的历史来看，主要是依靠专科层次的高等院校，如短期大学、社区学院、短期技术学院等来满足大量学生接受高等教育的需求。当前，我国高等教育大众化的任务，主要不是发展本科和研究生教育，而是发展专科层次的高等职业技术教育，以培养适应我国经济发展急需的各种高级技能型专门人才。在现代企业中，新产品、新技术、新工艺需要工程技术人员去开发、设计，而制造新产品也需要一大批具有熟练技能的工人参与第一线的生产活动。统计表明，一个行业的高层技术、管理人员一般不超过20%，其余80%属于生产、经营和服务第一线的技能性操作人员。但是，在我国高等教育大发展的过程中，普通本科和研究生在校生规模大幅度增加，而本应当成为大学生主体的专科职业技术教育则因观念原因没有得到应有的发展。由此可见，我国高校层次结构调整的方向在于稳定普通本科和研究生规模，大力发展专科层次的职业技术教育。

我国高等教育的学科专业结构也需要不断调整。当代世界经济全球化加速发展，新科技革命日新月异，我国社会也处于重大转型时期，各种旧的职业不断被淘汰，新的职业不断产生，这就要求高校的学科专业目录不断更新，整个国家的专业学科结构也要不断做出调整。特别是社会主义市场经济环境下，各种岗位需求都处于动态变化中，因此，要给高校以较大的自主权，使它们在招生规模、学科专业招生比例、专业设置等方面有灵活处置的权利。

目前大学生就业难的另一原因是，高校传统的教育教学模式下培养出来的学生不适应市场和社会需求。传统教育教学模式的显著弊端，一是注重理论知识的单向灌输，忽视学生实践和创新能力培养；二是重视智力发展，忽视学生品德、情感、意志等综合素质的培养；三是重视教师主导作用，忽视学生主体地位。

为改变这种状况，必须改革高校教学模式。要调整计划和教学内容，极大增加实践教学环节，培养学生实际操作能力。改革考试制度和质量评价体系，注重学生素质的全面考察和个性发展。改革传统教学方式方法，大力采用开放式教学，扩大学生知识面；采用互动式教学，调动学生学习的主动性；采用激发式教学，培养学生探索精神和探索能力。总之，要通过高校教育教学模式的转换，探索出一条通识教育与专业教育相结合、集学识教育与能力培养于一体的教育、教学模式。

第六，加大教师队伍建设力度，优化师资结构，改善教师的知识结构、能力结构，提高教师的能力传授和能力培养水平。改变高校传统教育教学模式，必须加大高校教师队伍建设力度。高校教师是高校教育教学任务的主要承担者，也是实现教学模式转型的根本力量。目前，我国高校教师队伍建设虽然取得了巨大成就，但是还面临一些突出问题。

一是总量不足。经过近几年大规模的扩招，我国高等教育发展已经实现了历史性的跨越，进入大众化教育阶段，高校教师总人数亦呈递增趋势。但总体来讲，教师队伍增长远远赶不上学生增长速度。根据国家教育部规定的高校师生比指标，1∶14 为优秀，1∶16 为良好，1∶18 为合格。2008 年我国高校在校人数为 2021 万人，到 2010 年达到近 2300 万人，如果按照 1∶16 的良好比率，高校专任教师需求为 144 万人。目前来看，我国高校教师队伍仍然达不到该比例要求。

二是结构不合理。随着我国研究生教育的大发展，高校教师队伍学历结构不断改善，但是年龄结构不够合理，青年教师比重偏大；学缘结构不合理，尤其地方高校教师“近亲繁殖”的问题比较突出；职称结构不合理，高级职称所占比例偏低，学术骨干和学科带头人不足。

三是部分教师敬业精神不足。受社会氛围影响，一些教师功利心强，职业道德淡化，责任心不强。

四是知识和技能陈旧。由于科学技术和信息化的发展，新知识新技术不断涌现，而教师知识更新赶不上时代发展步伐，新的教育技术手段不能得到广泛使用。

为解决高校教师队伍建设中存在的上述问题，应采取以下四个方面措施：

首先，应当继续加强教师队伍的职业道德建设。加强教师职业道德建设需要各级领导高度重视，形成有利于教师职业道德建设的良好氛围。

其次，要建章立制。如通过高校教师资格准入制度、新进教师试用期制度、青年教师导师指导制度、教师考核评价制度、教师聘任职称晋升制度、人事和收入分配制度等，形成有利于加强职业道德建设的激励和约束机制。

再次，要建立健全高校教师定期培训机制，使得高校教师知识不断更新，教学技能不断提高。

最后，建立和发展教学研究与学术研究团队。通过团队合作，提升每位教师的知识水平、科研水平、教学水平。

第七，推动校企联姻，走产学研结合之路，加大培养技能型人才力度。高等教育大众化条件下大学生就业难的重要原因之一，是高校人才培养模式存在重大

缺陷。就我国大多数高校来讲，人才培养几乎普遍存在理论知识传授权重比过大、学生实践机会不多、动手能力不强的倾向。这种情况造成了高校应届毕业生难以适应社会和市场需求，不被企业所喜欢、接纳。改变这种人才培养模式的重要途径之一就是推动校企联姻，走产学研结合的路子。

校企联姻是一种以市场和社会就业需求为导向，学校和企业双方共同参与人才培养过程的教育模式。在市场经济条件下，职业教育要从根本上得到发展，关键在于以市场需求为主，突出技能人才的能力培养。切实开展校企合作，建立校企间有效的合作机制，是职教发展的必然趋势，是高技能人才培养的必由之路。

在近几年我国职业教育大发展的过程中，校企合作的新形式不断出现。根据企业参与程度的不同，大体可分为以下三种模式：一是“企业配合”模式。在这种模式下，人才的培养是以学校为主体进行的，企业处于辅助地位。企业只是根据学校提出的要求，提供相应的条件，协助完成部分（主要是实践教学环节）的培养任务。例如投入设备和资金帮助学校建立校内实训基地，利用企业资源建立校外实训基地，企业专家兼任学校教师，设立奖学金等。目前，我国多数高职学院的人才培养中都采用这种合作模式。二是“校企联合培养”模式。在这种模式下，企业不仅参与制定培养目标、教学计划、教学内容和培养方式，而且参与实施与产业部门结合的那部分培养任务。实践证明，合作教育是高职人才培养的有效模式。三是“校企实体合作型”模式。在这种模式下，企业以设备、场地、技术、师资、资金等多种形式向高职学院注入股份，进行合作办学。企业对高职学院承担决策、计划、组织、协调等管理职能，企业以主人的身份直接参与办学过程，分享办学效益，企业对学校的参与是全方位的整体、深层参与，管理上实行一体化管理。

但是，由于受到制度、政策和观念等因素的制约，校企合作机制仍未健全，主要表现在：企业合作兴趣不高；政府教育和劳动部门、行业组织、院校和企业缺乏协调。因此，为进一步推进校企合作，国家要健全职业教育法、劳动法和职业资格认证制度等相关方面的法律制度；出台对企业参与校企合作的激励政策；成立权威的校企合作机构指导、协调、监督各个部门单位的工作。

校企联姻为我国的高等职业技术院校发展所必需，而对我国多数地方普通高校而言，改变传统人才培养模式则是走产学研结合之路。除了占少数的国家重点高校承担为国家培养研究型、创新型高级专门人才任务外，地方普通高校本科教育也应该主要是为地方经济和社会提供应用型中高级专门人才。

产学研合作教育就是充分利用学校与企业、科研单位等多种不同教学环境和教学资源，发挥它们在人才培养方面的各自优势，把以课堂传授知识为主的学校教育与直接获取实际经验、实践能力为主的生产、科研实践有机结合的教育形式。这不仅充分发挥了高校服务社会的功能，促进高校科研成果向现实生产力转化，而且从根本上解决学校教育与社会需求脱节的问题，缩小学校和社会对人才培养与需求之间的差距，增强了学生的社会竞争力。

目前我国中央和地方政府高度重视并大力促进产学研合作，对促进我国科技创新和国民经济发展起到了重要作用，产学研合作的形式也不断创新。但是仍存在不少问题，主要表现为：一些高校、企业、科研院所合作意识不强，动力不足；经费投入不足和融资困难；信息不够畅通，中介组织发育缓慢；缺乏有力的协调机构和制度支撑；合作仍然停留在浅层次；等等。为进一步促进产学研合作，必须建立政府主导、市场调节、多方参与的产学研合作机制。政府部门要在人才流动、知识产权保护等制度建设、税收和融资等政策支持、财政投入、指导协调、信息平台建设等方面发挥主导作用；要充分发挥市场调节的作用，建立利益驱动机制，提高高校和企业参与合作的积极性，培育科技中介组织；要加强产学研合作产业基地建设。

第八，鼓励高校投资和办学主体的多元化，缩小不同层级高校资源和办学经费的巨大落差，增强市场化评价的导向作用，推动高校市场化发展和专业化、特色化培养。我国高校办学模式虽然在不断探索中前进，但是，从总体来看，办学模式仍然比较单一，培养的人才千人一面，不适应多样化的市场需求。解决此问题的重要途径之一就是要实行高校投资和办学主体多元化。而目前，我国高校投资办学主体仍然是以国有国办占绝对比重，民办高校只是充当小的配角，这既不利于高等教育资源的持续增长和高等教育的可持续发展，也不利于高校之间的充分竞争和多元市场评价体系的建立和健全，还不利于高校办学体制改革和人才培养模式的多样化发展。

实行高校投资和办学主体多元化，需要大力发展民办高校，大力发展中外合作办学，鼓励国内各高校之间联合办学，鼓励高校与大企业联合办学。投资办学主体多元化格局的形成，有助于形成面向市场的高校人才培养评价体系，推动各高校的市场化发展和专业化、特色化培养。

形成高校办学主体多元化格局，需要政府加强对民办高校的政策扶持，落实公办高校与民办高校之间的市场公平竞争地位和待遇，特别是要缩小不同层级高校之间教育资源和办学经费的巨大落差。虽说保持高校的不同层级十分必要，由于各方面原因，目前我国各层级高校教育资源，包括软硬件设施、办学经费和师资队伍等存在巨大落差。国家重点高校生均政府拨款突破 1 万元，而经济发达的江苏省所属高校 2010 年生均财政拨款 4500 元，经济不发达地区地方高校生均拨款远远小于江苏省高校。

缩小不同高校教育资源上的巨大落差，一方面，要求政府财政投入逐步均等化，适当向地方高校加大财政转移支付力度，以便地方高校加强自我发展能力，包括加强硬件建设和提高师资队伍水平；另一方面，在目前教育资源差距短期内不可能消除的情况下，鼓励不同层级的高校开展各种形式的合作，以便实现资源共享，也不失为解决问题的途径。例如，高校之间联合办学，重点高校发挥自己的师资、管理等方面的优势，帮助地方高校提高办学水平；同一地域高校之间教育资源相互开放，允许学生跨学校选课，实行学分互认，图书、实验室等教学资源相互开放，不同高校的教师互聘；等等。

第九，改革僵化的学制和招生制度，形成灵活多样的学制和招生机制，以适应大众化、市场化、信息化和终身学习的需要。我国普通高校目前采用的学制仍然是学年制，专科为 2 ~ 3 年，本科为 4 ~ 5 年。这种机械的学制不能区分不同学生的综合素质和学习能力，难以适应高等教育大众化、市场化、信息化和终身学习的需要。必须改革这种僵化的学制，实行弹性的学分制。目前我国多数普通高校虽然名义上实行了学分制改革，但是，由于受学校自身的教务管理、后勤管理、教辅管理水平以及社会就业环境的制约，真正意义上的学分制仍然没有得到落实。学分制以是否达到规定的学分来作为衡量学生是否完成学业的标志。而我国高校在实行学分制的同时，大多规定了学生的修业年限；即使是在实行弹性学制、放宽修业年限的高校，真正能提前或延后毕业的学生也不多见。学分制的施行是一所高校的办学实力、管理水平的综合体现，需要高校一系列管理制度的配套改革和管理服务水平的跟进：在教务管理方面，包括课程体系设置、选课制度、学籍管理、教师管理、教务管理信息化平台建设等；在人事管理方面，包括教师选修课激励约束的收入分配制度；在教辅管理方面，涉及图书馆、阅览室、实验室、计算机室、运动场馆等的开放式服务；在后勤管理方面，涉及住宿、饮食、洗浴方面的配套服务。

现代高等教育同样需要灵活多样的招生考试与录取制度。大众化高等教育的一个重要特征是多样化，包括学校类型的多样化、办学方式的多样化、办学层次的多样化、培养规格以及培养模式的多样化，而目前我国的高等教育招生制度存在很大弊端：

首先，破坏了对中学教育正确的导向作用，严重阻碍了基础教育由应试教育向素质教育的转轨。具体表现为：由于片面追求升学率导致应试教育的畸形发展；高考评价方式存在局限性，仅以文化知识作为唯一的评价手段，难以衡量一个人的全面素质；难以培养学生的创造能力，阻碍了学生德智体美的全面发展。

其次，不能适应市场经济发展多元化的需求。随着社会主义市场经济的不断发展和对外开放度的不断提高，人才需求越来越多样化、市场化、专业化和个性化。因此，高等教育的任务已不仅是为国家培养专家和精英，而更重要的是为经济建设培养大量的高素质的劳动者。但是目前的高考制度仍沿用计划经济时代的按计划录取高度统一、高度集中的模式，不可能适应不同层次和类型学校对学生选拔的需要，也就不可能适应经济发展的需要。同时，目前的高考制度不仅限制了学生对高校和专业的选择权利和机会，也限制了学校选拔学生应有的自主权，并造成不同地域的学生享受高等教育资源的不平等。

最后，现行招生制度也给高等教育带来负面影响。现行招生制度下高校的招生自主权很小，学校的独立法人地位得不到尊重；考生选择的权利未受到尊重，专业选择与就业间存在矛盾。虽然我国教育部直属重点高校已经进行了自主招生、免试推荐等招生制度的改革试点，但参加高考统一录取的考生仍占 90% 以上，而且占全国绝对多数的地方所属高校尚未进行这项试点。

改革高校招生制度应从以下两个方面考虑：

一方面，招生质量评价体系改革：要进行高考内容改革，着眼于学生综合素质和实践创新能力的培养；要改革教育质量评价体系，把高考成绩与学生平时表现统一起来进行考察，改变学生一次高考定终身的状况。

另一方面，要进行高校录取方式改革。从根本上讲，要落实高校招生自主权，使得高校能够自主命题，在教育行政部门和社会监督下自主录取。这样既可以扩大高校对学生的选择权，又可以扩大学生对高校的选择权。按此思路，教育部直属高校自主招生比例要逐步扩大，地方所属高校也要在试点的基础上逐步推行自主招生。既然高校博士生招生已经循此办理，相信本科招生也可以做到。当然，在全国统考仍然有存在的必要性的情况下，作为过渡办法，可以遵循目前高校硕士生招生办法，在全国统一基本科目考试的基础上，各个高校可以选择部分专业科目单独命题，综合两次考试成绩录取。当然，为了增加学生选择自己喜欢

的高校和专业的机会，各个高校考试时间应该适当间隔。

第十，国家教育行政部门做好人才需求预测，根据国家和社会发展需要制定高等教育发展规划，对高校招生规模和结构进行宏观调控，对高校招生进行指导和协调。虽然20世纪90年代末我国高等学校大规模扩招，大学生就业问题凸显出来，并随着全球经济危机而加剧，但是，总体来讲，大学毕业生不是总体过剩，而是结构性失调。几组数字可以说明：一是高等教育毛入学率：2008年我国高等教育毛入学率仅为23.3%；而到1995年，世界上高等教育毛入学率超过35%的国家为29个，加拿大、美国、澳大利亚、芬兰、新西兰、挪威和韩国7个国家超过了50%。二是就业人数：2009年我国新增城镇就业人数为1100万，而高校应届本专科毕业生仅为610万，这些高素质人才理应成为新增就业的主体。

在落实高校招生和办学自主权、高校面向市场办学的情况下，人才培养可能会产生盲目性，这就要求全国教育行政机构根据我国经济和社会发展进程，做好各个专业和层次的人才需求预测，根据科学预测制定高校人才培养规划，对各高校的招生和人才培养提供指导和协调，对招生规模和结构进行宏观调控。另外，教育部还应针对上一年度的全国大学生就业供需状况进行及时和准确的调查研究，并把相关数据及时提供给各个高校，以供它们在来年招生和专业结构调整时参考。

第八章 中原经济区收入倍增问题与对策

一、中原经济区收入倍增的意义

2010～2020年，如果经济增速与收入增速同步，人均收入倍增只需要经济年增速保持7%完全就可以达到，实事求是而言，除非中国经济出现大周期的调整和“增速悬崖”，实现这个目标问题不大。而在过去的近40年，政府收入增长过快导致国与民之间的分配失衡，但居民收入仍然保持了8%左右的增速，也就是说，即使没有明确“居民收入翻番”，事实上过去也一直实现了翻番的目标。所以，无论是经济总量，还是居民收入的翻番，都并非“大跃进”，而是一个很务实的数字。但很显然，“国民收入倍增计划”的初衷远远不止于此：

第一，国民收入倍增计划的前提是发展方式的转变，这是一个必须在未来近10年完成的重大战略任务，具有咄咄逼人的紧迫性。事实上，2004年中央经济工作会议以来，中央提出转变发展方式，经济增长从依靠投资和出口转变到依靠内需上来，改变中国经济增长不稳定、不平衡、不协调和不可持续的现状。就经济增长的动力而言，中国之前所走的道路基本可以概括为投资拉动和出口拉动的东亚模式。投资占GDP的比重十多年来一直维持在40%以上，这在历史上非常罕见，随着投资边际效益的递减，结构性的产能过剩问题成为中国经济挥之不去的梦魇，高投资的不可持续已经成为朝野共识。过度依赖投资和出口的结果是内需占比的严重下降。十多年来，中国消费占GDP的比重一直持续下降，在2010

年降至33.8%，不仅远低于美国、欧盟等发达经济体，也低于印度等新兴国家，甚至远低于世界60%的平均水平。因此，国民收入倍增计划的背后，是经济发展模式的转变，是对过去模式切割的勇气。在中共十八大报告中，一再提及创新驱动，一再提及要把扩消费作为未来经济发展的战略基点。事实上意味着，中央对经济未来驱动力的关注已经远远高于对总量的关注。2020年实现经济总量比2010年翻一番，与其说是一个宏伟的目标，不如说是一个为中国经济减速，以便为经济增长提供空间的转型规划。

第二，国民收入倍增计划要有含金量，要真正地实现，需要产业结构、社会结构、分配结构的大调整，这种调整本身的完成，在某种程度上也意味着中国社会转型期的结束，进入现代社会的产业基础、社会基础和分配基础已经完成。中共十八大报告特别提出，“必须以改善需求结构、优化产业结构、促进区域协调发展、推进城镇化为重点，着力解决制约经济持续健康发展的重大结构性问题。要牢牢把握扩大内需这一战略基点，加快建立扩大消费需求长效机制”。同时，“必须深化收入分配制度改革，努力实现居民收入增长和经济发展同步、劳动报酬增长和劳动生产率提高同步，提高居民收入在国民收入分配中的比重，提高劳动报酬在初次分配中的比重。”也就是说，国民收入倍增计划要真正令人期待，必须构建三个战略基点：一是产业结构的现代化，在继续完成工业现代化的同时，要提升服务业在中国产业结构中的比重，服务业是现代经济中“最赚钱”的产业，也是衡量一个国家经济现代性的标志。由于人均收入过低，中国的服务业发展长期滞后，比重一直徘徊在40%左右，到2020年，中国服务业的比重应该至少提升至55%的水平，居民收入的增长才有保证。二是现代的社会结构，也就是城镇化，城镇化意味着低收入农民的减少，高收入城市居民的增多，这也是一种收入的倍增。三是合理的分配结构，合理的分配结构既指居民之间的差距不能太大，同时还包括国与民之间的收入分配差距不能太大。中国的居民收入占GDP的比重目前在50%左右，远低于欧美的75%的平均水平，说明国民财富的大蛋糕中，国家分走太多。必须通过收入分配改革和加快城镇化的步伐，改变中国的收入分配结构。服务业以及“利润”比较高的产业比重的提升以及城镇化步伐的加快，将在很大程度上提升中等收入阶层的比重，从而在实现经济快速增长的同时，国民收入也能够达到倍增的目标。

二、2020 年中原经济区人均收入倍增的可行性分析

改革开放以来，河南省经济社会取得了长足发展，居民收入水平得到较大提高，人民生活水平日益改善。然而，长期以来的居民收入问题依然存在，居民收入在国民收入分配中的比重持续下降、居民间收入差距不断扩大等问题尚未得到根本解决。这已经成为改善民生、构建和谐社会、推动全省经济可持续发展的一大障碍。如何提高居民收入将是我们面临的重大问题。

（一）中原经济区居民分配现状和问题研究

国民收入分配涉及两个层面的问题：一是国民收入在政府、企业、居民三大主体之间的分配格局；二是各分配主体内部的分配格局。一个国家（地区）的收入分配格局是否合理，会对该国家（地区）的经济发展模式、区域协调发展、居民生活水平等产生重要影响。改革开放以来，河南省经济社会取得了较快发展，城乡居民收入得到了较大提升，然而河南省居民收入分配格局却不尽合理。一方面，居民收入占地区生产总值比重逐年下降；另一方面，居民之间的收入分配差距也有所扩大。居民收入分配格局的不完善，不仅明显抑制了居民的消费能力和消费意愿，限制了消费对经济增长的促进作用，也不利于社会的和谐稳定，亟待改进。

首先，要对河南省居民收入占国民收入分配比重变化进行分析。长期以来，初次分配中劳动要素地位相对恶化，居民财产性收入占国民收入初次分配比重偏低，而再分配转移机制并没有弥补初次分配的不足，从而造成了河南省居民收入占国民收入分配比重一直处于较低的发展水平。

其次，分析居民收入占国民收入分配比重变化特点。从多年的发展情况来看，河南省国民收入分配格局，无论是初次分配，还是再分配，过多向企业倾斜，导致居民收入分配比重一直偏低。

居民收入在初次分配中所占比重持续下降。从表 8－1 可以看出，在河南省

国民收入初次分配中，政府部门所占比重相对稳定，企业部门所占比重持续上升，而居民部门收入所占比重则明显下降。居民部门收入分配比重已经由1996年的58.77%下降至2015年的50.63%，下降了近8个百分点，而企业部门收入分配比重则相应由29.38%上升至38.18%，提高了近9个百分点。值得注意的是，2006年以来，国民收入分配结构出现了较为可喜的变化，企业收入比重开始下降，居民收入比重开始至跌回升，政府比重也逐步止升回跌，到2015年，企业收入比重比2005年下降了近5个百分点，政府比重也下降至历史低位，只有11.18%，居民收入提升了6个百分点，达到50.63%。

表8－1　中原经济区国民收入初次分配格局　　单位：亿元，%

类别 年份	初次分配收入			初次分配比重		
	政府	企业	居民	政府	企业	居民
1996	430	1068	2136	11.84	29.38	58.77
1997	478	1299	2265	11.82	32.14	56.04
1998	426	1609	2274	9.88	37.35	52.77
1999	509	1690	2319	11.27	37.40	51.33
2000	583	1971	2499	11.53	39.01	49.45
2001	629	2200	2704	11.36	39.77	48.87
2002	710	2497	2829	11.76	41.38	46.87
2003	836	3036	2996	12.17	44.20	43.62
2004	1037	3687	3831	12.12	43.10	44.78
2005	1271	4625	4691	12.00	43.69	44.31
2006	1498	5764	5101	12.12	46.63	41.26
2007	2026	6819	6168	13.50	45.42	41.08
2008	2310	7245	8463	12.82	40.21	46.97
2009	3263	6652	9566	16.75	34.14	49.11
2010	3071	8518	11503	13.30	36.89	49.81
2011	3358	10133	13439	12.47	37.63	49.90
2012	4634	10131	14835	15.65	34.23	50.12
2013	4668	11347	16177	14.50	35.25	50.25
2014	3848	13621	17469	11.01	38.99	50.00
2015	4139	14128	18735	11.18	38.18	50.63

资料来源：根据1997～2016年《河南统计年鉴》收入法地区生产总值折算。

从表8-2可以看出，虽然再分配体制有助于减少初次分配带的来结构性不公问题，优化了收入结构，但却强化了居民收入分配比重下降的趋势。虽然再分配体制总体上向居民倾斜的方向没有改变，但再分配过程中，企业比重波动提高，政府部门收入所占比重稳中有升，而居民部门所占比重则持续下降。到2014年，居民收入占比下降至55.53%，企业收入比重提高至22.68%，政府提升至21.93%，与1996年相比，居民收入比重下降了23.4个百分点，下降了近30%，企业比重则从当初的4.36%调升至22.68%，提高了4.5倍，政府比重从16.72%，提高至21.93%，提高了5.2个百分点。虽然与初次分配相比，再分配体制调节幅度有所加强，企业的比重从当初调节6个百分点扩大至2014年的15个百分点，提高了9个百分点，但政府从当初提升3.5个百分点提高至10.7个百分点，提高了7.2个百分点，居民则由当初提升3个百分点，提高至2014年的近5个百分点，只提升了近2个百分点。总的趋势是企业和政府在再分配中的比重不断提升，而居民的份额却下降十分显著。由此来看，当前的收入再分配机制，并未有效地提高居民部门收入在国民收入分配中的比重，反而导致居民收入分配的比重进一步下降。

表8-2　中原经济区国民收入再分配格局　　单位：亿元,%

类别 年份	再分配收入			再分配比重		
	政府	企业	居民	政府	企业	居民
1996	615.59	160.48	2905.58	16.72	4.36	71.08
1997	618.83	314.83	3239.62	14.83	7.54	77.63
1998	607.82	413.89	3345.82	13.92	9.48	76.61
1999	841.46	637.58	3347.64	17.43	13.21	69.36
2000	1006.96	573.07	3851.82	18.54	10.55	70.91
2001	1132.17	575.28	4246.53	19.02	9.66	71.32
2002	1245.42	840.22	4512.06	18.88	12.74	68.39
2003	1346.32	1021.19	5124.47	17.97	13.63	68.4
2004	1756.13	1173.57	6430.74	18.76	12.54	68.7
2005	1557.46	2497.17	6857.58	14.27	22.88	62.84
2006	2051.09	3270.98	7489.80	16.01	25.53	58.46
2007	2930.98	3828.44	8666.60	19.00	24.82	56.18
2010	6029.12	4887.41	13623.77	24.57	19.03	55.52

续表

年份 \ 类别	再分配收入			再分配比重		
	政府	企业	居民	政府	企业	居民
2012	5446.74	5222.98	18314.97	18.79	17.88	63.19
2014	8373.18	8608.04	21205.48	21.93	22.68	55.53

资料来源：根据1998~2016年《河南统计年鉴》资金流量表（收入分配）的有关数据整理计算而得。

从上述分析可以看出，当前河南省国民收入的分配格局是向企业和政府倾斜的：初次分配向企业倾斜，再分配则向政府倾斜，居民收入分配比重相对较低，且一直呈持续下降态势。从发达国家的经济发展规律来看，河南省居民收入的分配比重偏低。1942年美国人均GDP首次超过1000美元，1962年人均GDP达到3144美元，这时期美国居民的最终收入分配比重大约为72%。20世纪90年代以来美国的居民收入分配比重基本保持稳定，平均为73.4%。日本的人均GDP从1966年的1071美元，增长至1973年的3348美元，这时期日本居民收入分配比重大约为75%。2005年，日本居民收入分配比重仍然保持在73.4%的较高水平，由此可见河南省收入分配中，居民收入的份额显著低于国际水平。

（二）影响居民收入分配比重的主要原因

1. 经济增长是影响居民收入第一要素

居民收入增长是生产率发展的结果，也就是经济增长的结果，如图8-1所示，正是河南经济增长推动了居民收入的增长。1978~2015年，河南地区生产总值增长了226倍，年均增速达到15.79%（当年价），城镇人均可支配收入同期也增长了81.19倍，年均增速12.62%，低于同期产值增速3.17个百分点。1979~1990年，经济增长了4.74倍，年均增速15.67%，拉动城镇居民人均可支配收入增长3.0倍，年均增速12.30%，比产值增速低3.37个百分点；1990~2000年，经济增长了4.41倍，年均增速18.38%，推动城镇居民人均可支配收入增长2.76倍，年均增速14.16%，比产值增速低4.22个百分点；2000~2010年，经济增长了3.57倍，年均增速16.41%，拉动城镇居民人均可支配收入增长2.34倍，年均增速12.82%，比产值增速低3.59个百分点；2010~2015年，经济增长了60.24%，年均增速9.89%，拉动城镇居民人均可支配收入增长1.60倍，年均增速9.93%，比产值增速高0.04个百分点。河南经济增速整体高于全国平均水平，保持了经济大省地位，2011～2015年进入“新常态”，经济增速放缓，但经济增长带动人均收入并没下降多少，经济增速与人均收入增速保持了同步增长，经济增长质量有所提升。实现2020年经济增长翻番的发展任务几乎是毫无悬念，但如何赶上全国经济发展水平，河南省仍然任重道远。到2015年，河南省人均收入还只达到全国平均水平的85%，与全国平均水平相差15%，在接下来的五年中，要赶上全国的平均水平，就意味着每年要以超过平均水平3%的发展速度发展。而这个增长速度在河南历史上还没有出现。所以要和全国人民一道，到2020年达到全国平均发展水平，必须正视河南与全国水平巨大差距，产业结构、城市化水平、工业化水平以及经济增长质量与效益巨大差距。

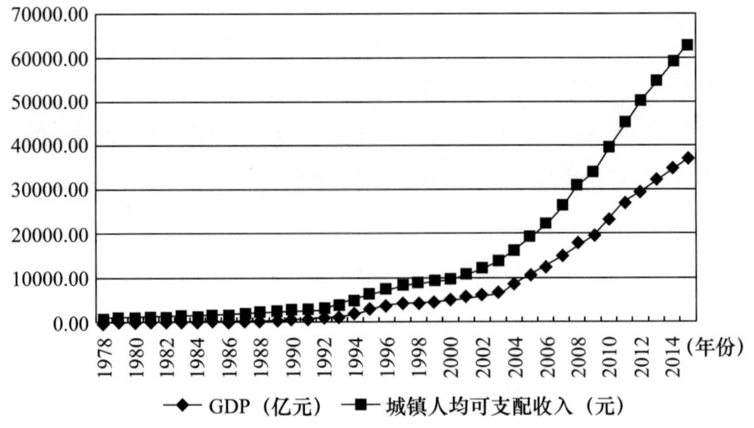

图8－1　中原经济区经济增长与城镇居民收入变动情况（1978～2015年）

2. 居民收入增长与经济结构息息相关

居民收入增长与经济增长动力结构和产业结构息息相关。首先，居民收入增长与经济增长的动力结构有关，一般来说，投资是推动经济增长主要推动力，但投资比重过高也会冲击居民消费增长，在发展中国家，长期以来，由于国内资金短缺，投资过高增长会严重削弱人们消费增长，也就是所谓的“节制性增长的发展道路”。如图8－2所示，河南经济增长主要推动力仍然来自投资驱动，虽然近几年投资效益并不高，但投资率依然保持了强劲增长，2005年，投资率超过

45%，达到47.41%，之后增长迅猛，2011～2015年，年均投资率达到了历史高点，年均超过70%，2013～2015年更是连续三年上升至75%以上的新高。不过投资比重必然挤压居民消费水平，而且过高投资率必然难以规避投资效益递减的铁律。虽然外部投资有效抵消了省内投资缺口，阻滞了居民消费下降，但居高投资率是难以持续的。其次，跟经济产业结构也紧密相关，一般来说，第一产业劳动生产率较低，第二产业和服务业劳动力生产率较高；第一产业和第二产业对资源依赖程度较高，服务业对人力依赖程度较高。发展服务业有利于降低资源环境消耗，提高经济增长就业弹性。现代产业劳动生产率较高，传统产业劳动生产率较低，现代产业不仅可以提供较满意薪资水平，而且具有较高资源环境效率。从河南三大产业结构来看，产业结构层次较低，服务业发展较慢，特别是代表产业发展方向的现代新兴产业比重较低，这是导致河南经济增长就业效益偏低，就业与产值比重偏离度过大的主要原因。以2016年中国500强企业为例，河南省进入500强的九家企业：河南能源化工集团有限公司（第101位）、中国平煤神马能源化工集团有限责任公司（第106位）、万洲国际有限公司（第111位）、郑州宇通集团有限公司（第342位）、安阳钢铁集团有限责任公司（第350位）、天瑞集团有限公司（第400位）、河南豫光金铅集团有限责任公司（第456位）、登封电厂集团有限公司（第490位）、万基控股集团有限公司（第497位）。这九家企业几乎都来自传统行业，大部分与资源型初级产业相联系，而代表现代产业的信息通信业、现代金融服务业却无一上榜。

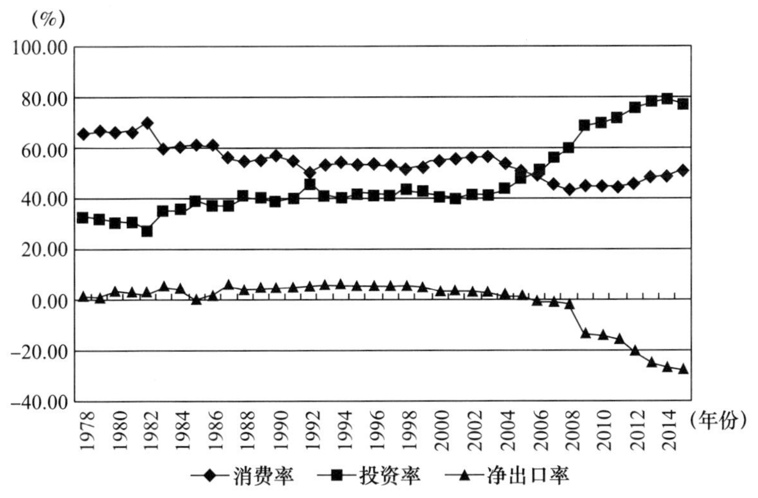

图8-2 中原经济区投资、消费与净出口率变化情况（1978～2015年）

3. 劳动报酬在初次分配中的比重较低

从表 8 – 3 可以看出，河南省劳动报酬在初次分配中的比重较低。居民劳动报酬占 GDP 比重长期处于明显的下降趋势中，已由 1996 年的 58.77% 下降至 2015 年的 50.63%。作为政府收入的生产税净额比重较为平稳，总体呈小幅上升趋势，由 1996 年的 11.84% 上升至 2009 年的 16.75%。作为企业收入的营业盈余比重则有较大提升，由 1996 年的 16.58% 提高到 2006 年的 35.82%。从劳动者、政府、企业收入比重对比变化情况来看，“利润侵蚀工资”已成为河南省劳动报酬收入比重大幅下降的重要因素之一。“利润侵蚀工资”产生的原因，一方面，企业为获得低廉的劳动力成本优势，压低、克扣甚至拖欠劳动者工资，逃避缴纳劳动者的各项社会保障费用，通过牺牲劳动者合法收益获取利润。另一方面，当前企业内部的工资议价机制普遍缺失，企业所有者处于强势地位，劳动者处于被动屈从的弱势地位，从而使得利润侵蚀工资行为得以顺利实施。而政府管制缺位，也使得这一行为得不到有效遏制。当然随着我国对劳动者保护力度加强，各种保护劳动者权利的政策与法规出台，劳动者报酬比重下滑态势得以遏制，2008 年以来，劳动者报酬比重开始上升，企业营业盈余和生产税收净额比重开始下降，到 2015 年，劳动者报酬比重提高至 50.63%，比历史低点 2006 年提高了近 10 个百分点，企业营业盈余比历史高点 2006 年下降了近 10 个点，生产税收净额比重也从历史高点 2009 年的 16.75% 下降至历史低位 11.18%。除了利润侵蚀工资因素外，产业结构的变化也是导致劳动报酬分配比重下降的因素之一。研究表明，劳动报酬在各产业中所占的份额，农业最高，其次分别为建筑业、第三产业，工业最低。从表 8 – 3 的数据可以看出，“九五”以来，河南省农业、建筑业、第三产业增加值比重总体处于下降的趋势，唯有工业上升，这在一定程度上造成了劳动分配在初次分配中的比重下降。结合发达国家产业发展演进规律，未来大力发展第三产业，将有助于河南省劳动报酬分配比重的提高。

表 8 – 3　中原经济区生产总值收入法各部分比重（1996 ~ 2015 年）　单位：%

类别	按照收入法计算的生产总值各组成项目比重				三次产业增加值占生产总值比重			
年份	劳动者报酬	生产税净额	固定资产折旧	营业盈余	第一产业	第二产业		第三产业
						工业	建筑业	
1996	58.77	11.84	12.81	16.58	25.80	41.18	4.98	28.05
1997	56.04	11.82	13.12	19.02	24.96	40.61	5.45	28.98

续表

类别 年份	按照收入法计算的生产总值各组成项目比重				三次产业增加值占生产总值比重			
	劳动者报酬	生产税净额	固定资产折旧	营业盈余	第一产业	第二产业		第三产业
						工业	建筑业	
1998	52.77	9.88	13.08	24.28	24.87	39.28	5.70	30.15
1999	51.33	11.27	12.78	24.62	24.86	38.28	5.57	31.29
2000	49.45	11.53	12.95	26.07	22.99	39.58	5.82	31.61
2001	48.87	11.36	13.14	26.63	22.31	39.45	5.92	32.32
2002	46.87	11.76	13.12	28.26	21.35	39.97	5.91	32.78
2003	43.62	12.17	13.00	31.20	17.45	41.89	6.31	34.35
2004	44.78	12.12	11.16	31.94	19.28	42.61	6.29	31.83
2005	44.31	12.00	11.52	32.16	17.87	46.24	5.84	30.05
2006	41.26	12.12	10.80	35.82	15.50	48.79	5.61	30.10
2007	41.08	13.50	10.52	34.90	14.77	50.01	5.16	30.05
2008	46.97	12.82	11.19	29.02	14.44	51.86	5.06	28.63
2009	49.11	16.75	10.88	23.26	14.21	56.52	5.70	29.26
2010	49.81	13.30	12.42	24.47	14.11	57.28	5.52	28.62
2011	49.90	12.47	11.81	25.82	13.04	57.28	5.49	29.67
2012	50.12	15.65	11.31	22.91	12.74	56.33	5.59	30.94
2013	50.25	14.50	11.03	24.22	12.34	52.01	5.84	35.65
2014	50.00	11.01	11.99	27.00	11.91	50.99	5.95	37.10
2015	50.63	11.18	11.89	26.30	11.38	48.42	5.82	40.20

资料来源：根据历年《河南统计年鉴》有关数据整理计算。

4. 居民财产性收入占国民收入初次分配比重较低

居民财产性收入，一般是指家庭拥有的动产（如银行存款、有价证券等）、不动产（如土地、房屋等）所获得的收入，包括出让财产使用权所获得的利息、租金和财产运营所获得的红利、财产增值等。在市场经济中，财产性收入是居民收入的重要组成部门之一。20 世纪 50 ~60 年代，美国居民财产性收入占国民收入比重在 12% 左右，20 世纪 80 年代至今一直维持在 15% ~20% 的水平。其他发达国家在此发展阶段也基本维持在 10% 以上的水平。近年来，尽管河南省居民财产性收入有了较大提高，但占国民收入比重却比较低，多年来一直处在 2% 以下，与全国平均水平差距较大，而且这种差距有进一步扩大的趋势。河南省居民财产性收入比重较低，与居民财产收入的来源结构有一定关系。目前，河南省居民财产性收入中主要是利息和红利收入，其中利息收入约占 82.61%，红利收入仅占 17.39%，这表明河南省居民目前还难以分享到经济增长带来的巨大成果。这同时也意味着初次分配中，居民收入占比与企业收入占比的此消彼长，这和前面关于河南省国民收入初次分配格局的分析相吻合。

（三）当前中原经济区实现居民收入倍增的难点

1. 人口多，人均水平低

（1）无论是人均经济总量还是收入水平，与全国的差距都较大。多年来，河南生产总值（GDP）一直位居全国第五，中西部首位，但由于人口众多，人均水平在全国 31 个省市区中始终处于 18 位以后，近两年都排在第 24 位。2015 年，全省人均生产总值相当于全国平均水平的 85% 左右，在岗职工年平均工资 45403 元，不足全国平均水平（62026 元）的 80%，在全国 31 个省市区中的位次由上年第 26 下降到第 30。

（2）要实现赶上全国平均水平的目标，任务艰巨。《中原经济区发展规划纲要》提出：到 2020 年，主要人均经济指标赶上并力争超过全国平均水平，城镇化发展努力达到全国平均水平。2015 年河南城镇化率 46.85%，低于全国平均水平约 10 个百分点。城镇化率每提高 1 个百分点，就意味着有 100 万人口从农村转移到城市。因此，要达到全国城镇化平均水平，河南每年至少要提高城镇化率 1～2 个百分点，每年带动 100 万～200 万农村人口进入城镇。

河南城乡居民收入比小于 2.0∶1 的年份只有 1981～1985 年。未来时间，在居民收入倍增并赶上全国平均水平的同时，要使城乡差距缩小到 2 以下，农村居民收入应达到 20115 元，年均实际增长速度应达到 14.3%，任务艰巨显而易见，特别是对于低收入户困难更大。据对全省贫困地区 3100 个农户的监测调查，2012 年河南贫困地区农民人均纯收入 5626 元，未来，年均实际增速达到 12.9%，才能使其收入水平在 2020 年与全国持平，2020 年与全省农民平均水平持平的年均实际增速也要达到 11.9%。可见，实现每个层次居民收入的翻番容易，但要使其都达到全国或者全省平均水平难。

2. 中低收入人群占比重大

2012年，把被调查户五等分，在河南城乡居民家庭中，中等收入水平及其以下的户数均占60%，其人均收入水平也都低于全省平均水平。在城镇居民中，占总户数20%的较低收入户、10%的低收入户人均收入水平分别是全省平均水平的73.9%和57%，10%最低收入户的收入水平仅相当于全省平均水平的39.8%。从客观规律上来说，虽然实现人均收入翻一番的目标并不难，但要在有效控制高收入阶层收入增长的同时实现低收入人群收入翻番，考虑到高收入阶层已经具备了继续保持收入快速增长的基础和条件，而低收入者由于增加自身收入的能力有限，更多只能依靠政府，要实现这一目标相对困难。

由于不同阶层居民收入基数不同，在实现城乡居民收入倍增目标的同时，如果没有针对低收入群体的特殊增收措施，城乡之间、地区之间居民收入差距将呈扩大趋势，即使不同收入阶层居民收入差距之比保持不变，他们的绝对收入差距也将越来越大，即城乡之间、高低收入户之间居民收入差额同样实现倍增。也就是说，河南城乡居民收入都实现倍增后，城乡收入差距会扩大到20813元，城乡收入比将由2012年的2.72∶1扩大到2.88∶1。要使河南城乡居民收入在倍增过程中逐渐缩小城乡差距，就必须使农民收入更快地增长。如果要城乡居民收入之比在2020年缩减到2以下，到时农民人均纯收入应达到16769元，未来八年的年均实际增长幅度应提高到11.7%。

可见，在实现河南城乡居民收入倍增目标的过程中，采取有效的政策措施，努力消除城乡之间、地区之间、不同收入水平人群之间的收入差距，走共同富裕之路，筑牢社会和谐稳定的基础，更加需要特别关注中低收入者群体。

3. 农村社会保障水平低，城乡差距大

受长期实行城乡二元体制影响，我国社会保障对象主要限于城市居民，广大农村地区社会保障发展严重滞后。基本保障制度覆盖面比较窄，城乡间、不同群体间社会保障待遇差距较大；人口老龄化加快，养老保险个人账户大部分空账运行，社会保险统筹层次低。社会养老服务机构发展现状不能满足河南省老龄化需要，主要体现在以下两个方面：一是床位总量少。全省目前每千名老人拥有的养老床位数约为18.6张，远远低于发达国家50~70张的水平，也低于发展中国家20~30张的水平。二是政府财政投入少、政策含金量小。随着社会主义市场经

济的发展，农民作为市场主体面临着来自市场竞争、自然灾害的双重风险，使得广大农民面临巨大的生存风险。

4. 城乡教育资源和人力资本差异大

（1）义务教育资源的差异。义务教育是根据法律规定，适龄儿童和青少年都必须接受，国家、社会、家庭必须予以保证的国民教育。义务教育的实施程度、公平状况和教育质量，关系到基本人权的保障和教育公平的实现。长期以来，我国城乡义务教育的差距特别是在河南的差距表现尤为明显，突出表现在经费投入、师资水平、办学条件和教育质量等方面。这种差距加剧了城乡义务教育发展的失衡，阻碍了义务教育目标的实现。农村素质教育的缺失，不仅只有“三少”——课外读物少、供学生上网获得信息的电脑少、经验丰富有特长的教师少，还有更多更重要的少——政府投入少、教学器材少、教师待遇少。致使农村教师数量少，稳定性较差，优秀教师流失严重。办学条件差距主要是农村义务教育生均教学仪器设备值过低，城乡差距过大，已成为教育资源配置不均衡的突出问题。

（2）城乡人力资本差异。在市场经济条件下，对于个人取得收入的多少以及城乡之间收入的差距，人力资本起着决定性的作用，而个人能力主要是受教育程度决定的。城乡居民在接受教育方面的机会不平等，直接决定了城乡居民在人力资本禀赋方面存在相当的差异。目前，我国绝大多数文盲、半文盲生活在农村，农民自身文化科技和信息化水平较低，难以适应市场需求转岗就业，更难以在外出务工等方面享受平等待遇。2012 年，河南农村每百个劳动力中初中文化程度人数占 60.9%，小学及以下文化程度人数占 21.7%，而高中及以上文化程度人数仅占 17.4%。大多数农民劳动力接受低水平的文化教育，降低了他们在非农业部门就业的机会，严重影响了其收入和生活，导致城乡居民收入差距扩大。

5. 农民收入水平低，增长制约因素多

目前仍存在许多不利于农民收入增加的因素，只有不断破解这些制约因素，才能加速农民收入增长。

（1）财政支农政策不尽完善，农民的财政性负担沉重。在市场经济条件下，农业的弱质性和它在国民经济中的重要地位，客观上要求国家财政加大对农业的投资力度，以弥补市场机制在资源配置中的缺陷，增强农业的竞争力。然而长期以来，政府对农村的财政支出不仅有限，而且出现相对下降的趋势，不仅低于发展中国家水平，更低于发达国家水平。近几年尽管国家加大了“三农”的投入力度，进行社会主义新农村建设，但城市偏向的总体格局并未根本改变。诸如义务教育、计划生育、优抚、乡村道路建设之类的项目，部分是由农民自我买单。许多在城市属于政府无偿提供的公共产品在农村却转变成收费服务或经营性项目。

（2）农村劳动力素质较低，不利于转移就业和增加务工收入。目前河南农村劳动力整体素质仍较低，就业技能缺乏。据河南调查总队 2013 年上半年对全省 93 个县（市、区）的农民工监测调查，在外出从业人员中，初中以下文化程度的占 75.7%，高中文化程度的占 16.2%，大学专科及以上文化程度的仅占 8.2%；农村外出务工者所从事职业中，专业技术人员仅占 13.6%。2011 年外出从业农民工中只有 25% 的人员参加过劳动技能培训，由于文化程度不高，专业技能缺乏，从事职业层次偏低，有 95% 以上的外出务工人员主要从事建筑业、制造业和服务业等劳动密集型产业。

从农民工工资水平来看，2012 年人均月工资为 2315 元，其中：月薪低于 1600 元的，占外出务工人数的 15.9%；月薪在 1600 ~ 3000 元的占 60.1%；月薪在 3000 元以上的占 24.0%。因此，从长远来看，随着我国经济水平发展和高新技术产业的兴起，低素质劳动力的转移领域将越来越窄，农民外出就业增收的难度将不断加大。目前大量农民工实现的只是地域转移和职业转换，没有真正实现身份和地位的转变，农村人口基数依然较大。

（3）农资价格不断上涨，生产成本增加，影响农民增收。据河南省地方经济社会调查队对全省 40 个县（市、区）600 个农户粮食生产成本及收益情况的调查，2012 年被调查农户全年种植夏秋粮生产成本亩均为 1010 元，亩均净收益为 718 元。尽管 2012 年河南粮食丰收、粮价走高，但由于农资、用工等价格的大幅上涨，导致种粮收益仍低于成本。统计资料显示，2005 ~ 2012 年的 8 年，除 2009 年之外，其他年份农资价格均呈上涨态势，总体涨幅超过了 50%。

2013 年河南小麦生产成本调查结果显示：小麦产量和收益持续增加，但由于生产成本的全面上涨，使国家惠农政策带给粮农的利益部分被蚕食。被调查农户在小麦生产过程中所使用化肥、种子的购买价格分别比 2012 年上升 8.7% 和

7.4%。粮农因粮价提高所得收益的49.5%被增加的生产成本所抵消。按照本次调查显示每户种植5.2亩小麦计算，2012~2013年河南农民平均每户种植小麦的生产收益仅为1879元，比2012年河南农民外出务工一个月的工资还少436元，这就是目前农户辛辛苦苦劳作一季、时长达半年的收益现状。

（4）农民第一产业增收空间受限。河南粮食已连续九年增产，在农业科技水平没有新突破的情况下，农业基础设施薄弱，尤其是山地丘陵地区的基础设施较差，持续增产和增收的空间受限。因为农产品供求格局发生了根本性变化：一方面，农产品产量有了很大提高；另一方面，城乡居民收入水平和生活质量有了很大改善，使得主要农产品需求的收入弹性下降。农业产业化水平不高，多处于价值链的末端，畜牧业大而不强，抗市场波动能力差，产业增收面临规模和效益上的突破，出现了农业增产不增收现象。加上目前河南从事农业的劳动力大多年事高、文化程度低，女劳动力多、受过专业培训的少，这些都制约着农民第一产业收入的增加。

（5）城镇化水平低，影响农民非农收入增加。城镇化发展对增加农民就业机会，促进劳动力转移、拓宽农民收入渠道具有重要作用。2012年，河南城镇化水平上升到42.4%，但仍低于全国平均水平10.2个百分点。同时从城市规模来看，河南中等城市较多，缺少大城市的要素聚集能力，产业层次较低，经济实力不强，对农村地区的辐射带动能力有限，城镇化发展水平对农村劳动力转移的吸纳力不够，不利于农民非农收入增加。农村人多地少的矛盾仍然存在，不利于农业进行集约化生产经营和提高生产效率。

（四）发达国家国民收入增长翻番的经验

1. 美国提高国民收入、缩小收入差距的具体方法

20世纪30年代，世界经济萧条，美国运用财政政策、货币政策刺激总需求，通过减税、增加政府支出以及转移支付等举措，刺激投资和消费，创造了大量工作岗位，增加了居民收入。主要体现在两个方面：一是建立了劳动收入与企业利润挂钩的机制。制定相关法律保护工人权益，建立起代表劳工权益的工会；二是灵活运用货币政策和财政政策，发挥政府宏观调控的作用。美国主要通过以下三方面来调节社会分配制度，缩小居民收入差距：

（1）完善税收制度，加强对高收入阶层的税收征管，确保社会分配公平。

（2）通过建立和完善社会保障制度来扶持社会弱势群体，并向他们提供基本的收入、医疗、住房等方面的福利，以此来减少居民收入的实际差距，该制度已经成为一个由社会保险、社会救济和社会福利三部分组成的完备的保障体系。

（3）通过建立健全立法制度来保护社会弱势群体，缩小居民收入差距。美国国家立法对劳动环境和劳工标准的可控制层面加以控制，以平衡财产权和劳动权。由于政府通过税收减免等政策来鼓励富人捐献，美国的社会慈善事业比较发达，慈善捐赠很普遍，对救济低收入人群和稳定社会起到了一定作用。

2. 日本等国实现国民收入倍增的政策

（1）制定国民收入倍增计划，首先倍增劳动生产率。核心就是将劳动生产率提高一倍以上。明确提出要重点实现五大任务：一是充实社会资本；二是诱导产业结构向高度化发展；三是促进贸易和国际经济合作；四是提高人的能力和振兴科学技术；五是缓和双重结构和确保社会安定。

（2）制定相关政策，为企业与个人提供制度保障。以提高企业竞争力为核心，鼓励企业生产投资，制定中小企业基本法，以减税、加速折旧等确保企业更新设备的资金和资本自我积累。

（3）在减税方面，提高个人收入调节税累计税率，为中低收入民众以及中小企业减税；积极培育和发展债券市场以扩大中小企业的融资渠道。企业进口机械的费用，一半由政府补助，对企业设备实行特别折旧制度，加速设备更新。各企业竞相增加投资，更新设备，掀起了引进先进技术和设备的浪潮。日本政府财政机构，还为战略行业提供长期的低息贷款。

一系列措施的实施，使得日本企业设备投资高于同期经济增长率 5 个百分点，也使日本的产业结构升级为高附加值领域。仅用七年日本就实现国民收入翻一番，形成了近 1 亿人口的中产阶级，实现了国民收入与经济增长同步，达到了国强民富的效果。

3. 德国、韩国实现国民收入增长做法

德国：一是返还性转移支付；二是补助金，联邦政府每年从销售税中提取 20% 用作相对贫困州的补助金；三是帮助贫困州和有经济发展需要的州进行投资。

韩国：一是实施出口导向战略，加速劳动力向工业部门转移；二是大力发展“公共教育”，提高教育公平程度；三是开展“新农村运动”，有效缩减城乡差距，将政府投资的一半分配到农村地区，提高了农村生产率，增加了农民收入。

河南可以充分吸收借鉴这些发达国家的发展经验，制定符合河南省省情的措施，例如，转变生产发展方式、统筹城乡发展、改善收入分配方式、加快社会保障发展、缩小城乡收入差距、增加中低收入群体的收入水平、提高城镇化率等。同时，河南省制定了“三化协调”科学发展道路，将政府的投资分配到农村地区，集中用于基础设施、公共卫生、教育、环境保护等方面，提高农村生产率，增加农民收入，促使农村居民收入实现倍增。

三、中原经济区实现人均收入倍增的制约性因素分析

（一）中原经济区产业结构的现状与问题

当前，国际金融危机对河南经济的影响仍在持续，在各地竞相调整产业结构、抢占新兴产业制高点的背景下，河南如何通过产业结构的调整优化来应对后危机时期区域之间的竞争，形成持续增长能力，抓住新的环境下科学发展的机遇，已经成为值得关注的问题。本书从观察改革开放以来河南产业结构的调整变化入手，通过剖析河南产业结构存在的问题以及关联性、成长性和竞争性，探寻优化升级的途径，为河南产业结构调整提供决策咨询。

1. 中原经济区产业结构变动情况

改革开放以来，河南产业结构实现了由“二、一、三”到“二、三、一”的历史性转变。第一产业产值占 GDP 的比重由 1980 年的 40.7% 下降到 2015 年的 11.38%；第二产业的比重由 1980 年的 41.2% 上升到 2015 年的 48.42%；第

三产业的比重由 1980 年 18.1% 的低起点起步后逐步攀长，到 2015 年达到 40.20%。但与全国就业结构相比，全国总体上已经快步进入后工业化时代，而河南省依然行进在工业化加速推进之中。河南农业产值偏高 2.50%，第二产业偏高 7.50%，服务业偏低 9.99%。与产值比重相比，河南就业结构变迁严重滞后，农业就业人口已经从 1978 年的 80.58% 下降至 2015 年的 39.00%，但仍然比产值比重高出 27.0 个百分点，比全国农业就业水平高出 10.70%；第二产业就业比重从 1978 年的 10.55%，提高至 2015 年的 30.80%，但仍然低于其产值比重近 20 个百分点，比全国水平高出 1.50%；服务业就业从 1978 年的 8.87%，提升至 2015 年的 30.20%，与其产值比重相比低了近 10 个百分点，低于全国服务业就业水平 12.20%（如表 8-4 所示）。

表 8-4 中原经济区三次产业的就业结构与全国的差距（1978~2015 年）

单位：万人,%

年份＼项目	就业人口	就业比重	农业就业	差距	二产就业	差距	三产就业	差距
1978	2807	7.29	80.58	10.06	10.55	-6.75	8.87	-3.31
1980	2929	8.31	81.19	12.44	10.38	-7.81	8.43	-4.63
1985	3520	8.19	73.04	10.62	14.86	-5.96	12.10	-4.66
1990	4086	6.96	69.33	9.23	16.42	-4.98	14.24	-4.26
1995	4509	8.19	63.06	10.86	20.60	-2.40	16.99	-7.81
2000	5572	7.85	63.96	13.96	17.53	-4.97	18.50	-9.00
2005	5662	7.54	55.44	10.64	22.09	-1.75	22.47	-8.88
2010	6042	7.94	44.89	8.19	29.01	0.31	26.10	-8.50
2015	6636	8.57	39.00	10.70	30.80	1.50	30.20	-12.20

资料来源：根据历年《河南统计年鉴》有关数据整理计算。

从贡献率变化来看，工业主导地位明显、带动作用不断增强。第一产业对经济增长的贡献率由 1981 年的 61.5% 演变为 2009 年的 5.1%；第二产业对全省生产总值增长的贡献率由 1981 年的 6.9% 上升到 2009 年的 64.8%，其中工业贡献率由 10.2% 提高到 55.1%；第三产业贡献率由 31.6% 下降到 30.0%。

在工业主导作用发挥的同时，传统优势行业不断壮大，新兴产业加快发展。食品、有色、化工、汽车及零部件、装备制造、纺织服装六大优势产业在全省工业经济中的比重由2003年的47.5%提高到2009年的51.7%。2009年全省高技术产业实现增加值占全部工业的比重为3.8%，比2004年提高1.6个百分点。实现总产值933.25亿元，比2004年增加686.03亿元。

改革开放以来河南经济发展的历程，实际上是在经济结构不断调整中进行的。早在“八五”时期，河南省委、省政府就提出了“一高一低”的发展战略，即“力争经济发展速度略高于全国平均水平、人口自然增长率略低于全国平均水平”。“九五”时期，提出推进两个根本性转变，即“由计划体制向社会主义市场经济体制转变、由粗放型经营向集约型转变”。“十五”时期，提出调整“五个结构”、实现“两个较高”，即调整产品结构、产业结构、城乡结构、人才培养结构和所有制结构，努力实现较高的增长速度和较高的增长质量。“十一五”时期，进一步提出了“两个加快、四个转变”，即加快发展和加快转型，促进经济发展由投资拉动为主向投资与消费、出口拉动并重转变，由工业推动为主向三次产业协调推动转变，由资源主导型向创新主导型转变，由粗放型向集约型转变。通过持续不断地推进结构调整，特别是紧紧围绕发挥资源优势，拉长短板，做大总量，全省经济总体实力不断增强，成功实现了由传统农业大省向全国重要的经济大省、新兴工业大省和有影响的文化大省的历史性转变。

2. 中原经济区产业结构存在问题

尽管改革开放特别是进入21世纪以来，河南持续不断地推进结构调整。但长期形成的产业结构粗放、发展水平低、质量效益差，尤其是主导产业竞争力不强、技术水平低和过于依赖能源原材料行业的状况尚未有根本性的改变。

（1）中原经济区产业结构层次低。河南三次产业结构不合理。2015年，河南三次产业产值结构为11.38∶48.42∶40.20，就业结构为39.00∶30.80∶30.20，与全国平均水平相比，第一产业比重过高、第三产业比重过低，其中，第一产业产值和就业比重分别偏高2.5%和10.70%，服务业产值和就业比重分别偏低9.99%和12.20%。农林牧渔业偏重于传统种植业，种植业增加值占第一产业比重达到57.0%，高于全国平均水平8.6个百分点。种植业仍偏重于传统种植业，蔬菜、水果、园艺作物产值占种植业的比重比山东省低14个百分点。近年来，河南畜牧业发展较快。2012年，增加值占农林牧渔业的37.7%，但与河北、湖南、四川相比，分别低2.5个、6.3个和14.5个百分点。

第三产业发展缓慢，现代服务业滞后。2012年，全省交通运输、批发零售、

住宿餐饮三大传统服务行业占第三产业增加值的47%，高于全国平均水平9.4个百分点。但金融、信息服务、科技服务、商务与租赁服务等现代服务业仅占15.7%，低于全国平均水平7.6个百分点。河南虽有发展物流产业的区位优势，但尚无一家5A级物流企业。河南尚无一家跨省经营的区域性商业银行，省会郑州目前仅有一家外资银行，而武汉已有5家。文化和旅游领域至今没有一家上市企业。

（2）工业主导产业层次相对较低、资源指向明显。如表8-5所示，河南采掘工业、资源加工和农产品初级加工业占规模以上工业增加值的比重达70%。河南在全国产量排名靠前的工业产品主要是煤、铝、纱、水泥等初级产品，汽车、集成电路、电脑、手机、空调、冰箱等终端高端工业品产量排名均比较靠后。2008年，河南工业增加值前六位的行业分别为：建材、煤炭、农副食品、钢铁、有色冶炼、电力。而湖北汽车工业增加值占其规模以上工业的18.2%。安徽电气机械及器材制造业、汽车、通用设备制造业工业增加值占规模以上工业的22.4%。尤其是广东、江苏、浙江、山东等东部沿海省份已经形成了经济技术联系紧密、产业价值链较长、配套产业完善、带动能力较强的主导产业体系。相较之下，河南的主导产业则表现为产业链条较短，产业联系不紧密，产业带动力较弱。

表8-5　2008年中原经济区及部分沿海省份主要产业对比　　单位:%

行业 / 省份	各省增加值前六位行业	前六位行业比重
河南	建材、煤炭、农副食品、钢铁、有色冶炼、电力	47.0
江西	建材、有色冶炼、石油、钢铁、交通运输、电气机械	48.1
山西	煤炭、石油、化学、钢铁、有色冶炼、电力	87.1
安徽	钢铁、有色冶炼、交通运输、电力、电气、食品	50.0
湖北	食品、化学、非金属、钢铁、交通运输、电力	54.1
湖南	烟草、化学、钢铁、有色、专用设备、电力	47.3
广东	通信设备、电气机械、电力、交通运输、化学、金属制品	54.8
江苏	通信设备、化学、钢铁、电气机械纺织、通用设备	56.7
浙江	纺织业、电气机械、通用设备、化学、交通运输、电力	46.4
山东	农副食品、化学、纺织、通用设备、钢铁、建材	43.5

(3) 工业企业规模小，产业集中度不高。企业规模结构反映的是行业的集中度。如表8－6所示，2008年河南增加值排名前十位的行业集中度，只有煤炭和黑色金属冶炼两个行业的集中度较高，而其余行业的集中度都低于40%，尤其是纺织业和非金属矿物制品业还不到10%，行业集中度低，大企业少的问题比较严重。

表8－6 2008年中原经济区产业增加值前十位行业的行业集中度（CR5i）

单位:%

行业	行业集中度 CR5
非金属矿物制品业	7.95
煤炭开采和洗选业	57.15
农副食品加工业	22.51
黑色金属冶炼及压延加工业	47.35
有色金属冶炼及压延加工业	24.98
电力、热力的生产和供应业	34.38
化学原料及化学制品制造业	12.60
通用设备制造业	10.70
纺织业	7.89
专用设备制造业	25.79

2009年河南工业企业775140家，规模以上工业企业18592家，仅占全部工业企业的2.4%。其中大企业193家，占规模以上工业企业的1.0%。在2012年9月评出的中国500强最大企业中，河南有16家入选，仅占总数的3.2%。而杭州一市就有21家，而且河南没有一家企业进入百强。

(4) 产业结构效益差。中原经济区就业结构偏离产值结构的问题比较突出。根据赛尔奎因和钱纳里就业结构模式，当一个国家或地区人均GDP在2000美元左右时，其相对应的就业结构大致为38.1∶25.6∶36.3，而目前河南人均GDP已超越3000美元，2015年，河南三次产业相对应的就业结构为39.00∶30.80∶30.20，与三次产业产值结构11.38∶48.42∶40.20错位较大，农业就业与产值比重相差27.62%，偏离度达到70.82%；第二产业产值与就业比重相差较小，只有5.2%，偏离度16.88%；第三产业产值与就业比重差距不大，只有6.1%，偏离度16.80%。特别是农业为代表的产业结构偏离系数明显高于全国平均水平，

结构效益较低。农业滞留劳动力严重偏多，第二、第三产业吸纳劳动力的功能严重不足。

（5）财政收入、居民收入与经济增长不匹配。2015 年，河南经济总量近 4 万亿元，财政收入却不到 3000 亿元。而经济规模同量级的，财政收入 4810 亿元。湖北同时期经济总量不足 3 万亿元，财政收入却已达到 4705 亿元。2015 年，河南居民人均可支配收入 17125 元，比全国平均水平 21966 元低 4841 元，低了 22.04%，居全国第 24 位；河南城镇居民可支配收入 25576 元，比全国平均水平 21966 元低 5619 元，低了 18.13%，居全国第 30 位；农民人均纯收入 10853 元，比全国农民人均收入 11422 元低了 569 元，居全国第 17 位。经济增长的代价大。2011 年河南单位 GDP 能耗 0.90 吨标准煤/万元。2005 年以来，单位 GDP 能耗均高于全国平均水平 10% 以上。2015 年，单位 GDP 能耗居全国第 13 位，分别是广东、江苏、浙江、山东的 1.7 倍、1.5 倍、1.6 倍和 1.1 倍，比安徽和江西高出 13.4% 和 31.4%。虽然河南工业总量居全国第五位，但二氧化碳排放量却居全国第二位。河南建设用地是广东省的近两倍，但创造的 GDP 却仅为广东的 1/2，效益仅仅是广东的 1/4。

3. 制约中原经济区产业结构调整的因素

河南产业结构低度化问题早在 20 世纪 90 年代初就已被提出来。20 年来，虽然历经调整，但是效果并不明显，以能源、原材料行业为主导产业的发展状况并没有根本改变，甚至还有反复（见表 8－7）。其中的原因主要有以下五个方面：

表 8－7　中原经济区工业内部结构　　单位：%

年份＼类别	轻工业内部结构		重工业内部结构		
	以农产品为原料	以非农产品为原料	采掘工业	原料工业	加工工业
1980	—	—	18.7	29.3	52.0
1985	—	—	20.6	28.9	50.5
1990	79.66	20.34	17.56	34.80	47.64
2007	78.66	21.34	21.10	44.45	34.45
2008	79.19	20.81	23.46	40.47	36.07
2009	78.63	21.37	22.2	37.1	40.7

（1）出口导向战略下的区位劣势。改革开放以来，国家实行开放带动战略，政策着力点以出口为导向。而河南地处内陆，在出口导向战略下生产要素流向沿海，难以从国外获得资本和技术的大量注入，结构调整缺乏要素和产业的支撑。

（2）资本投入不足。从投资来看，江苏城镇投资于1983年、山东于1984年越过100亿元大关，而河南则是在1989年。江苏于2006年、山东于2005年超过10000亿元，而河南则是于2008年超万亿元。2009年，山东城镇人均投资是河南的1.35倍，江苏是河南的1.5倍。河南人均投资仅相当于全国平均水平的83.1%。从利用外资来看，2009年，山东利用外资80.10亿美元，江苏为253.20亿美元，广东为195.35亿美元，而河南为47.99亿美元。2009年河南利用省外资金2201.9亿元，而安徽则达到4639亿元。从信贷资金来看，2009年底，河南人民币各项贷款总额13437.43亿元，山东25961.32亿元，江苏35296.70亿元。

（3）科技支撑力度不足。一是科技人力投入不足。2008年，全省有科技活动的单位数2593个，广东则达4200个。科技活动人员河南有20.98万人，广东则有53.19万人。二是科技经费投入不足。2008年，河南科技活动经费支出总额264.62亿元，广东为844.65亿元，江苏为1181.51亿元。三是高技术产业化率低。2008年，河南规模以上工业企业新产品产值1450.04亿元，广东为3537.15亿元，江苏为6589.35亿元。

（4）城镇化进程滞后的制约。2009年，河南城镇化率为37.7%，比全国平均水平低近10个百分点。城镇化发展滞后，限制了服务业的发展空间，削弱了第三产业在其结构演进过程中吸收农业劳动力和促进第二产业高级化的能力，影响工业经济聚集优势的发挥和规模效益的提高，阻碍农业产业化的发展，导致产业结构升级缓慢。

（5）思想观念、体制机制的影响。河南与东部发达地区的发展差距，很大程度源于思想观念、体制机制上的差距。河南经济市场化程度和市场经济的活力与上海、江苏、广东、浙江有明显差距，政府主导型经济特征明显，市场运作的理念不足。2008年，河南非公有制经济增加值占全省经济总量的比重为59.9%，尚不及江苏、广东、浙江等省21世纪初的水平，也低于同期湖南等省的发展水平。

（二）“刘易斯拐点”凸显发展方式面临的突出矛盾

长期以来，中国依靠丰富而又廉价的劳动力资源来吸引投资，迅速发展成为“世界工厂”。但在国际产业链中，由于中国企业处在附加值最低的中间制造环节，其利润主要来源于人力成本的差值，使得这种经济发展模式的生存根基很容易被劳动力的短缺及其成本上升所动摇。中国制造业虽然规模巨大，但由于缺乏独立的市场和用户，缺乏自主知识产权以及国际市场定价权和话语权，企业实际获得的利润非常微薄。美国经济学家阿瑟·刘易斯认为，经济发展是现代工业部门向传统农业部门扩张的过程，这一过程将持续到把剩余劳动力全部转移干净，直至出现一个城乡一体化的劳动力市场为止。当一个国家的劳动力供给不再具有无限弹性，现代工业部门的工资开始上升，经济发展的“拐点”就出现了。而判断一个国家是否面临“刘易斯拐点”的重要指标，是工人真实工资水平的上升。中国近几年沿海地区出现的“民工荒”，以及最近全国出现的“涨薪潮”，与中国进入“刘易斯拐点”区域这个大趋势不谋而合。

1.“刘易斯拐点”迫近

“刘易斯拐点”的含义。“刘易斯拐点”是指在二元经济结构中，在剩余劳动力消失之前，社会可以源源不断地供给工业化所需要的劳动力，同时工资还不会上涨。直到有一天，工业化把剩余劳动力都吸纳干净，这个时候若要继续吸纳剩余劳动力，就必须提高工资水平。这个临界点就叫作“刘易斯拐点”。

发展中国家的经济起飞通常对劳动力优势有较高依赖，因此，“刘易斯拐点”对经济发展具有极其重要的经济学含义，它不仅表明劳动力资源、劳动力市场格局发生了显著转变，而且暗示着要素相对价格、产品生产方式和经济增长形态进入新的阶段。

“刘易斯拐点”迫近的证据。在2007年，中国社会科学院的一份报告就曾指出：中国的劳动力正由过剩向短缺转变，拐点将在“十一五”期间出现，确切的时间可能是在2009年。当时从珠三角到长三角出现的“招工难”，也为这种观点提供了部分验证。但随后爆发国际金融危机，外部需求萎缩，出口加工业收缩，大批农民工被迫返乡，有机构预测就业岗位缺口达千万个之多。可是，随着经济强劲反弹，“保增长”大局已定，“用工荒”又浮出水面。2010年春节后，沿海地区和内地同时出现严重的缺工现象，沿海地区尤为突出。其中，广东珠三角地区用工缺口达200万人。民工大省安徽如今也出现了“用工荒”。2009年第四季度的数据显示，103个主要城市岗位空缺与求职人数的比率从金融危机期间的0.85大幅回升至0.97。但珠三角的这一比率达到1.26，这提示若不提高工资，将很难招到可用的工人。其实，如果不是将“刘易斯拐点”的出现机械地设定在某个时间点，而是将其视为一个过程，那么，判断中国正在或即将出现“刘易斯拐点”是基本符合实情的。

先行工业国和后起发达国家在二元经济结构转型的过程中，都经历了农村剩余劳动力无限供给到劳动力出现短缺的转折时期。在劳动力无限供给阶段，真实工资在任何部门都不会明显上涨。只有在“刘易斯拐点”到来时，即剩余劳动力基本转移完毕，劳动力的工资水平才会上升。英国和美国劳动力工资水平转折点在1820年，日本在1920年转折开始以后，工人真实工资水平也开始明显上升。因此，判断一个国家是否面临“刘易斯拐点”的到来，工人真实工资水平是否上升是一个重要的指标。

2007年《人口与劳动绿皮书》提出，工资水平及变动趋势是衡量劳动力市场供求关系变化的晴雨表，根据全国农村固定观察点系统调查，2003~2006年，中国农民工人均月工资持续增长，增速逐年加快。自沿海部分地区发生民工短缺现象以来，农村外出就业劳动力工资增长速度逐步加快。2003~2006年，到外地从事生产经营活动的农民工，人均月工资由781元增加到953元，增长了22.0%。2003~2006年，月工资在600元以上的农民工占全部农民工的比重连年上升，由43.2%提高到63.6%，提高了20.4个百分点。2010年初，江苏率先宣布从2月1日起，将该省一类地区最低工资标准从850元调整到960元，涨幅达13%。之后，浙江、广东、福建、上海等地陆续调整最低工资标准，调整幅度都在10%以上，一些省份甚至超过20%。从同年7月1日开始，北京、河南、陕西、安徽、海南等十个省市上调最低工资标准，其中上调幅度最大的海南省，一类地区最低工资标准上调了31.7%，位居全国之首。而从2010年算起，全国已经有27个省市区上调了最低工资标准。

2. “刘易斯拐点”的迫近对中国经济的影响

中国正在走向和逼近“刘易斯拐点”的趋势是不可逆转的，此趋势会引致要素禀赋、产业结构和增长方式等领域的连锁反应。从挑战的角度来看，“刘易

斯拐点”暗示着中国的劳动力资源优势正在发生变化，尽管中国的劳动力成本相对于美国等发达经济体仍有比较优势，但相对于印度等新兴经济体其优势可能会逐渐丧失。然而，“刘易斯拐点”带来的并非都是负面影响，如果中国能够立足长远、深化改革、统筹发展，则“刘易斯拐点”完全可能通过“倒逼”机制产生积极效应，并由此开启中国经济社会持续协调发展的新时代。

（1）积极影响。其积极影响主要表现在：

首先，在一定程度上会缩小收入分配差距。伴随着劳动力供求关系的逐步转变，劳动者在工资和薪酬谈判中的话语权渐趋增强，其剔除物价因素之后的真实收入将持续快速增长，这必将会对缩减中国的劳资差距、城乡差距和地区差距产生积极意义。在劳资差距层面，劳动者谈判能力的增强和真实工资的提升，会改变劳动者报酬在经济总量中占比持续降低的不利态势；在城乡差距层面，农民工真实工资提高将连同家庭经营性收入、财产性收入和转移性收入共同构建农民收入持续增长、城乡差距逐渐收敛的长效机制；在地区差距层面，东部地区的用工成本上升，会导致更多的企业通过产业梯度转移来调整空间布局。

其次，有利于内需刺激。改革开放以来，中国经济增长具有显著的投资—出口导向的特征，投资驱动面临着资本供给约束、资本边际报酬递减和资本产出转化为消费的挑战，而出口导向导致中国经济对域外经济高度敏感和依赖。为了实现经济的持续健康发展，中国急需将投资—出口主导的增长方式转化为国内需求，尤其是居民消费需求主导的增长方式，实现这种转化的前提是居民收入的连续、稳定增长。在此意义上，“刘易斯拐点”伴随着劳动者真实工资的持续提高，会为国内需求启动、发展动力转化提供有力支持。

再次，对企业产生创新激励。改革开放以来，中国企业有着过度使用劳动力要素的特征。在“刘易斯拐点”逼近情形下，企业依靠劳动力密集使用来形成竞争优势的模式越来越难以为继。企业必须改变要素组合才能增强核心竞争力，技术、管理等层面的创新必将成为企业的自发选择，而国民经济也将随之从要素密集投入的“粗放”阶段转向要素组合效率提升的“集约”阶段。

最后，促进结构优化和产业转型。改革开放以来，中国经济高速增长是与工业化率不断提高，特别是传统制造业急速发展紧密相关的，在劳动力充裕且廉价的背景下，选择传统制造业来开展国际贸易、驱动经济增长是理性选择。然而，在“刘易斯拐点”迫近的背景下，中国各地区尤其是东部的劳动力资源越来越难以支撑传统制造业的发展。据此，中国在加快产业梯度转移来维持“世界制造中心”的同时，必将更加积极地发展现代农业、先进制造业和现代服务业，依靠产业结构的高度化来舒缓要素供给压力、提升国际竞争能力。

（2）消极影响。其主要影响表现为：

其一，工资水平持续上涨，使出口企业竞争力下降。历史上，随着“刘易斯拐点”的临近，日本和韩国政府都曾经陆续推行一系列的劳动立法，通过在社会最低工资、劳动保障、社会医疗等方面立法，用法律强制方式推动劳动者收入状况的改善，但也使出口企业的成本不断扩大。未来中国也将面临同样的问题，而这也将明显提高企业的用工成本。预计在“十二五”期间，劳动成本占销售收入的比重将提高到10%以上，劳动报酬占GDP的比重也会提高到50%以上。如果“十二五”期间年均GDP增速为8%，则劳动者报酬的年均增速应该达到10.6%。这势必会使本就利润很微薄的劳动密集型企业雪上加霜，进一步加大出口的压力。

其二，使通胀压力进一步增大。面对低端劳动力成本的快速提高，中国在未来几年将面对较大的成本推动型的通胀压力。金融危机后2009年中国的宽松货币政策已经严重恶化了通胀预期，近几年来持续加剧的房地产泡沫和2010年以来的杂粮价格飞涨已经需要政府出台严厉的管制措施才能得以控制。通胀作为一种改变社会财富分配的工具，对以劳动报酬作为主要收入来源的群体非常不利。恶性通胀使得劳动者储蓄贬值将严重损害消费能力的持续增长，使得中国当前扩大内需的政策难以推行。

其三，人民币升值趋势持续，使中国经济增长产生很多不确定因素。日本和韩国都相继采用过出口拉动经济增长的策略，国内制造业发展很大程度上借力于出口的快速增长，在“刘易斯拐点”前后，日本和韩国都出现了持续的出口顺差。伴随着国内劳动生产率的提高和经济的快速增长，日元和韩元也出现持续升值的过程。中国加入WTO之后，经常账户顺差持续扩大，2005年汇改以后，也出现了人民币持续升值的趋势，后因全球经济危机而重新维持与美元汇率的稳定，实际有效汇率也跟随美元波动。2010年以来，随着危机的逐渐平复，人民币升值预期再度加强。自2010年6月以来，人民币对美元汇率已连续升值将近2%。9月21日，人民币对美元汇率上升为6.7079，而10月12日人民币汇率上升为6.65，人民币汇率创新高。在美国眼中所谓的人民币升值乏力，对中国出口企业来说则已被压得喘不过气。许多中国出口企业表示，原材料成本节节攀升，加上人民币不断升值，现在基本无法接新单。2010年9月22日，时任国务院总理温家宝在纽约表示人民币继续升值20%将会造成中国严重的失业问题，引发社会动荡。

其四，传统增长模式难以为继。2012 年我国劳动年龄人口（15～59 岁）在相当长时期内首次出现负增长，比上年减少 345 万人；东中西部企业相继出现招工难、用工荒等问题，劳动力成本显著上升。相关人士认为，“刘易斯拐点”对中国经济的负面影响日渐突出，对过去低成本、低附加值的出口导向型经济模式带来严峻挑战，传统制造业生存空间进一步被压缩。推动我国过去 40 年经济高速增长的诸多因素越来越难以为继。

其五，传统的廉价劳动力无限供给模式难以为继。国家统计局发布的全国农民工监测调查报告显示，2010～2012 年，全国农民工总量增长速度分别为 5.4%、4.4%和 3.9%，呈现逐年下降趋势；同时，由于农村老龄化程度严重，农业作为剩余劳动力的“蓄水池”作用将难以继续发挥。2010 年，全国乡村 60 岁及以上老年人口比重达到 14.5%，分别比镇和城市高 2.9 个和 3.4 个百分点。随着“刘易斯拐点”的来临，支撑 30 多年制造业发展的廉价劳动力优势将不复存在，“低小散”的粗放型生产模式难以为继。大量规模小、低技术、低附加值、分布散的劳动密集型企业，必然面临转型阵痛和产业深度调整。

其六，以高速出口拉动经济增长的模式难以为继。对于大量出口相关的制造业企业，由于产品是国际定价，企业难以将不断攀升的成本转嫁到最终产品，短期内的压力骤增可能导致企业难以生存。企业若不想倒闭，只有转换自动化设备、加速产业的自我提升，或者向中西部、国外转移。

（3）危中有机：拐点到来倒逼转型升级。一方面，传统劳动密集型企业生存压力大增；另一方面，廉价劳动力进入短缺状态也将加快推动增长方式的转变。相关学界和企业界人士认为，从长远来看，“刘易斯拐点”对我国经济的影响其实是“危中有机”。

首先，拐点到来将导致劳动者收入提升和投资边际效益下降，客观上有利于弱化“投资依赖症”，促使经济增长由投资驱动向消费拉动转型，进一步助推我国经济实现“再平衡”。持续的工资增长将会提振民间消费，但同时也会压制投资并促使中国的经济“常态化”增长。一个国家达到“刘易斯拐点”后，其经济管理方式必须与以前不同，必须转而寻求能够促进经济更加高端、高效发展的政策举措。国务院发展研究中心金融研究所副所长巴曙松曾撰文认为，“刘易斯拐点”将推动劳动力工资水平逐步上升，有利于提高劳动者消费能力，从而进一步导致储蓄和投资增速下降，推动经济增长的动力逐步向消费转变。

其次，有利于引导和鼓励企业技术创新，加快经济转型升级，降低对廉价劳动力的过度依赖。在转型压力下，各级政府更加倾向于采用税收、土地、财政等手段，鼓励企业自主创新，加强对传统产业的改造，约束低水平低效益产业发展，推动产业的梯度转移。这些趋势都体现出拐点作用下的“倒逼”效应。

最后，有利于破除束缚劳动力自由流动的制度障碍，加大人力资源开发力度，通过改革释放发展活力。我国长期施行的城乡二元体制人为阻隔了农村劳动力向城市自由流动的步伐，拐点倒逼效应有利于推动政府、社会和企业加速转型，促进公平有序的社会流动，进一步打破各种就业壁垒，营造一个有利于向上流动的社会环境和氛围。

（三）科技创新体制相对落后

胡锦涛同志在多种场合多次指出，要坚持走中国特色自主创新道路，为建设创新型国家而努力奋斗。他在2006年1月9日全国科技技术大会上的讲话中第一次系统地阐述建设新型国家的总体目标：“到2020年，使我国的自主创新能力显著增强，科技促进经济社会发展和保障国家安全能力显著增强，基础科学和前沿技术研究综合实力显著增强，取得一批在世界具有重大影响的科技成果，进入创新型国家行列，为全面建设小康社会提供强有力的支撑。”路甬祥认为，创新型国家的指标包括：科技对经济社会发展的贡献，本国的知识产权、核心关键技术对国外的依赖程度，高技术产业和知识为基础的服务业在产业链中所占的比重，等等。美国、日本、芬兰、韩国等20多个国家被公认为创新型国家。这些国家的创新综合指数明显高于其他国家，科技进步贡献率在75%以上，研发投入占GDP的比例一般在2%以上，对外技术依存度一般在30%以下。相对于这些关键性指标，我国就显得比较落后。在建设创新型国家中下面几个问题比较突出：一是自主创新能力不足，对外技术依存度高达60%。二是缺乏自主知识产权，我国出口的55%靠加工贸易或外资企业，处在低级的加工层次。如我国是DVD出口大国，但在DVD的57项关键技术中只掌握9项。三是有企业无品牌现象严重，我国企业拥有自主商标的不到20%，自主品牌出口不足10%，名牌更是寥寥无几。由此可以看出，我国远未达到创新型国家标准，因此，深化科技体制改革，推动科技创新势在必行。

为此，首先要正确认识科技体制改革面临的问题：

第一，在科技管理体制上，缺乏一个统领全局的协调管理机构。从宏观上来看，我国现在的科学技术工作分为几大块：国家科技部、中国科学院和中国工程院、中国科协、国防科工委、中国社会科学院及教育部下辖的高校。这些机构之间往往缺乏有效的沟通、协调，一旦涉及多学科、多领域以及综合性的重大科学技术问题，就很难全面快速做出比较统一的、科学的决策。例如对科技活动中的不端行为，科技部、科学院和科协各有自己的章法，各行其是，缺乏统一的、强有力的约束机制。从微观上来看，科研院所管理体制改革仍处于攻坚阶段，企业技术创新工作触及深层次问题，社会整体推进体制改革的局面尚未形成。

第二，在运行机制上，从科研课题立项、经费监管到成果评价缺乏公正性、规范性。有媒体披露，个别院士和博导堕落成了“科研包工头”，他们凭借自己的院士、博导身份，垄断了评审权，巧取豪夺了大部分重要的科研项目及其经费，但他们又没有能力和时间去进行研究，便把项目分解发包出去，给那些有真才实学但无名无分的科研人员去做，自己坐享收益和荣誉。在经费管理方面，对项目经费评估、执行和经费使用监管不力，经费分配过程和结果不透明，经费监管体制不健全、制度不完善，甚至产生了一批靠拉关系、走后门申请课题致富的专业户，助长了腐败在科技界的泛滥，助长了所谓的“行业潜规则”的盛行。科技成果评价方法简单，指标设计不合理；专家评议制和信誉制度不够完善，在一些评价活动中存在重人情关系、本位主义等现象，影响了评价工作的客观性与公正性，导致科技评价重形式走过场，科技评价质量低下，评价结论拔高等。

第三，在资源配置机制上，中央、地方和军地之间条块分割、交叉重叠，重复立项、浪费资源，效率低下。从科技资源配置来看，仍不同程度地存在科研与市场“两张皮”问题，政府的计划在科研安排上仍然占主导地位。目前，我国90%以上的科技资源均为国有科研院校所使用，民间科技事业因为缺乏政策的引导和扶持，面临着重重阻力和困难。在科技投入方面，单纯依靠政府投入的拉动，尚未建立起健康的市场投资机制，尤其是一大批国有科研单位虽然已经进行转制，但是对政府人、财、物的依赖还继续存在，且缺乏对投资项目的可行性分析，忽略了市场需求，导致无谓的资源浪费。

第四，在决策机制上，科技决策机制缺乏透明度和有效监督，行政官员凭个人经验和主观判断进行决策的现象依然存在。“同行评议”“专家参与”等民主程序往往流于形式。一些缺乏责任心的科技管理者和一些“学阀”形成利益共同体，在课题立项、评审专家选定、评审讨论等环节违规操作，影响了决策的科学性。我国有关科技管理、技术创新、知识产权、高新技术产业化和职能部门之间协调配合不够，不易形成协同一致和分工合作的机制，造成决策成本的提高和行政资源、科技资源的浪费。

此外，在科研收益分配及科技成果转化等方面都存在一定的问题，如科研成果转化游离于价值规律之外，产业化渠道不畅，尚未建立符合市场价值规律的产业化回报机制和风险投资收益机制；科技政策、产业政策之间缺乏有机衔接，没有形成知识创新、技术创新和产业创新之间的良性互动。这些问题的存在极大地制约了我国科技创新能力的提高。

四、中原经济区收入分配失衡的状况及其症结

当前，过大的城乡收入差距严重阻碍了河南经济社会的协调发展，不仅制约产业结构的转换与升级，抑制农村的投资，而且还导致难以激活农村消费市场，甚至带来农村教育投入不足和人力资本水平低下等现象。因此对河南城乡居民收入的现状进行实证研究具有重要的现实意义。

（一）中原经济区城乡居民收入差距的现状

1. 中原经济区城乡居民收入差距过大

关于河南城乡居民收入差距的现状，可以简单概括为：农村居民收入的绝对数远远低于城镇居民收入，但是，年增长率却略高于城镇居民收入的年增长率。如表 8－8 所示，从绝对数额的角度来看，城乡居民收入差距过大。2015 年，城镇居民家庭人均可支配收入为 25576 元，而同期的农村家庭人均纯收入却只有 10853 元，两者比值为 2.357∶1，两者相差 14723 元，农村居民比城镇居民的收入少了 2/3。但 2005 年以来，农村收入增速普遍快于城镇居民可支配收入增速 1 个点以上，两者比值进一步缩小，从 2004 年的 3.02∶1 缩小至 2015 年的 2.36∶1，缩小了 30% 左右，但绝对值依然不断扩大，扩大了三倍多。

2. 中原经济区城乡居民消费水平差距过大

关于河南城乡居民消费水平差距的现状，无论是居民消费水平的绝对数还是年增长率，城镇都高于农村。其一，从居民消费的绝对数来看，城镇居民消费水平远高于农村居民消费水平。2003 年，城镇居民消费水平为 6544 元，而农村居民消费水平仅有 1897 元，两者比值为 3.45∶1，农村消费水平仅占城镇消费水平的 28.9%。到 2015 年，城镇居民人均消费支出提高到 17154 元，增长了 1.6 两倍，年均增速 8.36%，同期农村人均消费增长到 7887 元，增长了 3.16 倍，年均增速达到了 12.61%，高于城镇居民消费增速 4.25%。两者比重缩小至 2.17∶1。如果从两者绝对值来看，不断扩大，从 2003 年的相差 4647 元，扩大到 2015 年的 9267 元。其二，从城乡恩格尔系数来看，农村的恩格尔系数远高于城镇的恩格尔系数。2012 年，河南城镇恩格尔系数为 42.24%，而农村恩格尔系数为 47.28%，农村的恩格尔系数高于城市居民但两者差距在逐步缩小，说明农村基本生活消费所占比重与城市基本生活消费已经逐步趋同。

表 8－8　中原经济区城乡收入和消费差距（2013～2015 年）

年份 指标	2015	2014	2013
居民人均可支配收入（元）	17125	15695	14204
居民人均可支配收入增长（%）	9.11	10.50	—
城镇居民人均可支配收入（元）	25576	23672	21741
城镇居民人均可支配收入增长（%）	8.04	8.88	—
农村居民人均可支配收入（元）	10853	9966	8969
农村居民人均可支配收入增长（%）	8.90	11.10	—
居民人均消费支出（元）	11835	11000	10002
居民人均消费支出增长（%）	7.59	9.98	—
城镇居民人均消费支出（元）	17154	16184	15249
城镇居民人均消费支出增长（%）	5.99	6.14	—
农村居民人均消费支出（元）	7887	7277	6359
农村居民人均消费支出增长（%）	8.39	14.44	—

资料来源：根据《河南统计年鉴（2016）》整理计算而得。

（二）中原经济区造成收入差距的原因

1. 收入分配结构失衡是造成收入分配失衡的主要原因

中国国内收入分配的失衡主要表现为两个方面：一是宏观收入分配的失衡，即政府收入和企业收入占 GDP 的比重过高且不断上升，而居民收入增长率长期低于 GDP 增长率且居民收入占 GDP 的比重不断下降；二是功能性收入分配的失衡，即中国的生产要素没有按照其对生产贡献的大小获得相应的报酬。因此，要改变收入分配不均的局面需要在制度改革上有重大突破，即通过“对个人放权让利”从根本上解决中国的收入分配失衡问题，并以此形成真正的市场机制。

由于河南的宏观收入分配失衡，河南居民收入占 GDP 的比重不断下降（河南居民收入过低除了劳动报酬过低之外，还与河南居民的投资收益和财产性收入及政府对居民的转移性支出过低有关）。在这种情况下，河南 GDP 的增长就不可能被居民视为永久性收入稳定增长的信号，因而居民消费率就不可能提高。而由于居民消费率下降、政府储蓄率和企业储蓄率上升所导致的国内吸收不足就不得不依靠外部需求（出口）加以吸收，从而导致河南出口及经常项目持续顺差。同时，居民收入比重低，对消费品的进口需求就不可能高。事实上，河南的进口主要集中在机器设备、铁矿石、原油和其他原材料上，消费品较少，这说明，居民收入占国民收入的比重过低也必然会限制（特别是消费品）进口。总之，河南净出口及经常项目顺差的根源在于国内居民收入占 GDP 的比重过低。这种因居民收入和居民消费下降而形成的经常项目顺差意味着国内是以抑制居民消费的方式为国家或政府积累国外资产。

2. 收入分配体制不完善是造成收入分配失衡的直接原因

收入分配制度关系到国家和人民群众的利益、经济的发展和社会的稳定。胡锦涛总书记在中共十七大报告中提出，要“深化收入分配制度改革，增加城乡居民收入，逐步提高居民收入在国民收入分配中的比重，提高劳动报酬在初次分配中的比重”，指出了我国当前收入分配中存在的问题，为我们指明了收入分配改革的方向。

（1）劳动者报酬在初次分配中占比偏低。初次分配中劳动者报酬占 GDP 比例，从1995年的51.4%下降到2007年的39.7%。在此期间，劳动者报酬占比偏低、下降过快等问题依然比较突出，同时，此间劳动者的支出由于国家进行了房改、医改、教改，退出了福利分房、免费医疗和上学，居民的支出大大增加，影响了居民消费的有效增长。

（2）收入分配秩序混乱和制度缺陷导致收入差距持续拉大。城乡间、行业间、阶层间收入差距扩大，以及收入分配不公平等问题突出，是我国当前收入分配中老百姓反映最强烈的问题。城、乡差距，国企、民企的收入差距，机关事业单位职工与其他职工收入差距是导致我国收入分配差距扩大的重要原因。国企与民企间收入差距问题也日益突出。改革开放之初，河南各行业间收入水平最高的是最低的1.8倍。据人力资源和社会保障部统计，目前电力、电信、金融、保险、烟草等国有垄断行业职工的平均工资是其他行业职工平均工资的2～3倍，如果再加上工资外收入和职工福利待遇上的差异，实际收入差距可能在5～10倍。当前我国行业、各阶层间的收入差距并非市场竞争的结果，而是国家分配制度设计缺陷所致，如普通民营企业员工的工资基本上是充分市场竞争的。但国有垄断行业职工工资是不经市场竞争的，除了工资之外，他们还分享本应全民分享的垄断利润和国有资本的收益，机关事业单位职工工资更是自己说了算，想发多少发多少，反市场而行，即不因想做的人多而降低工资，没人肯做才加工资。这说明二次分配既没有在总量上改善居民的收入状况，也没有在结构上缩小收入分配差距，只是在一定程度上遏制了差距拉大的速度。

（3）公共服务支出在政府总支出中占比偏低。经验表明，随着一地区发展水平的提升，政府公共服务支出在政府支出中的比重呈现逐步上升趋势。特别是人均GDP在3000～10000美元阶段，随着居民消费逐步由耐用品消费向服务消费升级，公共服务在政府支出中的比重将显著提升。以教育、医疗和社会保障三项主要公共服务为例，国际平均升幅达到13个百分点。其中，教育支出保持相对稳定，而医疗和社会保障支出分别大幅增加了4个和10.7个百分点。当人均GDP超过1万美元后，政府公共服务支出占比将逐步趋稳，虽然近年持续加大投入，我国政府公共服务支出总体仍然不足。2007年，教育、医疗和社会保障三项公共服务支出占政府总支出的比重合计只有29.2%，与人均GDP 3000美元以下国家和人均GDP 3000～6000美元国家相比，分别低13.5个和24.8个百分点。其中，医疗支出比重分别低4.7个和8.2个百分点；社会保障支出比重分别低9.9个和18.3个百分点。我国医疗和社会保障支出不足问题十分突出，在主要经济体中仅略高于印度的水平。我国政府教育支出总量尽管达到了较高水平，但也存在资源分布不均衡等问题。由于政府公共服务支出总体不足，迫使居民用自身的收入来支付快速增长的教育、医疗、社保等支出，不仅挤压了居民的其他消费增长，而且强化了居民的谨慎预期，降低了居民的消费倾向，以 2007 年为例，我国城镇居民用于教育的消费支出比重为6.4%，而发达国家平均水平不到4%。其中，德国和英国分别为1.1%和1.5%，美国和日本分别为3%和4.2%。我国城镇居民用于医疗卫生消费支出比重为7%，而发达国家平均不到5%。公共服务具有明显的收入再分配作用，政府公共服务支出不足成为我国收入分配不合理和居民消费率下降的重要原因。归结起来，我国现有收入分配格局的形成，确有要素属性、发展阶段、国际分工格局等方面的原因，但是体制性弊端是根本性原因。一方面，初次分配过于重国家“亲资本”，劳动者报酬占比总体偏低，而且行业间差别过大，使广大居民相对没有钱可花；另一方面，二次分配力度不足，政府公共服务供给不足，公共服务和社会保障不健全，使得有钱也不敢花。居民“没钱花”和“有钱不敢花”正是当前收入分配格局引发的内需不足的症结所在。另外，由于对内开放不足，金融、电信、电力、石油等基础产业，教育、医疗、文化、出版等服务业，社会资本和民营经济依然难以进入，结构性供给不足问题同样突出。高收入群体消费意愿不足、大量外流和低收入群体支付能力不足同时并存，有效供给不足与有效需求不足同时并存，成为制约我国内需驱动增长和长期经济平衡发展的重要原因。

3. 垄断部门的优势地位难以撼动

自然垄断和行政垄断交织在一起形成了行业垄断，行业垄断严重影响着我国行业间收入分配格局，导致了垄断性行业更易获得超额利润，其收入分配有更强的本位主义倾向，同时导致垄断企业创新动力小。要改变垄断行业收入分配扭曲的现状，首先要明确我国反垄断的主要目标是反行政垄断，其次要科学界定自然垄断产业的边界，在内部推进企业改革，同时制定反垄断法规，完善收入分配和宏观调控制度。垄断对行业收入分配的影响有：

（1）垄断性行业比其他行业更容易获得超额利润，这是垄断性行业收入高的根本性原因。我国的垄断企业，有的是凭借自然资源的条件形成了自然垄断；有的是凭借提供关系国计民生的极为重要的产品和服务，国家必须实行比较严格的市场准入控制制度，形成了行政垄断。正是由于我国国有垄断企业的这种“特

殊性”，马克思的“平均利润率”规律在这些“特殊”行业不起作用，国有垄断企业不存在市场风险和市场竞争，而且我国国有垄断企业较多考虑自身利益，对垄断产品和服务盲目提价，将本企业过高的劳务成本转移到消费者身上。不仅如此，垄断性行业还利用其行政垄断的特权，擅自增加收费项目，随意扩大收费范围，任意提高收费标准。收取的资金无疑提高了这些行业职工的工资及福利收入。

（2）国有垄断行业“所有者缺位”的特征，使垄断性行业收入分配有更强的个人主义倾向。在竞争性的行业中由于非国有经济的比重较大，产权界定比较清晰，在利益分配中，劳、资双方力量可以互相制衡，从而使得职工工资增长的冲动得以抑制。在这种大环境中，竞争性行业中的国有单位为了应付行业内部的竞争压力，在利益分配上也被迫采取“从众”的做法，限制职工工资的增长。而垄断性行业则不同，它是以国有经济为主体的经济，而国有经济在很大程度上是一种“所有者缺位”的经济。即使现在为数不少的国有单位进行了公司制的改造，但由于制度变迁的“路径依赖”性以及相关制度短缺，在改造过程中出现了严重的公司治理结构失衡和“内部人控制”现象。这样一来，在利益分配中，本应代表“资方”（国家）利益的单位法人，往往不是从“资方”利益出发，而是异化为“劳方”（职工）利益代言人。“内部人”通过与“雇员”合谋，尽量减少向所有者（国家）的上缴和企业积累的份额，增加向个人分配的份额，以致出现企业亏损而职工工资收入反而增加的现象。这势必使个人利益得到过分的重视，加上行业内的所有制单一，集中程度相对较高，行业内几乎没有竞争压力，更加重了这一趋势。因此，不但效益好的垄断行业职工工资偏高，就是一些整体亏损的垄断性行业职工工资水平往往也高于竞争性行业和全社会的平均水平。

（3）垄断导致我国国有垄断行业制度创新动力小，职工收入无序化。我国国有垄断企业一般不面对市场，以产权政策为中心的现代企业制度尚难建立，企业经营观念、经营机制转换滞后，成本核算、利润分配等方面约束机制不健全。我国目前国有垄断企业经营者仍由主管部门任命，企业组织机构依据政府机构设置，企业经营依赖政府改革和优惠，企业管理方式行政化，缺乏经营效益观念，往往强调国家投入的增长。不重视企业发展战略的研究，对垄断利润的分配很少用于企业的长远发展，而把职工个人收入增长放在首位。另外，国家对国有垄断企业的工资外收入总量宏观控制不严，企业工资和工资外收入增长快于经济效益增长，同时对国有垄断企业收益及分配缺乏必要的监控，这些都导致垄断行业收入畸高。

4. 大量灰色、非法收入游离于政府监管之外

我国的改革开放是在政府主导下推进的。在建设社会主义市场经济的过程中，政府相当长时期充当市场裁判者和运动员的双重角色，市场资源过度集中于政府配置，就必然衍生出与权力有关的灰色甚至非法收入。而权力带来大量灰色甚至非法收入长期游离于政府监管之外，必然冲击已有分配秩序，形成分配不均。在计划体制向市场体制转变的过程当中，政府依然控制着资源配置的主动权。在这种经济体制下生成的政府监管制度，一是会造成监管过度，二是会造成监管不公，三是会造成监管缺位。

过多的政府监管不仅没有解决普遍的市场失灵现象，反而导致了更为严重的监管失灵现象。导致监管失灵的一个根本原因，是政府难以受到有效控制，监管者常常被“俘获”。目前，我国政治民主化水平还不是很高，法律秩序条件还不够完善，政府行为难以受到有效约束，在此情形下，政府官员就有可能通过设置监管来为自身牟取利益，监管者被“俘获”的现象也会比较严重。最近几年，我国自上而下一直在推行行政审批制度改革，国务院为此还专门成立了行政审批制度改革工作领导小组，决心不可谓不大，措施不可谓不多，时间也持续很长，但成效却并不明显。造成这种状况的原因在于，行政审批制度本质上是传统计划体制的延续，是政府大规模干预资源配置的重要方式，它依附于现存的权力结构，造就了特定的利益格局，改革行政审批制度就意味着政府要放弃手中的部分权力，失去既得的部分利益，如果没有外部的有效参与和有力监督，这种改革是很难实质性推进的。但在现存体制下，政府权力过于强大，几乎不受外部制约，由其自身发动的自我改革要想“伤筋动骨”，也就难上加难了。政府行为难以受到有效约束，使得执法策略很容易受到破坏，监管体系也因此变得脆弱不堪。

5. 低端产业制约工资增长，第三产业发展滞后加剧失业并压低了整体工薪水平

第三产业是除第一、第二产业之外的其他各行业，亦称服务业，其发展水平是衡量生产社会化程度和市场经济发展水平的重要标志，而积极发展第三产业又是促进市场经济发育、优化社会资源（包括自然资源、资金和劳动力）配置、提高国民经济整体效益和效率的重要途径。由于经济体制改革还没有完全到位，

地方政府在经济发展中扮演着十分重要的角色。为了追求短期的 GDP 增长和地方财政收入的增长，一些地方通过降低税收、扭曲劳动力价格和土地价格，吸引外资。对外资长期给予优惠待遇，造成内外资待遇的不平等。更为严重的是，有些地方纷纷仿效，结果导致产业结构雷同，相同制造业供给过剩，效率下降。同时各地为了保证本地区粗放的经济增长，排斥优势互补，没有形成差异性分工，也间接地影响到服务业要素的流动和分工聚集。

长期以来，中国的城市化落后于工业化，由于户籍制度的存在，农民工转为城市人口还存在种种障碍，这对服务业的发展是不利的。另外，企业为了进一步降低成本，很多制造业都集聚在城市周边的农村地区，这些企业大多还处于由自己包办各项中间服务活动的状态，一方面是由于缺乏专业的服务人才，另一方面可能是由于企业在劳动就业方面受到一定的限制。此外，还存在着市场交易活动效率低下的问题，使得企业停留在传统的生产方式上。即使随着经济的发展，市场和生产规模不断扩大，也还是无法有效地促进中间服务业的外部化。与此同时，国内大都市的现代服务业，一方面缺乏高端人才，另一方面体制创新存在种种问题，再加上区域性限制而致的广大服务对象的缺乏，结果长期处于发育不良的状态。

五、中原经济区 2020 年实现人均收入倍增的对策研究

（一）改革和完善收入分配体制是实现收入倍增的根本途径

1. 充分认识深化收入分配制度改革的重要性和艰巨性

改革开放以来，我国收入分配制度改革逐步推进，破除了传统计划经济体制下平均主义的分配方式，在坚持按劳分配为主体的基础上，允许和鼓励资本、技术、管理等要素按贡献参与分配，不断加大收入分配调节力度。经过近 40 年的探索与实践，按劳分配为主体、多种分配方式并存的分配制度基本确立，以税

收、社会保障、转移支付为主要手段的再分配调节框架初步形成，有力地推动了社会主义市场经济体制的建立，极大地促进了国民经济快速发展，城乡居民人均实际收入平均每十年翻一番，家庭财产稳定增加，人民生活水平显著提高。实践证明，我国收入分配制度是与基本国情、发展阶段总体相适应的。

当前，我国已经进入全面建成小康社会的决定性阶段。深化收入分配制度改革，优化收入分配结构，构建扩大消费需求的长效机制，是加快转变经济发展方式的迫切需要；深化收入分配制度改革，切实解决一些领域分配不公问题，防止收入分配差距过大，规范收入分配秩序，是维护社会公平正义与和谐稳定的根本举措；深化收入分配制度改革，处理好劳动与资本、城市与农村、政府与市场等重大关系，推动相关领域改革向纵深发展，是完善社会主义市场经济体制的重要内容；深化收入分配制度改革，使发展成果更多更公平惠及全体人民，为逐步实现共同富裕奠定物质基础和制度基础，是体现社会主义本质的必然要求。

我国仍处于并将长期处于社会主义初级阶段，是世界上人口最多的发展中国家，区域之间发展条件差异大，城乡二元结构短期内难以根本改变，工业化、信息化、城镇化和农业现代化还在深入发展。要充分认识到，当前收入分配领域出现的问题是发展中的矛盾、前进中的问题，必须通过促进发展、深化改革来逐步加以解决。解决这些问题，也是城乡居民在收入普遍增加、生活不断改善过程中的新要求新期待。同时也应该看到，深化收入分配制度改革，是一项十分艰巨复杂的系统工程，涉及方方面面的利益调整，不可能一蹴而就，必须从我国基本国情和发展阶段出发，立足当前、着眼长远，克难攻坚、有序推进。

2. 加快健全再分配调节机制

加快健全以税收、社会保障、转移支付为主要手段的再分配调节机制。健全公共财政体系，完善转移支付制度，调整财政支出结构，大力推进基本公共服务均等化。加大税收调节力度，改革个人所得税，完善财产税，推进结构性减税，减轻中低收入者和小型微型企业税费负担，形成有利于结构优化、社会公平的税收制度。全面建成覆盖城乡居民的社会保障体系，按照全覆盖、保基本、多层次、可持续方针，以增强公平性、适应流动性、保证可持续性为重点，不断完善社会保险、社会救助和社会福利制度，稳步提高保障水平，实行全国统一的社会保障卡制度。

（二）综合运用多种手段调节收入分配，"调高提低"，增加群体收入

社会成员获得收入，无论是按照劳动所得为基本原则，还是以资本投入所得为原则，都存在一个公平问题，即在既定的分配原则下面，社会成员应当按照统一的标准获得收入，也就是说，要在统一的起始条件和环境下，获取收入。这样一来，平等竞争、限制垄断就成为保证收入分配秩序公平、合理的基础和首要条件了。中国经济改革的目标模式是社会主义市场经济，因此，平等竞争应当是经济秩序的基础。但是，现实情况却不容乐观。一方面，由于目前我国仍旧处在新旧体制交替时期，基于传统体制的各种各样的起点的不平等在所难免；另一方面，一些从传统体制中延续下来的各种各样的社会强势集团，凭借过去所取得的有利地位，依托公有制经济的强大力量和政府政策的保护，在转型时期假借市场经济的原则，利用不平等的价格、垄断地位和政府背景，垄断市场，获得了巨大的超额利润，攫取了大量的财富，而这些财富又通过各种各样的方式和手段，最终全部或部分变成了这些具有垄断地位的单位、企业工作人员的个人收入。由于这些工作人员的高额收入完全是在非常稀缺的资源背景和激烈的市场竞争条件下，凭借极度的垄断地位获得的，因此，其他社会成员的收入一般情况下是无法与这些单位或企业的工作人员相比较的。收入差距的悬殊造成了处于较低收入状态的其他社会成员不满情绪的积累和外化，并会进一步地诱发其他社会成员试图通过其他非市场手段、非公平手段来扩大收入份额的欲望，市场经济环境进一步恶化。由此可见，政府对垄断行为的漠视、容忍、放纵绝对是与市场经济的改革方向相矛盾的，政府不采取有力的政策措施严格限制垄断，缔造平等、公正的市场环境是政府政策的严重失误。

近些年来，从我国经济发展的实际情况来看，尽管政府也曾制定了一些旨在鼓励平等竞争、反对垄断的法律，但在总体上，政府在这方面的政策仍然是严重缺位的。例如，仍然存在着很多对政府垄断部门、行业和单位的政策保护；仍然设置很多市场准入壁垒；在很多领域都曾实行过其实际效果颇值得怀疑的形形色色的"双轨制"；等等。也就是说，政府本来应当在以上这些方面通过制定政策、建立制度，来消除旧体制所残留下来的垄断，但实际上政府不仅没有这么做，反而延续和扩大了某些垄断制度和行为，而这些垄断制度和行为造成了收入分配领域的严重混乱。

从类型上来看，政府在初次分配领域的政策缺位主要有以下四类：

一是在城乡关系方面的政策缺位。尽管城乡居民、主要是农民的迁徙自由已有了一定程度的增长，但城乡分治体制基本上没有受到触动，这种体制仍然在严重地影响着城乡居民的收入状况，具体表现在：

首先，城镇居民和农村居民的收入差距明显。中国社会科学院经济研究所课题组的 1988 年和 1995 年两次抽样调查数据表明，农村居民均居于十等分组的低收入组，而城市居民均居于高收入组；城乡居民人均实际收入比 1994 年达到了历史最高水平，不仅恢复到了改革开放前的最高水平，而且在较高的水平上继续保持了扩大的趋势。

其次，在税费负担方面，处于低收入位置的农民承担了远比处于较高收入位置的城镇居民高得多的税费负担，税收以及各种各样的费用没有发挥调节社会成员收入差距的功能，反而成为二元体制下剥夺农民利益的工具。而向农民征收税费之所以成为可能，主要是由于在城乡分治体制下，农民实际上是不可能根本脱离农村、摆脱城乡分治体制的束缚而成为真正意义上的城镇居民的，因而农民必须仍旧服从“农村管理体制”所赋予他们的一切身份特征。由于农民没有基于与城市居民同样的身份地位和自由，因而所加于其身的税费负担也就无法摆脱。当然，这不是新鲜的话题。问题在于，农民的税费负担是否真正成为全社会的收益，成为政府以国家的名义收取的、进行工业化的资本，答案当然是否定的。

目前继续实行的这种保护城市在工农业关系中的不平等地位、依靠不平等地位和行业垄断强制维持不平等的工农业产品价格差的政策，其实并没有能够给政府带来利益，农民的牺牲并没有成为国家的收益，而是成为各级各类其他社会主体，包括垄断行业、企业、政府部门等强势集团的小集体收益。因此，在改革开放的条件下，继续维持城乡分治体制，实际只能造成某些社会强势集团对农民利益的严重侵夺。既然存在着侵夺农民收入的社会强势集团，农民自身的收入当然就会与其他社会群体拉开较大的距离了。

二是在行业垄断方面。金融、邮电、保险等行业，尽管经营效益很差，但仍然受到政府的保护，在市场上处于独家垄断的地位。这些行业、部门凭借垄断所带来的职工高额收入也是造成城镇居民收入差距的重要因素。从这个角度来看，可以说，这些行业、部门的垄断直接导致了收入分配秩序的混乱。政府对它们的保护、支持，并没有给全社会带来普遍的收益，而是大大恶化了收入分配秩序，从而危害了全社会利益。政府的行业保护政策成为某些既得利益集团维持垄断、牟取超额利润的重要工具。

三是在地区发展问题上。政府的倾斜发展政策、特区政策以及其他一些类似政策，与行业、部门保护政策相类似，同样造成了各个地区之间，特别是沿海和内地之间、开放城市和非开放城市之间、特区和非特区之间竞争条件的不平等（其实，中国地区发展之间的差距在传统体制时期，很多也是由计划经济体制人为安排所制造和强化的），在这种不平等政策支配下的地区之间发展的不平衡，同样成为居民收入分配差距扩大的主要的原因之一。

四是对中小企业、对一些民营企业，政府没有提供必要的保护和扶持政策，实际上置这些企业于非常劣势的市场地位。在相关领域，政府尽管没有实行明显的保护垄断、限制竞争政策，甚至实行完全的放任政策，但由于这些企业起始条件较差，很多足以影响到企业间竞争力的政策和市场条件，这些企业是无法得到的，因而这些企业也就不可能不受到不平等竞争的挤压。导致的结果对这些中小企业和民营企业是不言而喻的。这在客观结果上仍旧是保护了市场上具有优势地位的强大企业的垄断地位。市场经济当然不是弱肉强食、自生自灭的经济，而是公平竞争的经济，如果政府不能为市场主体设置平等的竞争起点，其结果只能导致垄断，最终危害市场经济自身，因此政府不分条件地完全放任实际对一些正处于成长过程中的企业及其他市场主体是极其不利的，因为在明显的起始条件悬殊的情况下，政府貌似公平的放任政策，实际上起到了保护和鼓励已经占有优势地位的企业对弱小企业的不平等竞争，而那些弱小企业有可能是最终打破部门和地区保护、垄断局面的主要力量。实际上在某些情况下，对垄断的打击和消除，是必须与对新兴市场主体的培育联系在一起的，如果政府不考虑不同企业间的实际差异，仅仅满足于实行表面上、形式上的“平等竞争”的话，就只能把处于弱势地位的企业置于非常不平等的竞争地位，只能导致弱势企业的淘汰和强势企业垄断地位的加强。而这必然会加强整个分配领域的混乱。

（三）加快资源利用、环境保护制度化、法制化建设，打破行政垄断

中国的环境问题已不是什么“隐约逼近的危机”，而是一个眼前的危机。我想，大家可能曾在不同的场合赞美过中国过去 25 年里 GDP 年均增长 8% 的奇迹。然而这种增长是以资源和环境更快速度的损耗为代价的。现今，政府已意识到环

境治理问题的严重性并积极展开行动，已经取得了一系列丰硕的成果。但政府在环境治理中仍然存在诸多问题。

1. 扭曲的发展观和不当的政绩观导致生态政府危机

中国的环境问题不是一个专业问题，而是一个政治问题，根源是我们扭曲的发展观。我们一直有一个思想上的误区，认为单纯的经济增长就等于发展，只要经济发展了，就有足够的物质手段来解决现在与未来的各种政治、社会和环境问题。然而现实是，如果政治文明不跟进，社会发展不协调，环境保护不落实，经济发展将会受到更大的制约，因为经济发展取得的大部分效益是在为所欠的生态成绩付账，为滞后的体制付账，从而导致政府的生态危机，即生态环境与经济严重失调。如今，考核地方政府官员政绩的主要指标是当地 GDP 的增长，各种发展规划都没有考虑生态环境的情况而被制定出来，无数制造业也是在没有环保设施的情况下建造起来的。许多地方受不当政绩观的影响，没有正确处理经济增长与环境保护关系，片面追求 GDP 增长：一方面，盲目发展高耗能、中污染产业，同时包庇纵容违法排污行为；另一方面，对治污工程不重视，没有积极筹集治污资金或未安排资金用于城市污水、垃圾处理等基础设施建设。这样又进一步加深了政府的生态危机。

2. 政策失效，调控手段单一，治污流于形式

首先是政府制定的政策科学性不够。如“谁污染谁治理”政策，因为对于企业而言，其最终目标是利润最大化，这既可给地方政府增加财政收入，又可为地方提供就业机会，因而环境污染就常常在发展的口号下得以畅通无阻。从另一个角度来看，污染治理本身存在规模效益问题，“谁污染谁治理”致使一些企业由于成本问题治污流于形式，甚至留下了“寻租”的隐患。

其次是政府制定的政策之间缺乏配套支持。如作为重点环境保护制度的“三同时”制度由于缺乏相关监督，一些新上项目根本就没有做到环境保护设施的“同时”，造成这一制度的有名无实。

最后是法规体系仍不够完整，目前专门针对乡镇企业环境问题的有关法规仅有两个，一些相关的环境标准、治污标准过于单一化，难以在全国范围内适用。目前，对环境问题，我国政府的主要措施是通过制定各项政策法规，对污染企业采取关、停、并、转，内部整改等措施来治理与控制污染。但由于政府很少考虑

历史上形成的污染环境的特殊情况，对企业这种情况给予适当的补偿，导致了政府和排放污染的乡镇企业之间存在着严重的矛盾。于是一些污染企业在被勒令关停后在某些时候又改名换姓，以其他名义重新开业；一些治污企业则在达标检查通过后仍继续排污，甚至变本加厉。

3. 法律法规滞后，环境监管能力弱，监管体制不健全，环境治理难以奏效

我国法制化程度不高。面临日益激烈的国际竞争，为尽快缩短与发达国家的差距，正在调整产业结构、转变经济增长方式，治理工业污染刚提到议事日程上，而更先进的“清洁生产”要求又被提出来，令人措手不及。面对日益分散、复杂的环境污染，政府机关立法滞后，法律条文粗糙，缺乏可操作性，普遍出现“环保部门软，发展部门硬”，从而制约了环保执法力度。由于我国地域辽阔，各地自然条件、经济发展状态与环境污染程度存在着较大差异，国家环境保护法规不可能“一刀切”，只能对一些原则性问题作出规定，不可能涉及非常具体的细节。现在的问题是，能够对各项具体制度安排产生较大影响的基本制度没有从法律法规上得到保障。

此外，政府环境监管体制不健全，也不能适应形势的发展，如在税费制度、许可证制度、污染集中控制制度、污染源限期治理制度、企业环保考核制度、环境影响评价制度、环境监测和环境统计等方面存在诸多问题。

至此，资源类和垄断型企业对于环境的影响自然比其他类型的企业要更大，政府可以通过法律手段，利用社会力量，来对这类企业进行监督和管理，并且完善监督和管理制度，以此来协调和平衡这类企业和广大中小型企业的市场经济关系，打破这类企业对于资源的过度依赖和对市场的完全垄断，提倡企业进行改革创新，走可持续发展道路，给广大中小型企业在社会主义市场经济条件下创造出公平、公正的竞争环境。

完善公共资源占用及其收益分配机制。建立健全资源有偿使用制度和生态环境补偿机制。完善公开公平公正的国有土地、海域、森林、矿产、水等公共资源出让机制，加强对自然垄断行业的监管，防止通过不正当手段无偿或低价占有和使用公共资源。建立健全公共资源出让收益全民共享机制，出让收益主要用于公共服务支出。

（四）强化政府、社会监督作用，彻底铲除各种经济腐败行为

所有的政府都会面临违法非法收入的挑战，所有的政府都必须制定打击违法非法收入的政策，“如果不采用强制或暴力手段来对付社会公敌，人们就不可能继续维持社会的共同生活”，打击违法非法收入也是政府政策的重要基础之一。在我国，对违法非法收入的打击是相对微弱的：一方面，从总体上看打击违法非法收入的政府政策是不全面的，缺乏周密的覆盖性和连续性，而某些已经制定出来的政策，由于缺乏有权威的程序规定和监督，致使政策效力受到极大的限制；另一方面，从政府政策对不同类型违法非法收入的打击力度和严密程度上来看，政府政策对一般形式的涉及财产侵夺的刑事犯罪的打击要远远超过对于以政府官员贪污腐败为核心的违法非法收入类型的打击，因而在贪污腐败猖獗的情况下，这种相对较轻的惩罚和不周密的法网由于不足以遏制犯罪的势头，所以以政府官员贪污腐败为主的违法非法收入成为困扰人们越来越严重的问题。

造成这种对以贪污为主体的违法非法收入制约和打击不力状况的原因，与我国违法非法收入的特点有关。目前我国违法非法收入的主要特点是：由于现行体制缺乏足够的渠道和能力制约和监督政府官员，主要以贪污为核心的违法非法收入成为少数政府官员暴富的主要来源，政府官员的暴富直接混乱了收入分配秩序，同时又为更加严重的违法非法收入现象打开了方便之门。

互联网的发展给整个国家、社会带来了深刻影响，也给执政党的建设带来了一个全新的课题。网络监督已成为一种不可忽视的社会现实的存在，也成为新时期执政党加强反腐倡廉建设的一个重要渠道。它是现代民主政治条件下公民政治参与的表现，也是新媒体时代群众监督的一种重要方式和重要途径。同时，网络监督是我们国家和社会文明进步的一个重要标志，是新时期信息化浪潮迅速推进的产物，更是民众主人翁意识高度觉醒的必然结果。通过网络、媒体的监督作用，实行自发性质的监督体制和监督意识，这对于我们发展市场经济体制具有划时代的意义，也对于我们如何把蛋糕做大，如何把蛋糕合理公平地切分，具有重要的意义。

另外，作为网络自身，由于是属于自发性质的，所以自身也存在着不少缺陷，这时就需要我们国家的监督管理部门进行规范化的网络管理，加强网络立法，完善网络管理；健全网络反腐倡廉的信息举报和受理机制；此外，对于我们

国家的监督管理部门自身而言，也需要“被监督”，他们不仅要对于各个部门和市场的经济腐败进行监督，对于自身也是应该自律。充分发挥好自身的职责作用，增加政治的民主性和决策的透明性，切实保证人民参政、议政权和监督权，并切实推进以上制度和职责的贯彻实施，必然有效地遏制、防范腐败问题。正本才能清源，“欲流其远者，必浚其泉源，欲求草木之长者，必因其根本”。从制度上保证不能腐败，把腐败现象消灭、抑制在萌芽状态，绝不使其滋生、蔓延。只有这样，社会主义市场经济体制才能健全和完善，才能为竞争者提供一个公平公正的竞争平台。

（五）创新驱动，推动发展方式转型，提高经济发展质量和效益

改革开放以来，我国科技体制改革紧紧围绕促进科技与经济结合，以加强科技创新、促进科技成果转化和产业化为目标，以调整结构、转换机制为重点，采取了一系列重大改革措施，取得了重要突破和实质性进展。同时，必须清楚地看到，我国现行科技体制与社会主义市场经济体制以及经济、科技大发展的要求，还存在着诸多不相适应之处。一是企业尚未真正成为技术创新的主体，自主创新能力不强；二是各方面科技力量自成体系、分散重复，整体运行效率不高，社会公益领域科技创新能力尤其薄弱；三是科技宏观管理各自为政，科技资源配置方式、评价制度等不能适应科技发展新形势和政府职能转变的要求；四是激励优秀人才、鼓励创新创业的机制还不完善。这些问题严重制约了国家整体创新能力的提高。深化科技体制改革的指导思想是：以服务国家目标和调动广大科技人员的积极性和创造性为出发点，以促进全社会科技资源高效配置和综合集成为重点，以建立企业为主体、产学研结合的技术创新体系为突破口，全面推进中国特色国家创新体系建设，大幅度提高国家自主创新能力。

科技投入和科技基础条件平台，是科技创新的物质基础，是科技持续发展的重要前提和根本保障。今天的科技投入，就是对未来国家竞争力的投资。改革开放以来，虽然我国科技投入不断增长，但与我国科技事业的大发展和全面建设小康社会的重大需求相比，与发达国家和新兴工业化国家相比，我国科技投入的总量和强度仍显不足，投入结构不尽合理，科技基础条件薄弱。当今发达国家和新兴工业化国家，都把增加科技投入作为提高国家竞争力的战略举措。我国必须审时度势，从增强国家自主创新能力和核心竞争力出发，大幅度增加科技投入，加

强科技基础条件平台建设，为完成各项重大任务提供必要的保障。

在此基础上，用科技体制的创新带动第一、第二产业的实质发展，实现第一产业的现代化和第二产业的高效化；科技创新，人才为本。人才资源已成为最重要的战略资源。要实施人才强国战略，切实加强科技人才队伍建设，为实施本纲要提供人才保障。

要把提高自主创新能力摆在全部科技工作的突出位置。党和政府历来重视和倡导自主创新。在对外开放条件下推进社会主义现代化建设，必须认真学习和充分借鉴人类一切优秀文明成果。改革开放近 40 年来，我国引进了大量技术和装备，对提高产业技术水平、促进经济发展起到了重要作用。但是，必须清醒地看到，只引进而不注重技术的消化吸收和再创新，势必削弱自主研究开发的能力，拉大与世界先进水平的差距。事实告诉我们，在关系国民经济命脉和国家安全的关键领域，真正的核心技术是买不来的。我国要在激烈的国际竞争中掌握主动权，就必须提高自主创新能力，在若干重要领域掌握一批核心技术，拥有一批自主知识产权，造就一批具有国际竞争力的企业。总之，必须把提高自主创新能力作为国家战略，贯彻到现代化建设的各个方面，贯彻到各个产业、行业和地区，大幅度提高国家竞争力。

科技人才是提高自主创新能力的关键所在。要把创造良好环境和条件，培养和凝聚各类科技人才特别是优秀拔尖人才，充分调动广大科技人员的积极性和创造性，作为科技工作的首要任务，努力开创人才辈出、人尽其才、才尽其用的良好局面，努力建设一支与经济社会发展和国防建设相适应的规模宏大、结构合理的高素质科技人才队伍，为我国科学技术发展提供充分的人才支撑和智力保证。

参考文献

［1］马克思恩格斯全集（第9卷）［M］. 北京：人民出版社，1961.

［2］马克思恩格斯全集（第23卷）［M］. 北京：人民出版社，1972.

［3］马克思恩格斯全集（第25卷）［M］. 北京：人民出版社，1974.

［4］马克思恩格斯全集（第26卷）（Ⅰ）［M］. 北京：人民出版社，1972.

［5］马克思恩格斯全集（第26卷）（Ⅱ）［M］. 北京：人民出版社，1973.

［6］马克思. 资本论（中文版第1-3卷）［M］. 北京：人民出版社，2004.

［7］马克思恩格斯全集（第47卷）［M］. 北京：人民出版社，1979.

［8］［美］加里·贝克尔. 人力资本［M］. 北京：北京大学出版社，1987.

［9］［美］维克托·福克斯. 服务经济学［M］. 北京：商务印书馆，1987.

［10］［美］H. 钱纳里等. 工业化和经济增长的比较研究［M］. 上海：上海三联书店，1989.

［11］［美］西蒙·库兹涅茨. 现代经济增长［M］. 北京：北京经济学院出版社，1989.

［12］［美］钱纳里，塞尔昆. 发展的型式［M］. 北京：经济科学出版社，1988.

［13］李江帆. 第三产业经济学［M］. 广州：广东人民出版社，1990.

［14］陈宗胜. 经济发展中的收入分配［M］. 上海：上海人民出版社，1994.

［15］袁志刚. 失业经济学［M］. 上海：上海三联书店，上海人民出版社，1997.

［16］黄少军. 服务业与经济增长［M］. 北京：经济科学出版社，2000.

［17］［美］迈克尔·波特. 国家竞争优势［M］. 北京：华夏出版社，2002.

［18］李江帆. 中国第三产业发展研究［M］. 北京：人民出版社，2005.

[19] 杨玉华. 国际贸易对就业的影响——中国1978~2005年对外贸易与就业关系研究 [M]. 北京：经济管理出版社，2007.

[20] 赵人伟. 紫竹探真——收入分配及其他 [M]. 上海：上海远东出版社，2007.

[21] 王伯庆. 2009年中国大学生就业报告 [M]. 北京：社会科学文献出版社，2009.

[22] [美] 布朗芬·伯伦纳. 收入分配理论 [M]. 北京：华夏出版社，2009.

[23] 张涛. 经济增长、收入分配与竞争力研究 [M]. 上海：复旦出版社，2010.

[24] 张东升. 中国居民收入分配年度报告（2011）[M]. 北京：经济科学出版社，2012.

[25] 张莱楠. 中国财富分配的革命 [M]. 北京：电子工业出版社，2012.

[26] 国家体改委分配司"收入分配"课题组. 当前分配领域的突出问题与治理对策 [J]. 经济工作者学习资料（京），1998（3）.

[27] 赵人伟，李实. 中国居民收入差距的扩大及其原因 [J]. 经济研究，1997（9）.

[28] 李实，赵人伟，张平. 中国经济转型与收入分配变动 [J]. 经济研究，1998（4）.

[29] 谭友林. 新科技革命进程中的美国就业 [J]. 市场与人口分析，1999（5）.

[30] 江小涓等. 服务业与中国经济：相关性、结构转换和加快增长的潜力 [J]. 经济研究，2004（1）.

[31] 何增科. 马克思、恩格斯关于农业和农民问题的基本观点述要 [J]. 马克思主义与现实，2005（5）.

[32] 黄紫华，李雪如. 美国大学生就业状况及其启示 [J]. 黑龙江高教研究，2005（1）.

[33] 杨玉华. 创业：一项复杂的系统工程 [J]. 科技创业月刊，2006（10）.

[34] 茹莉. 河南现代服务业发展中存在的问题及其对策 [J]. 商业经济文荟，2006（5）.

[35] 王军虎. 河南省现代服务业的发展现状及对策 [J]. 商场现代化, 2006 (3).

[36] 王彦武. 发展河南服务业的分析与思考 [J]. 中州学刊, 2007 (4).

[37] 刘勇. 河南现代生产性服务业发展的总体构想 [J]. 中州学刊, 2007 (4).

[38] 侯红昌. 河南现代服务业发展中存在的问题及对策 [J]. 中州学刊, 2007 (4).

[39] 杨玉华. 大学生就业难的结构性矛盾分析 [J]. 商业时代, 2007 (15).

[40] 茹莉. 基于产业集群的河南现代服务业发展对策研究 [J]. 江苏商论, 2008 (10).

[41] 茹莉. 新型工业化下的河南现代服务业发展研究 [J]. 商业研究, 2009 (12).

[42] 王树芳等. 河南省服务业发展现状及内部结构分析 [J]. 改革与开放, 2009 (4).

[43] 裴长洪, 谢谦. 集聚、组织创新与外包模式 [J]. 财贸经济, 2009 (7).

[44] 徐冠华等. 现代服务业的发展趋势与对策 [J]. 战略与决策研究, 2009 (3).

[45] 杨玉华. 中部地区经济增长动力结构的比较分析 [J]. 工业技术经济, 2009 (2).

[46] 杨玉华, 钱辉. 河南省生产率进步及其因素分解 [J]. 河南科技大学学报, 2012 (2).

[47] 杨玉华, 罗斌. 我国经济增长方式转型的动力源泉及其因素分解——基于中国 1952 ~2009 年的实证分析 [J]. 河北经贸大学学报, 2011 (4).

[48] 孟博超. 河南文化产业发展的制约因素与对策分析 [J]. 前沿, 2011 (6).

[49] 杨玉华. 高等教育转型与改革中的高校毕业生就业问题 [J]. 黑河教育, 2010 (2).

[50] 孙冰. "技术黑洞" 正在吞噬中国产业 [J]. 中国经济周刊, 2006 (6).

［51］［美］乔·约翰逊．印度大学生失业率逾 17%［N］．国际金融报，2006－07－25．

［52］吴晶晶．我国科技人力资源总量达 5160 万人［EB/OL］．新华网，2009－07－10．

［53］中国的教育竞争力提升速度最快教育投入居末位［N］．中国教育报，2009－11－28．

［54］姚有林．月薪 8000 元为何难解“技工荒”［EB/OL］．新华网，2009－10－22．

［55］户籍制延缓城镇化　一个北京户口绑定利益超百万［N］．经济参考报，2010－01－27．

［56］袁新文．大学不是“保险箱”［EB/OL］．人民网，2009－11－13．

［57］魏艳．工程师“合格率”世界最末　缺实践工科教育怎出人才［EB/OL］．人民网科技频道，2009－10－22．

［58］姚毅婧．中国采取多项举措助大学生顺利就业［N］．国际在线专稿，2009－01－05．

［59］周天勇．中国收入分配差距形成的深层次结构性原因［N］．中国经济时报，2010－09－20．

［60］曾旗，张世峰，徐君．收入倍增计划的挑战与应对［N］．光明日报，2012－12－09（7）．

［61］Fisher，A. The Clash of Progress and Security［M］. London：Mcmillan & Co. Ltd.，1935.

［62］Colin，M.，A.，Clark. The Conditions of Economic Progress［M］. London：Macmillan & Co. Ltd.，1940.

后 记

经过暑假和寒假的忙碌，书稿终于到了付梓之际。在成书的过程中，中原经济区又不断取得可喜进步和发展，中国的改革开放步入了调结构、促转型、提质增效的新的历史发展阶段。中原经济区在五大国家战略引领下，逐步走出了依靠交通枢纽的优越区位优势引领扩大对内对外开放的新的发展模式，稳步构建内陆地区对外开放新格局，不断创造对外开放新的发展优势，走出一条内陆腹地深化改革迈向开放发展前沿的新路子。中国也迎来中国共产党十九大召开和新老中央领导集体换届之年，中国特色社会主义建设步入了承前启后、继往开来、在新的历史条件下决胜全面建成小康社会、全面建设社会主义现代化、逐步实现全体人民共同富裕和实现中华民族伟大复兴中国梦的新时代，形成了引领和指导中华民族全面实现社会主义现代化、实现民族伟大复兴的习近平新时代中国特色社会主义思想，在“五大”发展理念统领下、统筹推进“五位一体”建设和四个全面战略布局基础上，提出“四个伟大”，即伟大斗争、伟大工程、伟大事业和伟大梦想建设工程的战略任务和未来 30 年两个阶段奋斗目标，与一切政治、经济、文化、社会等领域和自然界出现的困难和挑战进行艰苦不懈的伟大斗争，大力推进旨在加强和提高党执政能力和领导水平的党的建设伟大工程，全面深化改革和开放，全面、协调、可持续地推进中国特色社会主义现代化建设的伟大事业，逐步实现中华民族全面复兴的伟大梦想。中国人民迎来新中国成立以来由站起来到富起来、强起来的最伟大、最深刻的历史转折时期。

在全国人民欢欣鼓舞地迎接这一伟大转变的历史时期时，我也迎来了人生的重要阶段和生活工作的巨大转型：一是迎来我从教三十周年、在高校工作二十周年、博士毕业十周年的重要时刻，忆往昔峥嵘岁月，在边工作边学习的不断爬坡前行的奋斗中完成了从稚气未脱的青葱教师到天命之年鬓霜侵染的老教授的人生转变。二是由于阴差阳错和种种难以诉说的原因，我即将离开奋斗、奉献了20年黄金岁月的、熟悉的河南科技大学，抛开熟悉的教学、科研和生活环境，舍弃已经拥有的学科建设平台、研究基地和诸多教学、科研资源，独自一人到远离故土和亲人的、陌生的泉州师范学院，重新开启生活和工作的转型创业之路。真乃“老夫聊发少年狂”，到了天命之年，本该坐享人生奋斗之甘泉、纵情人情世故之从容、笑看事态冷暖和进退，却心怀少年之心，不甘寂寞之志，重走人生回头路，真是酸甜苦辣，五味杂陈！但开弓没有回头箭，路是自己走出来的，也许换一种活法，就会峰回路转，海阔天空。希望本无所谓有无所谓无，正如地上的路，世上本没有路，走的人多了也就成了路。

本书是我走上学术之路的第五本著作，也是我即将离开生于斯、长于斯、用自己青春和汗水奋斗、奉献了半生的故土的告别之作。自从15岁离开家庭，走出农村，踏上准职业的求学之路，一路上曲曲折折，走走停停，一边教书一边学习，工作一段时间进修学习两三年，教书育人30余年不断。读完了中国所有层次学校：中专，大专，25岁读完本科，31岁读完硕士，39岁读完博士，做过小学教师、中学教师和大学教师，教过几乎所有层级的学生：小学生、中学生、大学生、硕士生和博士生；在农村中小学做过十年教师，做了十年城市的乡下人和乡下的城市人；做过十年兼职农民，凭借父母承包土地的微薄收入，供养我读书十年，接济我农村教书十年，可是等我硕士毕业，有了体面工作和足够温饱的收入，父母却已经离开人世。“子欲养而亲不待”令我抱憾终生。我热爱故乡的一草一木，希望用我毕生所学回报家乡和父老，可我最终还是要离开了，到异地他乡寻求新的生活和工作了，心中虽有十分的不舍，但新的生活和岗位在召唤着我，换一种活法，也许更精彩！为了忘却的纪念，也为了向曾经的过往告别，我应该给过去做一下总结，把关于家乡经济社会发展的研究成果汇集和整理出版，作为对家乡父老的告别，也是对过去最好的回忆和纪念。

自博士毕业以来，我的研究领域主要集中在理论经济学领域，对应用经济学的研究不够突出，主要围绕河南经济发展问题做了一些对策研究，研以致用，自2009年以来，先后申请获批四个省级课题和四个市厅级课题。在即将离开河南之际，我把以往课题研究成果进行汇集和整理，根据河南经济社会最新发展情况，进行全新的补充、改写，经过2017年暑期和寒假数月紧张工作，终于完成书稿的补充和修改工作。在书稿整理和改写过程中，赶上国家放开二胎生育的末班车，迎来了我小女儿的降生。小女儿的出生给家庭带来充实、活力和乐趣，也带来了美好的憧憬和新的希望，感谢上天在我离别原工作单位之际送来了最好的礼物，女儿的诞生给了我莫大的安慰和鼓舞。感谢我的夫人对我工作的理解和支持，身怀六甲还坚持做家务，给我腾出时间和空间让我安心写作；在我爱人坐月子的日子里，她尽量不打扰我，让我多有一些时间进行写作。现在孩子已经百天了，看着孩子一天天成长：孩子第一声啼哭、第一次微笑、第一次咯咯笑出声来、第一次与我咿呀学语和交流、第一次趴着抬起头来、第一次尝试翻身，看着孩子越来越乖巧可爱，越发感到母爱的伟大！夫人辛苦了！感谢我的岳父，在夫人生产期间忙前忙后，帮助做饭，带孩子，不辞辛苦！感谢你们，在我享受做父亲天伦之乐的同时，是你们的努力和付出让我挤出了时间和空间，为本书稿的顺利修改和补充创造了条件。

本书出版，经济管理出版社王光艳主任和编校人员做了大量细致工作，本书稿内容包括了原题组成员的参与和付出，在此一并表示感谢！

由于作者水平有限，书中不足和疏漏之处在所难免，敬请读者和学界同仁批评赐教！

杨玉华

2018 年 3 月 8 日

泉州师范学院教师公寓